U0505912

NIKLAS LUHMANN'S LEGAL SYSTEM THEORY

A Second-Order Observation Approach

卢曼法律系统论研究

二阶观察的视角

宾凯 著

上海人民出版社

上海市哲学社会科学中青班规划课题：
“尼古拉斯·卢曼法律系统论研究”（项目编号：2014FFX001）；
国家社科基金一般项目：
“系统论法学基本命题群研究”（项目编号：23BFX007）

目　录

第一编

第 1 章　从胡塞尔到卢曼：时间分析的“再描述”

本章摘要：卢曼认为，只有从时间问题入手，才能真正理解胡塞尔的科学观和他所持有的批判理性，胡塞尔哲学的优点和缺点也才能获得通透的说明。卢曼借助斯宾塞-布朗(Spencer-Brown)创造的“形式分析”这一新工具，从现代系统论的视角出发，重构了胡塞尔内时间意识分析。卢曼摒弃了胡塞尔意识哲学中的先验假设，同时，把胡塞尔的内时间意识分析的基本策略贯穿于社会系统的功能分析。在功能分化的现代社会，时间的区分形式是“过去/将来”。从传统社会的分层分化到现代社会的功能分化，时间也从过去或现在导向变成了将来导向，将来的开放性和不确定性成为影响社会演化最为重要的时间特征。

一、导　言

在德国学术界，声势浩大的现象学开枝散叶，其影响也从开宗立派的哲学家胡塞尔(1859—1938)波及到了社会学家卢曼(Niklas Luhmann，1927—1998）。卢曼的高足德克·贝克尔（Dirk Baecker）是当代少数能够深刻领悟卢曼系统论的底层逻辑的学者之一，他认为，卢曼对胡塞尔有继承，有批评，更有超越。贝克尔在评论卢曼一生所致力的“社会学启蒙”工作时，肯定了卢曼对胡塞尔的继承性：

> 从一开始，胡塞尔关于理性的自我奠基的经验性和运作性描述的方案，就在卢曼的思考中扮演了重要角色。卢曼的理论直觉高度归功于胡塞尔，他以“运作”（Operation）替换了胡塞尔的“表象”（Representation），通过强调自我指涉和他者指涉的区分而继胡塞尔“意向性”之遗绪。卢曼在心理系统和社会系统的构造中，阐述了时间要素的构成性成分，而这正是来自胡塞尔“滞留”（Protention）与“前瞻”（Petention）这一区分的刺激。或许更为重要的是，在卢曼早期学术活动中，他最重要的研究和写作工具，或者说他的“他我”（alter ego），就是来自胡塞尔：通过阅读胡塞尔，卢曼建立了他那蜚声学界的卡片盒（Zettelkasten）。①（重点号为引者所加）

在上引文字中，贝克尔提供了卢曼吸收胡塞尔学术营养的三个证据：第一，在卢曼的社会学中，胡塞尔的“意识”被转换为“系统”。虽然卢曼采用了“自我指涉/他者指涉”这个区分分析系统的动态生成，但这可以看成是对胡塞尔“意向相关项/意向活动”这一分析意识构造活动的区分的扩展。因此，胡塞尔从“意向性”入手分析意识构

① Dirk Baecker, “Gypsy Reason: Niklas Luhmann's Sociological Enlightenment”, in *Cybernetics & Human Knowing*, 1999, Vol.6, no.3, p.5.

造的先验现象学是卢曼在发展系统论时不断对标的参考框架。第二，卢曼在其后期对系统论的发展中，在借鉴自创生（autopoiesis）理论时，把系统（包括生理系统、心理系统和社会系统）的基本要素看成是“运作”，而且，运作不断产生运作，形成递归生产的运作网络，这与胡塞尔把意识的现象学直观看成是一个不断生成的动态过程的思想完全一致。第三，胡塞尔认为意识构造活动都发生在“活生生的当下”，这是胡塞尔在内时间意识现象学中发展出来的思想，他把意识活动的主观时间与可以用钟表和日历测量的客观时间区别开来。与胡塞尔相似，在卢曼的系统论中，系统也是以“主观时间”来组织内部各个运作之间前后一致的衔接。

在以上三个证据中，前两个证据（意向性与区分、运作与表象）都需要第三个证据（时间）来加以说明。因此，时间分析成为理解卢曼对胡塞尔的继承关系的一个关键切口。

不过，贝克尔随即指出，除了继承性，卢曼对胡塞尔也有批评和超越。①胡塞尔在 1935 年在维也纳发表的《欧洲人的危机与哲学》②演讲中，歌颂了崇尚理性、启蒙的“欧洲精神”以及富有责任心的欧洲人，胡塞尔也因此把吉普赛人排斥在欧洲文明之外。他把吉普赛人看成是“生活在欧洲的流浪者”，认为他们是理性发育不足的野蛮人。在纪念胡塞尔的维也纳演讲 60 周年之际，卢曼 1995 年在维也纳市政大厅发表了《现代科学和现象学》的演讲，③其中，他坦承自己受益

---

① Dirk Baecker, “Gypsy Reason: Niklas Luhmann’s Sociological Enlightenment”, in *Cybernetics & Human Knowing*, 1999, Vol.6, no.3, pp.5—6.

② [德]胡塞尔：《欧洲人的危机与哲学》，载《欧洲科学的危机与超越论的现象学》，王炳文译，商务印书馆 2021 年版，第 382—421 页。

③ Niklas Luhmann, “The Modern Sciences and Phenomenology”, in *Theories of Distinction: Redescribing the Descriptions of Modernity*, William Rasch eds., Stanford: Stanford University Press, 1996, pp.33—60.

于由胡塞尔发展出来的“自我批判的理性”，并说他们二人都反对那种来自18世纪的“朴素理性”(naïve rationalism)，也就是胡塞尔所称的把自然科学抬高为最高理性的“懒人的理性”(lazy reason)。但是，卢曼认为，当胡塞尔排斥吉普赛理性的时候，胡塞尔暴露出没能把自己的批判逻辑贯彻到底的缺陷。卢曼要求的是一种比胡塞尔更具自嘲精神的“反讽理性”(ironical reason)，在卢曼看来，那就是一种“生活在欧洲的作为流浪汉的吉普赛人”的理性。①因为，游荡中的吉普赛人对边界保持了最为复杂精妙的敏锐性，他们不断跨越边界，瓦解对于边界的通说解释——这些边界意味着文化和社会制度对于人的限制。由此，卢曼以吉普赛人的流浪理性批评了胡塞尔批判理性的保守性。

卢曼认为文化概念具有复数形式，因此也就揭示了文化的相对性，独尊欧洲文化的胡塞尔，无法看到作为欧洲文明之子的先验现象学及其所承载的批判理性，其本身也具有文化偶然性和历史相对性。胡塞尔引以为傲的自我批判的理性，这种来自欧洲中心主义的“隐德莱希”，把先验主体当成是理性的最高形式，把批判理性本身非条件化，导致了一种新的意识形态。卢曼运用他擅长的二阶观察理论批评道：“批判，仅仅意味着，从其自身的观察站立点观察观察，描述描述。”②也就是说，胡塞尔作为一个批判者，和他所批判的对象一样，其实也有自己的盲点——任何批判都不是终极正确的。卢曼把胡塞尔的哲学加以知识社会学的考察，把胡塞尔“非条件化”的批判理性

① Niklas Luhmann, “The Modern Sciences and Phenomenology”, in *Theories of Distinction: Redescribing the Descriptions of Modernity*, William Rasch eds., Stanford: Stanford University Press, 1996, p.46.

② Ibid., p.37.

重新条件化,找出其背后的历史、政治情景,然后,胡塞尔先验哲学所依托的具体社会条件就会自动显影出来——这就是卢曼娴熟运用的二阶观察,也是卢曼所欣赏的德里达的解构。因此,卢曼说:“可能的另一个选项,就是去解构(先验主体),去超越自我批判理性的不可批判性的悖论。”[①]其中,为了揭示胡塞尔的盲点,卢曼运用的一个策略就是反思胡塞尔的时间观。

正是在《现代科学和现象学》这篇重要论文中,卢曼从时间入手,顺藤摸瓜,对胡塞尔现象学展开了集中反思。在卢曼早期文献的脚注中,可以看到密集的胡塞尔引证,随着卢曼自己理论工具箱的发展,其著述中的胡塞尔引证有逐渐减少的趋势。但是,就在卢曼本人去世前两年,他发表了这篇深刻点评胡塞尔的维也纳演讲。凭着卢曼“六经注我”的一贯风格,除了其早期针对涂尔干、韦伯和帕森斯三位社会学大师有过指名道姓的专文讨论外,他是不乐意以专文研究某位人物的学术思想的。然而,就在卢曼学术生涯行将结束的时候,祭出了这么一篇对胡塞尔加以密集地“再描述”的维也纳演讲宏文,其中的关键词有科学、理性、批判,也有本书特别关注的“时间”。卢曼告诉我们,只有从时间问题入手,才能真正理解胡塞尔的科学观和他所持有的批判理性,胡塞尔哲学的优点和缺点也才能获得通透的说明。正是在这篇文章中,卢曼借助斯宾塞-布朗(Spencer-Brown)创造的“形式分析”这一新工具,从现代系统论的视角出发,重构了胡塞尔内时间意识分析,在肯定了胡塞尔的巨大贡献的同时,也批评了

---

① Niklas Luhmann, “The Modern Sciences and Phenomenology”, in *Theories of Distinction*: *Redescribing the Descriptions of Modernity*, William Rasch eds., Stanford: Stanford University Press, 1996, p.41.

胡塞尔主体哲学的缺陷。

卢曼赞扬了胡塞尔把意识哲学推到极致的批判精神，同时揭示了胡塞尔因躲避批判理性必然内含的悖论所产生的困境。本书将沿着卢曼维也纳演讲中反思胡塞尔的贡献与缺陷时所提供的线索，梳理卢曼对胡塞尔内时间意识的描述所展开的"再描述"，同时，考察从胡塞尔的"意识"到卢曼的"系统"，从胡塞尔的"哲学"到卢曼的"社会学"的跨越如何可能的问题。

二、胡塞尔的时间分析及其形而上学瑕疵

卢曼说，当我们在问"时间'是'什么"的时候，我们的提问方式就已经错了。时间不是某种客观对象，而是一定与某个系统相关联的建构。系统总是意味着指涉的对象在不断变化，"每一种声称与实在相关的系统理论，都必须开始于这样一个事实，即没有事物可以一直保持不变"①。而且，时间还不仅仅指事情在不断变化，时间概念是与具体的系统指涉相关联的。也就是说，系统时间不是历法时间，不是可以用钟表测量的由前至后的移动，而是在系统中(in)的时间，同时也是被系统使用(mit)的时间。②所以，时间是系统建构的，同时，系统也只能通过时间来建构。因此，卢曼的系统时间与胡塞尔的意识时间，与海德格尔的本己时间，是类似的。为了理解卢曼所强调的时间与系统指涉之间的相关性，以及卢曼从胡塞尔那里究竟受到了

① Niklas Luhmann, *Soziale Systeme. Grundriß einer allgemeinen Theorie*, Frankfurt: Suhrkamp, 1984, S.70.

② Ibid.

何种教益，我们有必要了解胡塞尔的内时间意识现象学的主要观点。因为在系统论大师卢曼看来，胡塞尔所谓的意识，不过是诸多系统之一——心理系统。

学界公认，胡塞尔对于意识构造的时间性的研究，主要是在三卷著作中完成的，即《内时间意识现象学》《关于时间意识的贝尔瑙手稿》和《C 手稿》。[①]前两卷是对时间意识自身结构的描述，《C 手稿》则是讨论先验自我的自身发生史。下文的对胡塞尔处理时间问题的分析，主要是借助他的《内时间意识现象学》这一著述。

胡塞尔和柏格森、海德格尔在时间问题上有一个相似的判断，即存在着两种时间：主观时间与客观时间。客观时间，是指日常生活和自然科学中的时间，是钟表时间和日历时间，是空间化的可以精确测量的时间。海德格尔把这种时间称为“流俗的时间”，与此相对的是本己（eigenlich）的时间，也相当于柏格森所谓的有机体中的“延绵”，或者胡塞尔所谓的“主观时间”。胡塞尔的内时间意识现象学，就是要发现主观时间相对于客观时间的原发性。

胡塞尔对时间问题的探索，主要涉及两个任务：首先，“时间的客观性，即个体的客观性，如何可能在主观的时间意识中构造出来”，其次，“对纯粹主观的时间意识，对时间体验的现象学内涵进行分析”。[②]胡塞尔主要探究了纯粹主观的时间意识的现象学，同时，通过

① ［德］胡塞尔：《内时间意识现象学》，倪梁康译，商务印书馆 2009 年版；［德］胡塞尔：《关于时间意识的贝尔瑙手稿》，肖德生译，商务印书馆 2016 年版；E. Husserl：*Späte Texte über Zeitkonstitution*（*1929—1934*），*Die C-Manuskripte*，Dordrecht：Springer，2006。

② ［德］胡塞尔：《生活世界现象学》，克劳斯·黑尔德编，倪梁康、张廷国译，上海译文出版社 2002 年版，第 70 页。

对内时间意识构造中对象意义的持守、相对时间位置与绝对时间位置、再回忆对客观时间的确证等，论述了客观时间在主观时间中被构造出来的方式。①

胡塞尔并没有否定客观时间，只是认为对于客观时间的不适当的抬高，贬低了真正处于原发性位置的主观时间。客观时间是自然科学、逻辑学和数学所运用的时间。胡塞尔在《欧洲科学的危机与超越论的现象学》中认为，欧洲对科学理性的崇拜导致了欧洲精神的危机。因为客观科学的自明性，包括逻辑学和数学的自明性，其实都不过是“不言而喻”的东西，这种“不言而喻”的自明性还没有达到真正的自明性，只有经过本质还原和先验还原的现象学的自明性，通过反思澄清了自身，才是经过证明了的最后的自明性。胡塞尔认为，要说明意识中的主观时间，就必须排斥客观时间：“正如在进行任何现象学的分析一样，这里必须完全排除与客观时间有关的设想、确定、信念（排除所有对生存之物的前设）。”②

胡塞尔也没有否定现代科学所取得的巨大成就，只是担心人们在实证主义至上的时代，把客观科学的真理当成唯一至上的真理，从而把人类精神引向歧路。为了扫清通向纯粹现象学的道路，胡塞尔对笛卡尔以来的二元论给予了严厉批判。正是笛卡尔把自然和精神割裂开来，为自然主义和物理主义的心理学的出现铺平了道路。由于心理学的客观主义的遮蔽，导致完全没有把心灵的固有本质作为课题，胡塞尔要研究的正是摆脱了客观主义的心灵的固有本质，也就是纯粹心理学

---

① 肖德生：《胡塞尔对主客观时间关系的确立》，载《安徽大学学报（哲学社会科学版）》2009 年第 3 期，第 20 页。

② ［德］胡塞尔：《生活世界现象学》，克劳斯·黑尔德编，倪梁康、张廷国译，上海译文出版社 2002 年版，第 72 页。

的现象学。经过现象学所达到的真理,通过研究意识的构造活动的先验现象学达到对于精神的认识,这才是最高的真理。只有意识的构造活动获得了说明,客观科学才能够奠基其上,客观真理不过是现象学真理的派生性产物。因此,也可以说,客观时间不能说明主观时间,相反,只有主观时间得到澄清后,客观时间才能得到说明。

胡塞尔所谓的客观时间或者世界时间,也被海德格尔称为对时间的流俗理解,而这种海德格尔眼中的“非本己的时间”,正是亚里士多德在《物理学》中所描述的自然时间。亚里士多德把时间和运动联系起来,“我们在运动中感知‘早和晚’”①。虽然时间不是运动,但时间呈现出一个接一个的现在的序列,一个一个移动的当下。时间是连续的,又是无限可分的。“时间是‘那为现在所划分的’东西。”②“时间之为数,指的是毕达哥拉斯主义‘一中之二’(Zwei-in-Eins)的原初关系,亦即一个‘现在’内部延展中的两个‘现在’。”③每一个“现在”是可以按照“一、二、三……”这样的运动序列数出来的东西。自亚里士多德以来,“时间是现在的序列”成为欧洲世界的统治性时间观。亚里士多德也注意到,若无灵魂,时间就不存在。亚里士多德已经发现了时间和“我们”的关系,或者说发现了时间的主观依赖性,但是并没有深究。对于时间与心灵之间的关系的重视,是由奥古斯丁发展起来的,正如胡塞尔所言:“第一次深切地感受到这个巨大困难并为此而做出过近乎绝望努力的人是奥古斯丁。”④奥古斯丁认为,心灵

① 转引自[德]黑尔德:《时间现象学的基本概念》,靳希平译,上海译文出版社2009年版,第7页。

② 同上书,第10页。

③ 同上。

④ [德]胡塞尔:《生活世界现象学》,克劳斯·黑尔德编,倪梁康、张廷国译,上海译文出版社2002年版,第71页。

有“期待”“注意”和“记忆”三种取向。这和后来胡塞尔关于时间的三个相位“滞留”“原印象”和“前摄”直接对应。

胡塞尔给自己的时间现象学考察所设定的任务是：内在时间意识是如何构成客观时间的。客观时间的特征是把“当下”理解为“现在”，而现在则构成了一个延伸的序列，也就是说，较早的“现在”是已经过去的“当下”，而将来的“现在”则是正处于期待中的“当下”。那么，要从主观的时间经验来解释作为“现在序列”的客观时间，如何理解“当下”就成为关键。黑尔德如此概括了胡塞尔的开创性发现：“具体经验到的‘现在’，并非无延展的边界，而是一个‘在场域’(Präsenzfeld)。”①意识中的感性感知有一个“原印象”作为核心，这是对“当下”经验内容的直接把握，而当下的意识还具有某种宽度(Breite)，这种宽度是滞留(Protention)与前摄(Retention)分别向后和向前延伸时形成的，因此，也可以把滞留和前摄看成是原印象的“视域”(Horizont)。已经“逝去”的最近的过去，正在“到来”的最近的将来，都是场域性的环境，被吸附进了“原印象”中。这种具有“在场域”特征的意识，不同于亚里士多德的“现在序列”的地方就在于，胡塞尔的时间意识是“流动”的，是一个发生进程(Geschehen)，而亚里士多德的客观时间则是把现在看成是“固定的、不动的形式”，在这种形式中，“原初的时间的发生进程进入静止状态”。②

根据倪梁康的考察，胡塞尔在《逻辑研究》中还没有把“时间”与“发生”联系起来，从他的《内时间意识现象学讲座》开始，“时间分析”

---

① [德]黑尔德：《时间现象学的基本概念》，靳希平译，上海译文出版社2009年版，第50页。

② 同上。

与“发生分析”的态度才进入到他的研究中。在《笛卡尔式的沉思》中,对于时间与发生的进一步考察,表现为“一种对静态现象学(对“横意向性”)的分析与发生现象学(对“纵意向性”的分析)关系的讨论”①。所谓胡塞尔的横向性意向分析,也就是对意向活动与意向相关项之间的意向关系的本质结构的现象学描述,而纵向性意向性分析,则是对意识活动的时间维度的意向关系的本质结构的现象学描述,其中包括过去、现在(当下)和未来三个维度。滞留、原印象、前摄则是构成现在(当下)的三个基本因素。在包括《内时间意识现象学》在内的胡塞尔早期分析时间意识的著作中,胡塞尔明显更为关注时间作为滞留的过去。“我们将原生的回忆或滞留称作一个彗星尾,它与各个感知相衔接。”②滞留就像彗星尾巴一样构成现在点的大部分,因此受到胡塞尔重点关注。只有到了胡塞尔后期《关于时间意识的贝尔瑙手稿》,他才着手处理了与将来有关的问题。

在胡塞尔的内时间意识分析中,“滞留”具有特殊的地位。正是通过对“滞留”的分析,胡塞尔向我们演示了时间分析的现象学严格性。胡塞尔从感知的角度来分析“滞留”,把“滞留”看作感知意向的延续,而不是感知意向本身。所谓意向,就是“仍然意指着”。胡塞尔以声音的感知为例加以说明:对于过去的声音的意指,是此声音的意指在延续,比其过去响起那一刻的声音拖得更长。过去那一刻的声音已不在当下,但仍然被意指着。如果没有滞留,意识就感受不到任何音乐。“每一次都有一个声音(或一个声音相位)处在现在点中。但过去的点并没有从意识中被消除出去。随着对现在显现的、仿佛现在听到的声音的立义,原生的回忆融化在刚刚仿佛听到的声音以

① 倪梁康:《纵意向性:时间、发生、历史》,载《哲学分析》2010 年第 2 期,第 60 页。
② [德]胡塞尔:《内时间意识现象学》,倪梁康译,商务印书馆 2009 年版,第 75 页。

及对尚未出现的声音的期待(前摄)上。”①胡塞尔还区分了“滞留”与“回忆”的不同。胡塞尔特意说明,如果把与过去的意识相位有关的滞留看作回忆,那就犯了一个致命的错误。因为,回忆始终只是与一个被构造了的时间客体有关的一个表达,而滞留则与之不同,滞留是一个可以用来标识意识相位与意识相位之间关系的表达。胡塞尔还是以声音为例,说明了回忆与滞留的本质区别:1.回忆是指声音在想象中“被更新(被再造)”;2.滞留则是指声音刚刚逐渐减弱,但不是以一个想象材料、一个“再造”的方式显现。尽管如此,我“刚刚听到”它,还具有对此的意识。对它的意向还在延续,同时意指的连续性并不必定会中断。②

“滞留”是过去的原印象在当下感知中的保持。一个原印象在时间轴上逝去的时候,这个原印象已经不在当下的现场,但是意识的知觉活动会将其保持下来,虽然会有所变形或变弱。“滞留”是一个纯粹的保留,是完全自发性和原初性的,是意识的一种原始的机能,因而不是回忆,回忆已经是“再造”。每一个滞留都会逐渐叠加在一起,“这个系列的每一个以前的点都重又在滞留的意义上作为一个现在而映射出来(abschatten)”③。也就是说,以前的那个时间点上发生的感知内容,在滞留中并没有消失,而是成为“现在点”的一个内容成分。还是以声音为例:我们现在所听到的声音,既不是当下的原印象,也不是过去的原印象的滞留,而是二者的综合体,当然,完整的知觉内容还要加上“前摄”,是三者的综合体。这种纯粹的保留在每一

① [德]胡塞尔:《内时间意识现象学》,倪梁康译,商务印书馆2009年版,第76页。
② 同上书,第88—89页。
③ 同上书,第69页。

个当下都会一直重复发生，一再推进，所有过去的当下，都会叠加在一起形成“滞留”的复合。“它从一个滞留转变为另一个滞留，从不间断，因而就形成一个滞留的不断连续，以至于每个以后的点对于以前的点来说都是滞留，每个滞留都已经是连续统。”①

胡塞尔的时间意识分析虽然在欧洲思想史上极大地推进了对意识经验中的时间进程的现象学理解，但是也遭到了一些批评，最有名的当数德里达对于胡塞尔“在场”形而上学的开炮。德里达认为，胡塞尔在其时间现象学中把“当下”特权化，“当下”在其时间分析中构成了的一个原初的、中心的点，呈现为当下的主宰。②德里达指出，当胡塞尔试图与亚里士多德心理学学说中“从‘当下’‘点’‘界限’和‘循环’等概念出发的时间观念”③决裂时，他仍然“是从作为点的‘当下’之对自我的同一性出发而被思考、被描述的，就如同一个‘源点’。‘开始’的原始而又一般的在场的观念，‘绝对的原始’，原则(principium)在现象学中总是回溯到这个‘源点’”④，或者可以说，胡塞尔仍然延续了“希腊的在场形而上学”⑤。德里达的这个尖锐批判产生了不少回应，我国学者倪梁康就认为，德里达不仅误读了胡塞尔，而且也误解了希腊传统。⑥但是赞同德里达的中外学者也不少，比如德国的黑尔德、我国的张祥龙等。

正如黑尔德批评的那样，胡塞尔在引入滞留和前摄作为原初时

① [德]胡塞尔：《内时间意识现象学》，倪梁康译，商务印书馆 2009 年版，第 69 页。
② [法]德里达：《声音与现象》，杜小真译，商务印书馆 2017 年版，第 79 页。
③ 同上书，第 77 页。
④ 同上书，第 78 页。
⑤ 同上书，第 80 页。
⑥ 倪梁康：《胡塞尔时间分析中的“原意识”与“无意识”》，载《哲学研究》2003 年第 6 期，第 72 页。

间的意向经验时，仍然把“当下”作为他的主要兴趣，这就导致了胡塞尔错误地突出了“原印象”这个“现在核”(Jetzkern)。[①]黑尔德考察了柏拉图与亚里士多德在时间立场的不同路线，他认为在柏拉图的思想中，时间是一种发生进程，柏拉图所说的过去，不单单是亚里士多德意义上的数数那样的静态形式的过去，而是“向过去的过渡，是向过去的溜去、消失而去的发生进程，是离去，是作为一种向过去的沉没的发生进程”[②]。胡塞尔认为在时间的发生进程中，“滞留”和“前摄”都是在“原印象”中被意识到的，在这种联系中，二者就都属于“现在核”这个中心。“正是从这个中心出发，本己时间才显现为‘在场域’，显示为届时的‘活生生的’当下。”[③]黑尔德问道，为什么胡塞尔“现在核”这个假定在现象学上是成问题的？按照黑尔德的分析，胡塞尔现象学是对原初经验的追求，因而必须不断对所分析的东西提问：是否这些东西是在意识之前直观地给予的。黑尔德认为，胡塞尔所谓的“在场域”内部的、原初的印象性的那个“现在核”，在意识经验中不能满足直观性和明证性，而只是“思想操作进程制造的产品”[④]。所以，黑尔德断言，胡塞尔“把直观给予的存在，与非直观的被思想出的存在之间的奠基关系，本末倒置了”[⑤]。正确的关系应该是这样的：直观地经验到的只有“滞留”和“前摄”，非直观的原印象(现在)的边界的意识则是奠基在直观的滞留—前摄的意识中。

---

① [德]黑尔德：《时间现象学的基本概念》，靳希平译，上海译文出版社2009年版，第51页。

② 同上书，第35页。

③ 同上书，第52页。

④ 同上。

⑤ 同上书，第53页。

相比于黑尔德在批判胡塞尔突出“现在核”所造成的“本末倒置”上的抽象性，张祥龙的批评显得更为具象化，虽然二人的视角是类似的。张祥龙认为，胡塞尔对于一个滞留转变成另一个滞留并形成了不间断的连续统的这种“内在连续力”估计不足，因而在构造时间流时，分解出了滞留的“双重意向”：即“一个构造时间客体，另一个通过对于滞留的滞留来构造时间之流”①。原初性的滞留，既构造了时间对象，又构造并融入了时间之流，这是生机勃勃的滞留的滞留，因而根本不存在优先于滞留的原印象。总之，“内时间流的源头应该在于滞留和前摄，而不是其触角还在时流之外的原印象”②。因此，原印象并不是胡塞尔所谓的“绝对开端”，而不过是时间之流中意识活动的切入点。把这个切入点静态化，切割开，导致胡塞尔陷入亚里士多德的运动时间观。

卢曼作为德里达的“解构”和“延异”理论的友好支持者，也指出了胡塞尔时间意识分析中的类似瑕疵。卢曼认为，胡塞尔在谈论时间时，没有摆脱欧洲传统中的“河流和运动的隐喻”③。不过，在对胡塞尔时间观的批评中，与德里达的在场形而上学批判以及黑尔德的“本末倒置”的批判视角不同，卢曼认为，胡塞尔时间分析中的河流和运动的隐喻，其实是欧洲传统时间观中一脉相承的对“观察者”的忽视。卢曼在时间问题上对于“观察者”的强调，正是后期卢曼系统论的一个重要特征。

---

① 张祥龙：《想象力与历时记忆——内时间意识的分层》，载《现代哲学》2013 年第 1 期，第 67 页。

② 同上。

③ Niklas Luhmann, “The Modern Sciences and Phenomenology”, in *Theories of Distinction: Redescribing the Descriptions of Modernity*, William Rasch eds., Stanford: Stanford University Press 1996, p.48.

三、卢曼对于胡塞尔时间分析的再描述

卢曼终其一生，都在尝试把胡塞尔的现象学方法拓展到社会学领域。但是，就像卢曼对待所有其他的学术前辈以及同辈一样，他对胡塞尔也是去粗取精，或者更准确地说，经过大幅度改写，以便于在其社会系统论中让被改写的胡塞尔与其他被改写的学术资源融贯地为他所用。卢曼在其1995年的维也纳演讲中，彻底交代了他“改写”胡塞尔的方法和工具，由此也把他30多年的学术工作与胡塞尔的关系做了一个了断——如果我们把这个演讲看成是卢曼的学术遗言，或许并不为过。在这份重要的维也纳演讲中，卢曼对胡塞尔现象学中的合理内核展开了拯救与反思，“题眼”就是对于胡塞尔内时间意识的批判。

卢曼对胡塞尔展开拯救与反思的工具，主要来自三个思想资源：智利神经生物学家马图拉纳（Humberto R. Maturana）和瓦瑞拉（Francisco J. Varela）首创的“自创生”（autopoiesis）理论①；美国伊利诺斯大学的控制论大师冯·福斯特（Heinz von Foerster）提出的“观察者”理论②；以及最为重要的，来自英国数学家和逻辑学家斯宾塞-布朗的“形式分析”③。自创生意味着系统的维持是从一个元素到一个元素的自我指涉的网络化；观察者理论意味着“观察观察者”，同时也意味着观察的反身性；形式分析则意味着世界的呈现就是做出“标

① Humberto Maturana and Francisco Varela, *Autopoiesis and Cognition: The Realisation of the Living*, Dordrecht: D. Reidel Publishing Company, 1979.

② Heinz von Foerster, *Observing Systems*, California: Intersystems Publications, 1982.

③ G. Spencer-Brown, *Laws of Form*, London: Allen & Unwin, 1979.

示/未标示”这个区分，标示是当下被指向的一面，而未标示则是尚未实现的可能性。卢曼找到了胡塞尔现象学与自创生、观察者、形式分析这三个理论之间的最大公约数，那就是“自我指涉”的生成机制。当胡塞尔把“自我指涉”的生成机制看成仅仅是“先验意识”所唯一享有的特权时，卢曼对胡塞尔的突破在于，他认为，(复杂的)机器、有机体、社会和意识系统一样，都是满足了自创生、观察者、形式分析等特性的“自我指涉”系统。从时间分析来看，不仅仅意识这个心理系统具有内时间意识，(复杂的)机器、有机体和社会也能产生出不同于客观时间的各自的内在时间。卢曼尤其指出，心理(意识)和社会这两个系统有一个不同于其他自我指涉系统的共同特性，即二者不仅具有自我指涉的生成机制，而且，只有这两个系统才能够产生“意义”。但是，意识系统和社会系统的意义生成过程分别受到各自内在时间的约束，因而相互独立。

在卢曼的维也纳演讲中，为了把胡塞尔的“意识分析”一般化、抽象化为“系统分析”，他直接在胡塞尔的“意向性”与斯宾塞-布朗的形式分析中建立对应关系：“意向性无非就是差异的设定，就是做出一个区分，以此方式，意识激发自身去指向、去想、去期望某种确定的东西(而不是别的东西)。”①即是说，胡塞尔的意向性分析与斯宾塞-布朗的“标示的计算”(calculus of indication)是一致的。在斯宾塞-布朗的形式分析中，任何对世界的观察，第一个动作都是“做出一个区分”(drawing a distinction)②，即把世界一分为二为“标示/未标示”

---

① Niklas Luhmann, “The Modern Sciences and Phenomenology”, in *Theories of Distinction: Redescribing the Descriptions of Modernity*, William Rasch eds., Stanford: Stanford University Press 1996, p.45.

② G. Spencer-Brown, *Laws of Form*, London: Allen & Unwin, 1979, p.2.

(marked/unmarked)的区分。而且,这个区分是非对称的,因为,每一个当下,都只能指向区分中的"标示"这一面,而不能同时指向"未标示"那一面,"未标示"那一面在当下时刻是不在场的。这也就是卢曼所谓的"世界能够被看见,是因为不可见"(重点号为原文所加)的悖论。[①]为令世界看得见而"做出一个区分"的动作,本身也运用了"指示/区分"(indication/distinction)这个区分,或者说,这个"区分"本身已经被包含在"指示/区分"这个区分的"区分"这一边,所以,这个区分是一个自我指涉的悖论形式。[②]

卢曼认为,胡塞尔的先验现象学与斯宾塞-布朗的形式计算具有一致性。胡塞尔的意向分析,因此也可以改写为意识的每个运作通过不断地区分而连续地自我再生产的形式分析。胡塞尔的"世界"概念是一个充满可能性的无限视域,或者是"视域的视域"。正是在这个无限视域中,被意向的对象的确定性获得了保证。胡塞尔通过意向相关项(noema)与意向活动(noesis)这一双层结构,揭示了独立于经验的先验意识构造活动,这一活动独立于任何具体个人的特殊经验,仅仅由于这种双层结构的自身明证性而有效,因而被称为"先验现象学"。先验现象学对于"现象"的把握,彻底超越了"存在/表象"的本体论,完全不同于以客观实在为目标的透过现象看本质的自然科学。现象就是事实本身,现象是意识活动的运作结果,被包含在意识之中,而且,意识本身也可作为现象呈现在意识之前,这就是意识的自反性。胡塞尔的感知分析中的映射(侧显,Abschattung)这一概

---

① Niklas Luhmann, "The Paradox of Observing System", in *Theories of Distinction: Redescribing the Descriptions of Modernity*, William Rasch eds., Stanford: Stanford University Press 1996, p.87.

② G. Spencer-Brown, *Laws of Form*, London: Allen & Unwin, 1979, p.1.

念，表明了杂多的质料在感知视角的连续变换中构造出对象的同一性的过程，这是一个精神过程，“而不是空间中的某样东西”①。这个意向性构造中的对象，不同于伽利略-笛卡尔的自然科学观念中的对象。在卢曼看来，胡塞尔先验现象学中的意识分析与斯宾塞-布朗的形式分析具有功能上的对等性。“意向相关项/意向活动”就是形式分析上的一个区分，而意向活动构造意向对象的过程，就是一个接一个的区分在未标示的空间和被标示的空间之间不断跨越区分边界的过程。“正是意向相关项和意向活动这个差异(difference)，也即‘表象’(Vorstellen)和‘被表象’(Vorgestellt)这个差异，确保了世界的可描述性，并且，构造了确定的‘对象’。”②

为了从胡塞尔的意向性中提炼出与自创生、观察者、形式分析所共有的“自我指涉”这个因子，卢曼还进一步认为，完全可以用“自我指涉/他者指涉”的区分取代“意向相关项/意向活动”的区分。“意识如果不能把自身与其他东西区分开，就无法标示出自身；同样，如果意识不能把他者指涉与自我指涉区分开，那么也就不存在对于意识而言的现象。”③所以，由意向性导航的意识运作过程，也是基于对“自我指涉/他者指涉”这个区分的运用。在意识构造过程的每一个当下，意识系统究竟是指向“自我指涉”还是指向“他者指涉”，这是一个开放的问题，充满了不确定性，意向性的运作过程就是在现象和意识之间来回持续摆荡的偶然性过程。这个不停歇的摆荡机制对于系

---

① Niklas Luhmann, “The Modern Sciences and Phenomenology”, in *Theories of Distinction: Redescribing the Descriptions of Modernity*, William Rasch eds., Stanford: Stanford University Press 1996, p.46.

② Ibid.

③ Ibid., p.47.

统维持的益处在于，意识过程既不会把自己遗失在世界之中，也不会停滞在对自身的指涉上面。无论意识活动指向的是现象，还是指向的是意识自身，都是在意识这个封闭系统中完成的，这也是胡塞尔的先验还原和悬搁（epoché）所含有的意思之一。在此处，卢曼系统理论与胡塞尔的现象学分析存在一个重要差异，卢曼以“系统/环境”的区分肯定了环境的存在，而胡塞尔的先验还原和悬搁则对环境加括号后存而不论。卢曼区分了一阶观察和二阶观察，在二阶观察系统中，能够同时看到一阶观察系统及其环境。在卢曼看来，系统还可以自己观察自己，也就是在系统内部形成了二阶观察与一阶观察的自我观察。自我观察的系统形成了既封闭又开放的悖论性结构，其秘密就在于把“系统/环境”这个区分“再入”（re-entry）到“系统/环境”这一区分的“系统”这一边，也就是说，在系统内部构造出“系统/环境”的区分——这就是“自我指涉/他者指涉”这个区分。胡塞尔的意识现象学中，由于其强调先验还原和悬搁，事先排除了“环境”，只是在本质还原中分析了作为“自我指涉/他者指涉”的“意向相关项/意向活动”这一区分的运作，因而缺乏卢曼所说的“系统/环境”的视角。正因如此，卢曼批评了胡塞尔把主体理性绝对化的立场，他认为，胡塞尔没有看到，意识和社会系统可以互为环境：作为意识系统的环境的社会系统，也可以把意识系统作为环境来观察。

卢曼指出，正是意识构造在“自我指涉”与“他者指涉”之间来回持续摆荡的过程中，“时间”扮演了重要角色，产生了胡塞尔所谓的内时间意识。通过意识的内省，意识进入其当下现实化运作的时间性中，这一当下既不是之前，也不是之后。意识只能在其自身的运作中，即在当下的滞留与当下的前摄中，指向自身，其他成分则只能构成作为已经不在当下的过去或者尚未来临的将来的视域。现在把将来和过去分割开来，由此形成一个客观世界中的连续和断裂的区分。如果意识内的时间性是如此奠基的，那么，为什么是这样？卢曼为此向胡塞尔提出了一个问题：

> 为什么意识通过假设一个客观的、按时间顺序排列的时间来掩盖它自己的、根本内在的、“主观的”时间，在这个（客观的）时间里，它必须把自己重建为运动的、意识流的，以至于它首先需要一种现象学的分析技术来找出真相（如果这就是它的真相）？①

卢曼认为，胡塞尔在对时间的“观察”上，把“当下”处理为历经过去、现在、将来时间点的线性流动，因而陷入亚里士多德以河流、运动来隐喻时间的旧欧洲传统。亚里士多德的运动的时间，以及后来机械钟表测量的时间，背后是一个以数字、测量、日历作为区分的“观察者”。这个观察者把运动看成是可以测量的日历时间的基础，不断读取、测量和计算时间的正确还是不正确。在这里，似乎隐含了卢曼对于胡塞尔突出“现在核”的中心地位的不满。卢曼自己的时间观中，把现在看成是做出“过去/将来”这个区分的观察者，现在成了“过去/将来”这个区分的观察盲点，因而避免了把当下突出为“现在核”所造成的时间的运动隐喻。卢曼批评胡塞尔说，胡塞尔本人试图通过内

---

① Niklas Luhmann, "The Modern Sciences and Phenomenology", in *Theories of Distinction*: *Redescribing the Descriptions of Modernity*, William Rasch eds., Stanford: Stanford University Press 1996, p.47.

时间意识的分析批判现代科学和技术，但是，胡塞尔自己以河流和运动来隐喻时间，在把时间看成是可测量的时候，已经落入了“技术”的窠臼。因此，胡塞尔自诩的激进批判也就没有那么激进了。①

但是，卢曼还是肯定了胡塞尔时间分析中的两个根本性贡献：1.在胡塞尔的意向性运作中，意识总是不断超越此刻已经现实化的条件，这其中就已经指明了时间性；2.意识的意向在他者指涉（现象）和自我指涉（意识）之间的不断摆荡，需要花费时间，以定位意向的内容。②卢曼认为，正是在这里，我们可以抛弃胡塞尔现象学中的“主体”。在意识系统中，真正存在的只有不停的意向性运作、自我指涉与他者指涉这个区分之间的不停摆荡，以及实现摆荡的时间。意识的统一性不在于这一过程之外那个高悬的“主体”，意识统一性就是自我指涉和他者指涉之间的不停摆荡所形成的递归循环进程，因而主体的假设是完全多余的。换句话说，意识的统一性不过是指意识系统拥有自己的记忆，这种记忆“可以抓住那些已经成为过去但仍然可以被重新捕获的诸多可能性，因此产生了时间上持续存在的对象（或现象）的幻觉”③。

经过对胡塞尔现象学的意识构造过程的比较研究后，卢曼发现，意识活动的生成过程与系统论的主张是完全呼应的。因为，意识现象学和现代系统论有一个共同的关切，即“自我指涉”。虽然系统论由于采用“系统/环境”的区分而不同于胡塞尔的“悬搁”，但是系统论

① Niklas Luhmann, “The Modern Sciences and Phenomenology”, in *Theories of Distinction: Redescribing the Descriptions of Modernity*, William Rasch eds., Stanford: Stanford University Press 1996, p.48.

② Ibid.

③ Ibid., p.49.

和现象学一样，基于自我指涉的原理，拒绝了系统与外部世界直接接触的可能性。系统论与意识现象学都肯定了连接自我指涉与他者指涉的双重稳定性。对于被称为“目的导向”的系统论而言，自我指涉就表现为众所周知的“反馈环”(feedback loop)。系统的运作就是信号传递，系统的维持需要在一个时间进程中不断递归循环以产生新的信息。于是，卢曼把胡塞尔意识构造的特殊属性扩展为一般系统的普遍属性，意识活动的内时间也被相应扩展为一般系统的内时间，或者说，系统的主观时间。

卢曼对胡塞尔意识哲学及其内时间意识的改造，是希望把先验现象学与经验性的认识论打通，或者说，把意识分析与现代认知科学打通。卢曼把自创生、观察者和形式分析看成是现代认知科学的杰出成就。意识哲学贡献给现代认知科学的启示在于，系统对于“环境”的认识，只能通过自我指涉和他者指涉这个区分的摆荡运作，而环境不过是系统“再入”到系统内部的他者指涉。那种所谓的客观实在的“环境”，是系统自身所不可触及的，系统无法在客观自足的“环境”与系统自身通过他者指涉所呈现的环境之间做出区分。卢曼把这种认识论的态度称为激进建构主义。激进建构主义在自我指涉内部处理自我指涉与他者指涉之间的区分，这无疑会导致自指的悖论。①

为此，卢曼批评了胡塞尔“自我批判的理性”的不彻底性。自我批判意味着批判只能在自我指涉内部区分自我指涉和他者指涉，因而把自我批判的逻辑贯彻到底就会出现悖论。胡塞尔为了克服自我

---

① Niklas Luhmann, “The Modern Sciences and Phenomenology”, in *Theories of Distinction: Redescribing the Descriptions of Modernity*, William Rasch eds., Stanford: Stanford University Press 1996, p.51.

批判的悖论，借助“自然/先验”这个区分，通过批判自然科学的朴素的客观理性来主张精神理性的真理性，试图以此同时摆脱自然主义和相对主义。但是，胡塞尔在批判由于自然科学和技术理性给欧洲精神带来危机的时候，不自觉地把自己置于某种最后真理的发现者的地位，置身于时间之外，这本身就取消了“自我批判的理性”的悖论性构造。对于卢曼而言，悖论不是需要禁止的逻辑错误，反而正是因为悖论的存在以及创造性地“展开悖论”，系统才获得了持续运作的契机。[①]

在卢曼的激进建构主义的时间分析和认识论中，所谓批判就是立足现在对过去的描述加以描述，任何处于现在时刻的批判都没有把握至上真理的特权，任何当下的批判都会在将来被新的描述所描述。卢曼特别提示我们，激进建构主义才真正同时摆脱了胡塞尔所担心的自然主义和相对主义：激进建构主义并不会导致技术理性的自然主义，因为这是在历史进程的系统生产中递归运行的，是一种主观构造；也不会导致“怎么都行”的相对主义，因为批判对象的同一性有赖于系统从一个运作到另一个运作的自我限缩（自我条件化）。因此，卢曼不再把自己的维也纳演讲定位为对胡塞尔的“批判”，而是把这个工作看作是对胡塞尔的描述的“再描述”。从卢曼激进建构主义的时间观来说，胡塞尔式的“批判”意味着需要站在时间之外的某个优越观察视角，而真正的观察只能发生在社会内部，发生在时间之中，因而只能是对描述的再描述，而且，新的观察者在将来还可以对这个再描述加以再描述。

---

① Niklas Luhmann, “The Modern Sciences and Phenomenology”, in *Theories of Distinction: Redescribing the Descriptions of Modernity*, William Rasch eds., Stanford: Stanford University Press 1996, pp.87—88.

在卢曼看来，这种激进建构主义的认识论主张所内含的“反身性”(reflexivity)机制，其实在胡塞尔之前的思想史中就已经出现了，在“二战”之后更是在各个知识领域被普遍揭示。“反身性”也就是对观察的观察，描述的描述。马克思对资产阶级意识形态背后的利益的揭露，弗洛伊德对于意识背后的潜意识的揭示，都是观察观察者(二阶观察)所获得的成就。卢曼尤其指明，弗洛伊德精神分析中的能量“力比多”(libido)其实就是心理自创生系统的自我指涉，而“升华”(sublimation)则是心理自创生系统的他者指涉。“二战”之后的语言学转向，以及爱丁堡学派知识社会学中的SSK强纲领，都大大推进了对“反身性”的理解。即便在自然科学中，从物理学到生物学，也印证了“反身性”机制的无处不在。海森堡的测不准原理宣告了任何物理实在都是观察者依赖的，生物学的研究依赖于作为生物的生物学家，脑科学的研究依赖于研究大脑的大脑。卢曼想要告诉我们的是，胡塞尔以为只存在于所谓先验意识中的“反身性”，其实广泛地存在于物理、有机体、意识和社会构成的经验性系统中。当然，作为一个社会学家，卢曼关注胡塞尔的目的，就是要把从胡塞尔意识哲学中发掘出来的“反身性”机制推广到与胡塞尔本人所理解的“生活世界”完全不同的“生活世界”：社会系统。社会系统的基本单位是沟通，而沟通由信息、告知和理解三个成分构成。信息意味着他者指涉，告知意味着自我指涉，理解则是“把沟通中形成的浓缩的意义传递给下一个沟通的前提条件”①。社会系统的运作过程，所

① Niklas Luhmann, “The Modern Sciences and Phenomenology”, in *Theories of Distinction: Redescribing the Descriptions of Modernity*, William Rasch eds., Stanford: Stanford University Press 1996, p.56.

呈现的也无非是从一个沟通到另一个沟通的递归观察的反身性机制。

总之,经过对胡塞尔意识哲学及其时间分析的改造,卢曼清除了胡塞尔意识哲学中的"主体"残余,把胡塞尔在"现象学突破"中所揭示的"自我指涉""反身性"的心理特性一般化、抽象化,以运用于社会学研究。由此,社会系统独立于意识系统的"意义"生成机制获得证立,而且还能解释社会与意识"结构耦合"的复杂现象。卢曼这一研究顺应了20世纪后期西方世界解构"主体"的思想大势,其中包括德里达的文本分析、福柯的知识考古学和利奥塔的语言学转向等等。卢曼别具匠心的地方在于,基于意识系统与社会系统的不同时间进程,把二者剥离开来,并且分别指出了二者不同的基本运作单位:意识系统中的"思想"与社会系统中的"沟通"。尤其是"沟通"作为社会系统运作基本单位的发现,可以说是卢曼对人类思想库最为重要的贡献之一。比起因单一强调语言媒介作用而否定意识系统独立性的利奥塔,以及以"文本"分析而含糊了意识与社会之间的界限区分的德里达,以及否定了主体但还没有超出"话语分析"的福柯,卢曼清晰区分了意识系统和社会系统,显得更加融贯和更具说服力。

四、时间分析在卢曼社会系统论中的展开

卢曼的时间社会学有一个从"行动"到"沟通"的转变过程。

在卢曼学术活动早期,虽然其所选用的社会系统基本单位还没从"行动"转向"沟通",但是已经非常有意识地把时间分析用于社会

学研究。在 1978 年发表的《行动理论与系统理论》[①]这篇引发了颇多争论的文章中,卢曼就以"行动的时间性"为由,批评了阿兰·道(Alan Dawe)、米歇尔·克罗齐耶(Michel Crozier)、埃哈尔·费埃德伯格(Erhard Friedberg)等知名社会学家把行动与系统对立起来的观点。卢曼认为,行动就是社会系统的基本要素,行动与系统相互关联。每一个当下的行动,都指向了过去和将来的行动。一个接一个的行动正是在递归关联的时间中组成了系统。在 1979 年发表的《时间和行动》[②]这篇文章中,卢曼仍然是从行动的时间性上肯定了行动是社会系统基本要素的论断。行动一旦发生就迅速消失,因此需要另一个行动弥补前一个行动消失的真空。所谓社会系统,就是为了克服一个行动到另一个行动可能中断的时间压力而产生。但是,从韦伯到帕森斯所发展起来的行动概念,有一个致命的缺陷:把意识系统嵌入社会系统中,令二者无法相互独立。

根据卢曼学生鲁道夫·施蒂希维(Rudolf Stichweh)的回忆,大概在 20 世纪 70 年代末期到 80 年代早期之间,卢曼已经在其课程和讲座中反复提到了从行动向沟通的转向的可能性。[③]1984 年出版《社会(诸)系统》一书,标志着卢曼最终做出把社会系统基本单位界定为沟通的决定。正是通过这个决定,卢曼找到了让社会系统独立于意识系统的基本运作单位——"沟通",从而,社会系统彻底获得了区别

---

① Niklas Luhmann, "Handlungstheorie und Systemtheorie", in *Soziologische Aufklärung 3. Soziales System, Gesellschaft, Organisation*, Opladen: Westdeutscher Verlag, 1981, S.50—66.

② Niklas Luhmann, "Zeit und Handlung", in *Soziologische Aufklärung 3. Soziales System, Gesellschaft, Organisation*, Opladen: Westdeutscher Verlag, 1981, S.101—125.

③ Rudolf Stichweh, "Systems Theory as an Alternative to Action Theory? The Rise of 'Communication' as a Theoretical Option", in *Acta Sociologica*, 2000, Vol.43, p.7.

于意识系统的独立的内在时间。这样，胡塞尔内时间意识分析经过自创生、观察者、形式分析等理论的重组，能够严丝合缝地运用于社会系统的时间分析。在1990年发表的《同时性与同步化》①一文中，卢曼用其发明的独特的"语义分析/社会结构"的观念史方法，对时间观念在欧洲随着社会结构演化的历史进程给予了全景式描述。同时，在该文中，卢曼从"系统/环境"区分的"同时性"悖论出发，发掘出不同时代处理"同步化"问题的各种社会方案，登上了他发展时间社会学的最高峰。《同时性与同步化》一文中的思考深度渗透于卢曼1991年出版的《风险社会学》②一书中，可以说，不理解卢曼的时间社会学，就无法正确地打开卢曼独领风骚的风险理论。

哈贝马斯作为卢曼30多年的论战对手，对于卢曼系统论与德国主体哲学之间的关系有一个总体判断，他认为："与其说卢曼想与从孔德到帕森斯的社会理论传统建立联系，不如说是想延续从康德到胡塞尔的意识哲学问题史。"③哈贝马斯精准地指出了卢曼与胡塞尔的核心关联："卢曼引入了一个独特的概念：'意义'(Sinn)。就此概念而言，卢曼采用的是胡塞尔的现象学描述。"④同时，哈贝马斯也肯定了卢曼系统论对主体哲学的局限性的克服："它(系统理论)力图继承主体哲学的基本概念和提问方式，同时又想超越主体哲学解决问

---

① Niklas Luhmann, "Gleichzeitigkeit und Synchronization", in *Soziologische Aufklärung 5. Konstruktivistische Perspektiven*, Opladen: Westdeutscher Verlag, 1990, S.95—130.

② Niklas Luhmann, *Soziologie des Risikos*, Berlin · New York: Walter de Gruyter, 1991.

③ [德]哈贝马斯:《现代性的哲学话语》,曹卫东译,译林出版社2004年版,第411页。

④ 同上书,第412页。

题的能力。”[①]“从这一点来看，系统理论并没有走上从主观唯心主义到客观唯心主义的路子。”[②]但是，哈贝马斯认为，卢曼把意识与社会相互分离的系统论方案，虽然正确告别了“主体”思维的缺陷，却与“主体间性”的批判理性交臂失之，陷入纯粹描述的保守视角，错失了医治社会、克服危机的规范性潜力。哈贝马斯对卢曼的批评或许有失公允，但有一点他是对的，他提醒我们注意，帕森斯与胡塞尔这两个异质性的知识传统为卢曼系统论的工程建造夯实了同一片地基。

概览卢曼的整个学术生涯，他似乎一直在尝试把帕森斯的系统论与胡塞尔的现象学嫁接起来，以生长出属于他自己的社会系统论。卢曼延伸了帕森斯关于系统与环境关系的思考：系统的变化与环境的变化是同时的，这就是系统与环境的“同时性”问题。卢曼认为，就像所有自我指涉的系统一样，社会系统也是没有时间延展性的。每一个社会系统都是在当下时刻处理其他系统的时间视域，不能在之前、也不能在之后。为了处理与环境复杂性的关系，社会系统需要两种时间：其一是“过程性”的时间，以“目的-手段”实现的时序展开；另一种是“结构性”的时间，以系统/环境区分为差异。关于系统与环境的关系，卢曼采纳了帕森斯的说法，复杂系统不可能与其环境形成点对点的瞬间回应关系，因而需要时间来处理系统内部的运作。系统分别发展出结构和过程两种技术，以应对系统与环境的差异。同时，卢曼化用胡塞尔的现象学，认为现代社会的时间语义也可以理解为对于开放性的“现在的将来”与终结性的“将来的现在”这个区分的

① [德]哈贝马斯：《现代性的哲学话语》，曹卫东译，译林出版社2004年版，第411页。
② 同上书，第414页。

运用。“结构/过程”与“现在的将来/将来的现在”这两个区分，虽然分别来自社会学和哲学的知识传统，但是具有功能分析上的等效性，卢曼由此得出一个结论：“我们可以整合系统论与现象学研究。”①

卢曼整合帕森斯与胡塞尔的概念纽带就是“意义”。卢曼把现象学的意义概念与系统论的化约复杂性关联起来，因而迈向了社会学的功能分析。卢曼在批判性地继承了帕森斯的“结构—功能”分析方法后，提出了自己的“功能—结构”方法。这个富有卢曼理论个性的方法，被他自己称为“功能分析”，其核心要点在于把帕森斯顺着结构去发现功能的工作程序颠倒过来。所谓功能分析，就是把功能本身当成一个“问题”，然后去寻找能够解决这个问题的答案——即各种可以加以比较的“功能对等项”②。这些功能对等项，就是在解决功能问题上具有等价效果的各种结构。对于任何系统的维持而言，复杂性都是需要解决的问题，选择结构则是化约复杂性的问题解决方式。在卢曼看来，胡塞尔的意义概念，其实就是解析了作为一般系统的一个特例的意识的化约复杂性过程，因而化约复杂性的功能分析也可以参照内时间意识的分析方法。“这就把我们从现象学描述带回到与问题相关的功能分析。”③经过对胡塞尔的意义概念和时间分析的一般化、抽象化，胡塞尔的现象学描述被卢曼改写为寻求“问题及其解决方案”的功能分析。

正如前引哈贝马斯所言，卢曼非常重视胡塞尔现象学中“意义”

---

① Niklas Luhmann, “The Future Cannot Begin”, in *The Differentiation of Society*, New York: Columbia University Press, 1982, p.286.

② Niklas Luhmann, *Soziale Systeme. Grundriß einer allgemeinen Theorie*, Frankfurt: Suhrkamp, 1984, S.33.

③ Ibid., S.94.

概念对于发展社会系统论的启发价值。在胡塞尔的意识分析中，意义是意向与对象之间的中介：“每个意向性体验(Erlebnis)都有一个意向相关项，而且在其中也具有一个意义(Sinn)，正是通过这个意义，意向性体验才与其对象相关。”①胡塞尔的意义理论经历了从《逻辑研究》到《大观念》再到《经验与判断》的逐渐丰富过程。②胡塞尔的理论后期，意向性不再被简单地视为意识与对象之间的静态关系，而是注重发掘意识或自我的动态的构成功能。后期胡塞尔把意向相关项与意识对象之间的循环指涉看成是“意义的历史”的生成过程，这当然离不开时间。在此，意识相关项与意识对象之间的结构的横意向性，与二者在内时间意识中相互指涉的生成的纵意向性，就交织在了一起。卢曼正是从这种意识活动的结构与生成相交织的时间进程来理解胡塞尔的意义概念：“意义的现象呈现为对于体验和行动的其他过剩可能性的指涉。”③对象呈现在意识所指向的中心，其他尚未被指向的可能性则处于作为相对于中心的边缘位置的视域中，而且新的指涉可能性(对象)不断从视域中的潜在可能性中被现实化——这也就是意识系统化约复杂性的过程。

卢曼从胡塞尔的意义概念中提炼出来这样一个区分：现实性/潜在可能性。为此，卢曼用斯宾塞-布朗的形式分析转译了胡塞尔的意义概念：所谓意义，就是指当下已经现实化的可能性与那些还没有实现的、潜在的、否定性的可能性之间所形成的区分。卢曼之所以着手

---

① 转引自[美]R. 麦金泰尔、D. W. 史密斯：《胡塞尔论意义即意向相关项》，张浩军译，韩东晖校，载《世界哲学》2010 年第 5 期。

② 吴增定：《意义与意向性》，载《哲学研究》1999 年第 4 期。

③ Niklas Luhmann, *Soziale Systeme. Grundriß einer allgemeinen Theorie*, Frankfurt: Suhrkamp, 1984, S.94.

这种转译工作，是希望把意义概念与胡塞尔的主体哲学剥离开，把意义概念一般化、抽象化，从而不仅可以用来描述意识系统，也可以用来描述社会系统。卢曼的意义概念不再有胡塞尔主体哲学对同一性的要求，仅仅剩下了制造区分的差异，因而成为一种“化约复杂性”的功能主义的转译。卢曼对意义的功能主义转译，遭到了哈贝马斯的批评：“正是因为有了功能主义的意义概念，意义与有效性之间的内在联系消失了。”①但是，在卢曼的宏大理论的通盘设计中，迈出意义的功能主义转译这一步，正是把胡塞尔意识分析扩展到社会系统的必要环节。在卢曼看来，在现代功能分化社会，全社会分化为政治、法律、经济、科学、宗教等独立的子系统，已经没有胡塞尔的“主体”或哈贝马斯的“主体间性”所蕴含的基于意义同一性来整合全社会的中心理性，而只剩下各子系统从差异到差异的化约复杂性的自我再生产。

在卢曼社会系统论中，正因为从差异性而不是同一性入手，意义可以分解出三个不能相互化约的维度：事物维度、社会维度和时间维度。这三个意义维度就是三种不同的差异（区分），“每一个意义维度需要从两个视域的差异中获得现实化，因此，每个差异从其他差异中分化出来”②。事物维度所运用的差异是“这个/那个”，社会维度所运用的差异是“自我/他人”，时间维度所运用的差异是“之前/之后”。卢曼认为，时间维度从事实维度和社会维度分化出来，这是社会演化的经验性、历史性的成就，因而不是胡塞尔那种先验的内时间意识。

---

① ［德］哈贝马斯：《现代性的哲学话语》，曹卫东译，译林出版社 2004 年版，第 416 页。

② Niklas Luhmann, *Soziale Systeme. Grundriß einer allgemeinen Theorie*, Frankfurt: Suhrkamp, 1984, S.112.

卢曼摒弃了胡塞尔意识哲学中的先验假设，但是把胡塞尔的内时间意识分析的基本策略贯穿于社会系统的功能分析。因此，卢曼才会这样说：应该把系统论的时间分析“最好以现象学描述的形式加以呈现”①。那么，卢曼是如何现象学地呈现时间分析的呢？

卢曼之所以引入时间维度，是因为系统在实现化约复杂性的功能的时候，“时间是（促成）选择压力的基础”②。系统在任何一个当下时刻，都不可能同时处理来自环境的所有可能性。“时间象征着这个事实：无论任何确定的（指涉）出现，其他事情也（同时）发生了，因此没有任何一个单一运作能够获得对其周围环境的完全控制。”③任何系统要维持运作，系统必须对环境复杂性加以选择，并发展出化约复杂性的选择结构，以降低环境过高的复杂性。同时，这种选择结构本身，成为系统内生的复杂性。化约复杂性的同时增加了复杂性，这就是系统面临的悖论——这个悖论只能通过在时间中演化出来的选择结构来展开。“选择本身是一个时间概念。”④选择意味着环境复杂性对于系统在当下时刻提出的紧迫要求。因而，“选择是复杂性的动态化。每一个复杂系统必须适应时间”⑤。意义的现实性/潜在性这个区分形式，通过其不断指向当下的现实可能性的指涉结构，“强迫”系统在迈向下一步时做出选择，以化约复杂性。

由“之前/之后”构成的时间维度，指向了两个特定的视域，即延

---

① Niklas Luhmann, *Soziale Systeme. Grundriß einer allgemeinen Theorie*, Frankfurt: Suhrkamp, 1984, S.93.

② Ibid., S.70.

③ Ibid.

④ Ibid.

⑤ Ibid., S.71.

伸到过去和将来。从社会系统的运作来说，时间对当下时刻的体验或行动所呈现的具体内容加以约束。在每一个当下，某种可能性被现实化，其他可能性却只能处于潜在状态，这也是“在场/不在场”这个区分的运用。潜在的可能性虽然在当下时刻没有获得现实化，却已经与被现实化的可能性“同时”存在着，这就是为什么可以区分出过去、现在、将来这三个时间相位的原因。过去和将来虽然无法抵达但却使得从潜在可能性到现实可能性的指涉成为可能。“将来和过去只能被意向或被主题化，但是不能在其中体验和行动。”①所以，过去和将来的视域并不是时间点上的开始与结束，时间视域是随着事件的不断发生而不断移动的，就像人们在行走中看到的地平线的移动。

卢曼解释了时间流动的印象是如何产生的。卢曼对“现在”的一个理解是：“过去与将来的时间跨度(Zeitspanne)之间，变化成为不可逆转的，这个时间跨度就被体验为现在。”“只要不可逆转性持续存在，现在就会持续存在。”②卢曼认为，存在着两个“现在”，正是这两个现在之间的差异，制造了时间流动的印象。其中一个现在，是逐点(punktualisiert)呈现的，可以使用钟表、声音、运动或波浪的节拍等来显示事件变化的“不可逆性”——这个现在象征着世界变化的无情；另一个现在，则是延绵的(dauert)，因而象征着所有意义系统(心理系统、社会系统)中发生的事件的“可逆性”——系统的自我指涉能力总是为每个指涉重返先前的体验和行动提供了可能性。这两个现

① Niklas Luhmann, *Soziale Systeme. Grundriß einer allgemeinen Theorie*, Frankfurt: Suhrkamp, 1984, S.117.

② Ibid.

在以事件/持存、变化/持存的差异而相互极化对方。不可逆性的过去的事件依然可以在当下被看见；尚未到来的将来的事件也成为当下可见的。但正因如此，人们一直都明白，已经消失在过去的事情是不可重复的；将来的事情则正在逐渐迫近。在从前至后的不断转换与自我指涉的基本构造之间的差异，被体验为一种对比，并常常被象征化为运动的持续，或者时间的流动。卢曼认为，时间的流动不过是一个隐喻，这个隐喻的作用在于“通过时间帮助生活找到自己的方向”①，但是，卢曼认为，对于真正的分析工作而言，这个隐喻不起什么作用。此处，无疑是卢曼对胡塞尔以河流、运动来看待时间的观点的一个批评性回应。

卢曼不仅以现象学的时间分析来讨论时间，而且从社会演化的视角来观察时间观念的变化。时间离不开观察结构，“时间的观念不是独立于观察的对象”②。对时间的观察而言，之前/之后是一个基本区分。但是每一个文化和社会结构在关于时间的沟通中都会发展出更为复杂的观察形式。在亚里士多德时代，时间是通过运动这个概念获得理解的，其使用的观察区分是移动/静止、变化/不变。此时，时间语义尚没有从连续的空间现象中分化出来，这种时间的运动隐喻直到胡塞尔的时间分析中还留有痕迹。到了欧洲的中世纪神学时代，在奥古斯丁为代表的教父神学家中，时间语义继续维持了运动隐喻的传统，但是采用了“时间/永恒”这一新的区分，这个区分为上帝保留了在时间之外（永恒）创造时间的超越性位置。卢曼引用奥古

① Niklas Luhmann, *Soziale Systeme. Grundriß einer allgemeinen Theorie*, Frankfurt: Suhrkamp, 1984, S.118.

② Niklas Luhmann, *Soziologie des Risikos*, Berlin · New York: Walter de Gruyter, 1991, S.41.

斯丁的表述:“把‘之前’外展到一个不断延伸下去的过去,把‘之后’外展到一个不断延伸下去的将来,过去和将来在永恒时间的幽暗处相汇。”①卢曼认为,中世纪神学中的时间和永恒的区分,正对应了内在和超越的区分。

到了功能分化的现代社会,时间的分化形式是“过去/将来”。如果说亚里士多德和奥古斯丁的时间还是对称的,在现代社会的巨大复杂性压力下,现在把过去和将来区分为不对称的关系,时间维度也因此从事物维度和社会维度中分离出来。从传统社会的分层分化到现代社会的功能分化,时间也从过去或现在导向变成了将来导向,将来的开放性和不确定性成为影响社会演化最为重要的时间特征。20世纪70年代初,卢曼与哈贝马斯二人的论战成果被编撰为《社会理论还是社会技术:系统研究竟能做什么?》这本著名的文集,其中,卢曼这样说道:

> 以排除其他可能性而化约复杂性的历史,不再把现在置于绝对的优先地位,具有绝对优先性的是将来。过去已经完结,已经被看成不可更改……随着人类可操作空间的扩大,传统的压力被选择的压力所替代。正如萨林斯(Sahlins)对这个发展评论的那样:“从前,我们是**被挑选**的人;现在,我们是在正在**做出选择**的人。”②(重点号为原文所加)

---

① Niklas Luhmann, *Soziologie des Risikos*, Berlin · New York: Walter de Gruyter, 1991, S.34.

② Niklas Luhmann, "Sinn als Grundbegriff der Soziologie", in *Theorie der Gesellschaft oder Sozialtechnologie: Was leistet die Systemforschung?* Frankfurt: Suhrkamp, 1971, S.57—58.

如果说早期卢曼还没有把行动者的选择和社会的选择完全分离，那么，在他后期以沟通取代行动以后，社会作为自主选择的系统获得了独立性。对应于亚里士多德和奥古斯丁的运动时间观，传统分层分化社会的区分形式是“整体/部分”；随着“过去/将来”成为时间观的主导性区分，现代功能分化社会的区分形式则是“系统/环境”。如果从“系统/环境”的区分来看待社会系统，不仅意识具有意向性，社会也有意向性（指涉能力）：沟通总是关于某个内容的沟通。对于沟通的沟通就是自我指涉，对于环境的沟通就是他者指涉。沟通与外部实在的意向性关系就是社会系统对于环境的观察，社会系统在化约环境复杂性的过程中建立了系统的内在时间。不同于帕森斯把社会系统看成是被社会学家观察的“分析性实在”（analytical reality），卢曼赋予了社会系统“自我指涉”能力，即社会系统具有“主观性”，因而社会系统本身成了具有观察能力的观察者。如果套用韦伯理解社会学的传统，不仅行动者具有解释性的理解能力，而且社会系统也有这种“理解”能力，这也就打破了胡塞尔设定的“自然与意识”的二元性。

现代社会中，面向将来不断做出新的决定是系统持续的主要方式。将来是不确定的、充满风险的，但是针对将来的决定却不是恣意、随机的。卢曼看到了现代社会与传统社会的一个根本不同：与运动/静止、运动/永恒的传统时间观相符合，传统社会把一切变化的原因都归结给自然或命运；面对不确定的将来，现代社会则把变化的原因归结给做出决定的行动者。不管是政治、经济还是法律领域，最基本的沟通形式就是决定。一方面，决定面临“不可决定才需要决定”

的悖论，[①]因而决定具有非理性成分；另一方面，决定又不是恣意的，当下的决定要受到作为决定前提的过去的决定的限制。就像意识中感知需要维持前后融贯性，社会系统的决定也要保持前后选择的一致性。用现象学描述的方式来说，正是内在时间保证了决定前提（选择条件）与决定之间的一致性。这种前后沟通（决定）的一致性，被卢曼称为"系统理性"。系统理性不同于胡塞尔基于主体的"同一性"以及哈贝马斯基于主体间性的"同一性"所主张的批判理性，而是具有自我指涉的系统在悖论化和去悖论的双重任务中，[②]从"差异"出发所形成的演化理性。从一个沟通到一个沟通的"意向性"时刻，系统通过决定条件与单个决定之间的递归关系而浮现出"社会实在"。在选择条件（系统结构）的约束下，每个沟通的选择都要在不断的权衡中与过去和将来的沟通相互衔接，以选择出当下的意义对象（社会实在）。正是在每个社会系统自身的本己时间中，系统再生产出"社会秩序"的各种可能性。参照卢曼把系统看成"历史机器"的说法，我们甚至可以推导出这样的结论：系统即时间。

---

① Niklas Luhmann, *Organization and Decision*, Rhodes Barrett trans. Cambridge: Cambridge University Press, 2018, p.110.

② Niklas Luhmann, "The Paradox of Observing Systems", in *Theories of Distinction: Redescribing the Descriptions of Modernity*, William Rasch eds., Stanford: Stanford University Press 1996, pp.79—93.

第2章 从梅西会议、二阶控制论到卢曼系统论

本章摘要：1946年到1953年，在美国举办了连续十次以重建社会科学统一性为目标的"梅西会议"。梅西会议以信息、反馈、控制、目的等新概念统一了生物学、脑科学、心理学、认知科学、社会学、经济学、语言学等知识领域，同时又为各个专业领域的自我探索保留了足够深邃的个性空间。其间，人类学家贝特森与米德关于"二阶控制论"的深刻探索，拨转了社会科学前进的方向，在现代思想发展史上产生了非凡影响。20世纪后期，德国社会学家卢曼的社会系统论吸收了二阶控制论的成果，把社会科学推向人类自我理解的新高度。本章勾勒了参加梅西会议的学术群星们的思想肖像，梳理和评价了会议的重要思想结晶"二阶控制论"对社会科学发展的影响，尤其揭示了从梅西会议向卢曼的"社会系统论"这一社会科学新高峰的学术演化路径。

一、前　　言

卢曼于1984年出版的《社会(诸)系统》①一书,以晦涩、深邃闻名,被全球社会系统论研究者奉为经典。卢曼一生产出的50多本著作中,《社会(诸)系统》的地位尤显特殊:对卢曼本人而言,是名副其实的代表作;对世界学术界而言,则是社会科学"自创生"(autopoiesis)转向的标志。

顺藤摸瓜,可以发现,"自创生"学说所依托的理论基础是"二阶控制论"(second-order cybernetic)。卢曼的《社会(诸)系统》中有一个反复出现的关键词"二阶观察"(Second-order Observation),就是神经生物学家和控制论大师冯·福斯特(Heinz von Foerster)从"二阶控制论"提炼而来的概念,并在其《观察系统》②一书中详细阐发。神经认知科学智利学派的领军人物瓦瑞拉(Francesco Varela)是"自创生"概念的发明人之一,他在为福斯特的《观察系统》所作导言中,③言明了"二阶控制论"的原产地——梅西会议(Macy Conferences)。据瓦瑞拉介绍,"梅西会议"不但对福斯特本人影响极大,对整个认知科学、社会科学的后续影响也十分深远。遗憾的是,即便梅西会议在人类社会科学发展史上产生了里程碑式的贡献,西方研究梅西会议的相关评述却并不多见,④我国学界更是缺少专论。至于

① Niklas Luhmann, *Soziale Systeme*, Frankfurt: Suhrkamp, 1984.

② Heinz von Foerster, *Observing Systems*, Salinas, CA: Intersystems Publishers, 1981.

③ Francesco Varela, "Introduction", in *Observing Systems*, Salinas, CA: Intersystems Publishers, 1981, p.XIV.

④ 可以查到的值得推荐的记录、评议梅西会议的三份文献包括:一部是《控制论:梅西会议1946—1953全集》(Claus Pias and Heinz von Foerster, 2016),梅西会议的相关成果和背景材料,都收集在这本会议纪要中;另一部是梅西会议的传记性著作《控制论圈子》(Steve Joshua Heims, 1991),这是一部有资料、有故事、有视角的深度讲述,立体呈现了梅西会议的生动往事;第三部是《控制论时刻:为什么我们的时代被称为信息时代》(Ronald R. Kline, 2015),纵览了控制论从梅西会议肇始到当今信息时代的整个发展史。

梅西会议、二阶控制论与社会科学三者的关系，则在世界学术范围内都难觅研究踪迹。梅西会议关于“二阶控制论”的深度研讨，尤其是人类学家贝特森与米德关于“二阶控制论”的独特贡献，拨转了社会科学前进的方向，在现代思想发展史上产生了非凡影响。

梅西会议时间跨度大，论题多元，知识遗产极为丰富，本章仅仅聚焦于梅西会议对于社会科学“二阶控制论”转向所起到的孵化器和扳道工的作用。为此，本章把梅西会议对社会科学演化发生影响的过程分解为三个层层递进的阶段，并探究贯穿其中的机理：1.梅西会议重建科学统一性的目标促成了社会科学向“控制”和“信息”等概念靠拢，维纳的控制论站到了新科学舞台的中央；2.梅西会议促成了社会科学从“一阶控制论”到“二阶控制论”的飞跃，尤其是福斯特、贝特森与米德等人关于“二阶控制论”的敏锐探索，拨转了社会科学前进的方向；3.从“二阶控制论”到“自创生”理论的推进，催生了卢曼的社会系统论，把人类社会的自我观察提升到了“自我指涉”的新高度。

二、 梅西会议的目标：重建科学统一性

“二战”前，美国女富豪梅西・凯蒂(Kate Macy Ladd)以她父亲的名义设立了梅西基金(Macy Foundations)。在梅西・凯蒂的私人医学顾问弗里蒙特-史密斯(Frank Fremont-Smith)的联络和促进下，从“二战”结束的第二年，也就是 1946 年起，梅西基金开始资助“梅西会议”(Macy Conferences)，一直持续到 1953 年，总共举办了十届。除了第十届在新泽西州的普林斯顿外，其他九届都在纽约举办。弗里蒙特-史密斯还有一个曾任梅西基金副会长的得力助手弗兰克

(Lawrence K. Frank),他们二人在控制论圈子和社会科学圈子都有不少学术朋友,而且二人都熟悉两个领域的术语与主题。面对19世纪以来各门科学之间的隔阂以及由此导致的世界科学图景的支离破碎,梅西会议以跨学科交流为宗旨,设定了重建科学统一性的目标。就社会科学方向而言,梅西会议所瞄准的假想敌,是"二战"后盛行于美国大学、科研机构中那些基于行为主义心理学和原子化个人主义的社会观。①

梅西会议的时代背景,是"二战"刚刚结束后美国的社会和政治生态。刚刚取得战争胜利的美国,既有国民崇敬战争中发挥伟力的自然科学的乐观主义态度,又有美国国内反共排共的麦卡锡主义,还有国际上美苏争霸之初笼罩四野的冷战氛围。社会科学家们一方面需要小心翼翼避免牵扯到左翼共产主义意识形态,另一方面也渴望从自然科学的最新成就中吸取营养。②梅西会议正是以这种政治上保守但科学上前瞻的姿态,设定了会议宗旨和目标。因此,梅西会议也就成为美国"二战"后,以最新的信息科学和控制论为技术媒介,把数学家、信息论专家、控制论专家、神经神物学家等自然科学家与心理学家、传播学家、人类学家、社会学家等社会科学家联系在一起的纽带。

第一届梅西会议在纽约曼哈顿东区的一家酒店召开,离中央公园不远,会议的主题为"生物和社会系统中的反馈机制与循环因

---

① Claus Pias, "The Age of Cybernetics", in Claus Pias and Heinz von Foerster, ed., *Cybernetics: The Macy Conferences 1946—1953*, Zürich-Berlin: Diaphanes, 2016, pp.11—26.

② Steve Joshua Heims, *The Cybernetics Group*, Cambridge: MIT Press, 1991, preface.

果系统”[①]。会议邀请到来自五湖四海、各门学科的学者，包括数学家冯・诺依曼(John von Neumann)、应用数学家与控制论大师维纳(Norbert Wiener)、人类学家格雷格里・贝特森(Gregory Bateson)和玛格丽特・米德(Margaret Mead)夫妻、社会学家与传播学奠基人拉扎斯菲尔德(Paul Lazarsfeld)、生理学家罗森布鲁斯(Arturo Rosenblueth)、数理逻辑学家皮茨(Walter Pitts)、社会心理学创始人勒温(Kurt Lewin)等人。会议主席由神经认知科学家与心理学家麦卡洛克(Warren McCulloch)担任。后续的九次会议，除了比较固定的会议核心成员外，每次会议还另外邀请嘉宾，其中包括信息论鼻祖香农(Claude Shannon)、自组织理论创始人阿什比(Ross Ashby)、生态学家哈钦森(Evelyn Hutchinson)、心理学家和现代催眠理论创始人埃里克森(Erik Erikson)等。会议向罗素、爱因斯坦和图灵等人发出了邀请，他们因种种原因没有到会，但都以各自的方式表达了对会议的肯定。[②]这无疑是一份让后人景仰的闪亮名单。在今人看来，他们几乎都是开宗立派的顶尖人物，有些人甚至享有晋升人类智慧奥林匹亚高峰的荣光。比如，维纳对于生物系统的信息处理模式的揭示，加上冯・诺依曼版本的图灵机，正是今天的人工智能和信息社会的理论源泉。而所有这一切，无不兴起于梅西会议的青蘋之末。

反馈、传播、信息、控制、系统等等这些科学哲学意义上的“大词”，已经广泛渗透在当代自然科学、人文科学和日常生活中。这些

---

① Ronald R. Kline, *The Cybernetics Moment: or Why We Call Our Age the Information Age*, Baltimore: Johns Hopkins University Press, 2015, p.3.

② Claus Pias and Heinz von Foerster, ed., *Cybernetics: The Macy Conferences 1946—1953*, Zürich-Berlin: Diaphanes, 2016, p.13.

大词的助产房，就是梅西会议。就“信息”这个词而言，正是经过了梅西会议的争辩、梳理、界定和放大，才被联合国教科文组织接受为影响人类生活的重大词汇之一。随后，经科学论文和新闻媒体的传播，迅速扩大影响，升格为与物质、能量、光、力、电等深刻影响人类生活和思维方式的基本词汇比肩而立。

信息这个概念的内涵刻画，与香农才华横溢的学术生涯联系在一起。1947 年，香农参加了第二届梅西会议。1948 年，香农发表了载入史册的大作《通信的数学理论》①这篇论文。香农早在硕士论文中，就已经捕捉到电话交换电路与布尔代数的相似性，发现了符号理论和开关逻辑，因而这篇论文被认为是 20 世纪最重要硕士论文之一。他把热力学的熵引入到通信过程，由此定义了“信息熵”，度量信息单位的“比特”也随着著名的信息熵公式而被添加到人类基础词汇库。“信息就是随机不确定性的减少”，香农的这一定义，至今依然左右着我们对信息的理解，也左右着我们看待世界的眼光。

香农是现代通信理论的奠基人，然而，他的信息概念并不是没有遭到过质疑。正是在梅西会议上，另一位信息理论大神级人物维纳，对香农的信息概念射出了一颗颇具威力的批评炮弹。在西方世界，“二战”前后面临的通信问题，主要是与电报、电话、电视、无线电台、雷达等技术问题有关，如何在传输图片、声音、文字、数字等过程中过滤噪音，如何在信源、信道、加密、解码的各个环节保证信息的同一性，是最大的攻关难题。香农理论所预设的问题性，就是在这个时代技术背景下提出的。维纳批评香农，认为香农的信息概念只能解决

---

① C. E. Shannon, “A Mathematical Theory of Communication”, in *Bell System Technical Journal*, Vol.27(3), 1948, pp.379—423, 623—656.

信息传播的技术问题，而不能解决语义问题。香农自己对此也早有交代："通信的语义方面的问题与工程问题是没有关系的。"①在梅西会议上，麦卡洛克也把通信过程分为两个层次：一个是电流传输和声波震动的物理层，一个是电话接听者之间在谈话过程中的内容解读层。第二层所涉及的通信过程中的内容解读，其实已经把研究方向切入了沟通的社会控制问题。然而，香农信息理论的技术目的，在于如何提高信号从发送器经信道传递给接受器过程中的保真性。至于与人类事务密切相关的信息意义的解读，由于与信号传输的技术过程无关，因而并没有被纳入香农的视野。

当然，维纳自己也没有解决信息的语义问题，无法推倒隔开了社会与技术的那道藩篱。维纳的名字与另一个今天已经平民化的大词联系在一起，这个词就是"控制"(control)。1946 年举办第一届梅西会议时，维纳就被列入了会议核心成员。维纳一直在与他的最大竞争者同时也是他曾经的学生香农展开争夺理论发明优先权的赛跑。第一届梅西会议召开两年之后的 1948 年，也正是香农发表其代表作的同一年，维纳也出版了他那本划时代的巨著《控制论》。这本难读的著作的完整标题是这样的：《控制论或者动物和机器中的控制与通信》②。这个标题所要透露的消息是：火炮自动机与感觉神经在信息传输和控制过程上遵循同样的数理机制。这就为跨越经典科学在机器与有机体、火炮自动机与动物神经乃至人类社会之间所划下的那条鸿沟上架设了桥梁，这也正是维纳与香农的不同之处。如果说香

---

① C. E. Shannon, "A Mathematical Theory of Communication", in *Bell System Technical Journal*, Vol.27(3), 1948, p.379.

② Norbert Wiener, *Cybernetics or Control and Communication in the Animal and the Machine*, Cambridge: MIT Press, 2019.

农的著作是理工思维的纯粹技术分析线路，那么，维纳的著作则充满了数理逻辑、哲学和社会学混搭的文青风格。

刚从奥地利移民到美国的青年人冯·福斯特，那时英语还说得磕磕巴巴，却幸运地赶上了第六届梅西会议。为了帮助福斯特尽快提高英语听说能力，会议组任命他为记录员。福斯特发现，梅西会议的主题“生物和社会系统中的反馈机制与循环因果系统”，其内涵非常接近维纳的控制论思想。于是，福斯特冒昧提议，干脆以维纳发明的“控制论”(cybernetics)一词来命名会议——会议组居然通过了这个初出茅庐的青年人的建议。据福斯特在后来的回忆中说，当时，维纳抑制不住激动的心情，流下了眼泪。为了掩饰情绪，维纳不得不迈出会议室，到外面平息了好一会。但是，在福斯特看来，维纳的控制论思想还只是统计力学的一个分支，也就是说，属于一阶控制论，仍然不能解决通信的语义问题，更不能解决人类意识过程和社会沟通过程的意义问题。

三、社会科学新范式：从一阶控制论到二阶控制论

参加梅西会议的成员中，如果维纳是一阶控制论的创始人，那么贝特森就是二阶控制论的代言人。维纳的控制论虽然把系统看成是一个“目的”机器，他一开始却并不同意把控制论思想用于分析人类社会。①在梅西会议期间，人类学家米德和贝特森试图说服维纳，控制论可以用于解释社会现象，而且可以改善人类社会内部关系以及

① Norbert Wiener, *Cybernetics or Control and Communication in the Animal and the Machine*, Cambridge: MIT Press, 2019, p.36.

人类与自然之间的生态关系。但是，这个隐含着“进步”观的技术乐观主义现代性方案，遭到了维纳的怀疑。

维纳对社会科学的反感来自他的无政府主义思想。维纳引用了另一位参加梅西会议的大人物冯·诺依曼的博弈论观点：当参加博弈的决策者超过了三个人，并且每个决策者都是充分理智的，那么，“结果就是极端不确定和不稳定的”。但是，当社会分化为恶棍和傻子两类人时，那么，运用冯·诺依曼的博弈模型，由于恶棍擅长控制“通信方式”，就会令傻子丧失充分的理智，忘记自己的真正利益。在恶棍面前，傻子的行为变得透明和可以预测，像一群在别人布置的迷宫中挣扎的老鼠。维纳隐含的意思是，像社会心理学和控制论这样的社会科学，可能会变成恶棍们控制通信方式的帮凶。马克思认为，统治阶级正是通过控制新闻、学术、艺术、宗教、法律等这些上层建筑的再生产过程，来制造麻醉人民的精神鸦片——意识形态。仅就此点而言，维纳的想法与马克思不谋而合。维纳甚至先知般地预见到，一旦在社会中大规模运用控制论技术，会导致失业人口剧增。维纳之所以对于把控制论运用于社会的可能性投出不信任票，另外还有一个深层次的原因。他认为，社会现象极其复杂，为了准确认识社会，就需要收集海量数据和高速处理数据。但在他所处的时代，他认为这两项技术都是可望而不可及的，因而控制论在社会领域并无用武之地。

然而，维纳在是否把控制论运用于社会科学的立场上是有些矛盾的。尽管对运用社会科学的后果持悲观态度，维纳仍然尝试用控制论解释政治和经济现象。①在梅西会议第一天，维纳就提出了以

---

① Norbert Wiener, *The Human Use of Human Beings: Cybernetics and Society*, London: Free Association Books, 1990.

“通信”(communication)和“信息”(message)作为连接控制论与心理学、社会科学的概念桥梁。他把美国的竞争社会看成是一个自动平衡系统。他认为,每一个自私的市场参与者,为了自己的利益低买高卖时,会导致一个动态平衡的结果,这个结果就是价格。在以价格引导的市场过程中,公共利益获得最大化。可以看出,维纳应该是亚当·斯密《国富论》①的信徒。很巧的是,自由主义市场理论大师哈耶克(Friedrich von Hayek)又是维纳《控制论》的信徒。如果我们认真体会哈耶克的著作,一定能够感受到维纳的系统论对哈耶克所谓的自发性秩序理论所产生的深刻影响。哈耶克在撰写他那本著名的《自由秩序原理》②之前,就写过另外一本题为《感觉的秩序》③的书。该书中,他所主张的“联结主义”(connectionism)假说,就是来自麦卡洛克与皮茨基于仿生学与心理学所获得的合作研究成果。④第一届梅西会议上,麦卡洛克演示了神经元网络与电子线路中的逻辑与非门之间的相似性,这就是联结主义的灵感源头。联结主义既是哈耶克本人后来主张的自主市场运行逻辑的基础,又是现代认知科学和人工智能所仰仗的神经网络理论的基础。该书的导言由海因里希·克鲁弗(Heinrich Klüver)撰写。克鲁弗是现代动物行为学和格式塔神经心理学的开创者,他也是第一届梅西会议的参会者之一。

值得庆幸的是,1953 年召开的第十届(也是最后一届)梅西会

---

① [英]亚当·斯密:《国富论》,杨敬年译,陕西人民出版社 2006 年版。

② [英]哈耶克:《自由秩序原理》,邓正来译,生活·读书·新知三联书店 1997 年版。

③ Friedrich Hayek, *The Sensory Order: An Inquiry into the Foundations of Theoretical Psychology*, Chicago: University of Chicago Press, 1952.

④ W. S. McCulloch and W. Pitts, *A Logical Calculus of the Ideas Immanent in Nervous Activity*, in *Bulletin of Mathematical Biophysics*, Vol.5, 1943, pp.115—133.

图1 1953年于新泽西州普林斯顿召开的第十届梅西会议参会人员合照。第一排：米德（左三）、麦卡洛克（左四）、赵元任（左六）；第三排：贝特森（左三）、香农（左九）、皮茨（左十）、福斯特（左十一）①

议，留下了一张弥足珍贵的照片。在这张照片中，我们惊讶地发现了一位中国人的面孔——他就是清华"四大导师"之一的赵元任。在28位参会人员的合照中，赵元任是唯一的中国人。这位兼修数理、语言学和音乐的旷世奇才，坐在第一排，戴眼镜，西装革履，显得风流儒雅。照片上后两排的参会者是站立的，其中有好几位那时已是名震环宇的学术明星。毫无疑问，赵元任是极少数在那个时代能够跻身西方一流知识阵营并获得敬重的中国学者。在梅西会议上，赵元任从背诵他那首著名的《石室施氏食狮史》②短文开始，以汉语为例，运用"反馈"和"信息"分析语言和语音现象，做了题为《语言的意义及其获取》③的演

---

① Heinz von Foerster and Bernhard Poerksen, *Understanding Systems*, New York: Kluwer Academic/Plenum Publishers, 2002, p.137.

② Claus Pias and Heinz von Foerster, ed., *Cybernetics: The Macy Conferences 1946—1953*, Zürich-Berlin: Diaphanes, 2016, p.717.

③ Ibid., pp.707—718.

讲，引起了参会者们的极大兴趣。赵元任在1947年任教加州大学伯克利分校时，就开始研究香农和维纳的理论，细读了维纳长达二百页的手稿，并被控制论的前沿思想深深吸引。在世界语言学界，赵元任是最早指出了语言的“信息”特征的学者之一，并指出了语言现象中的反馈机制：“语言采用的表意单位总是倾向于保持一定的大小和形状……通常总会有一种倾向，要把它拉回到这个大致的平均值，我们也许可以说是通过某种负反馈吧。”①赵元任认为，语言是人与人之间互通信息、用发音器官表达出来的、成系统的行为方式。这位语言学的一代宗师，结合了控制论研究与汉语现代化运动的趋势，以东亚语境为参照系，加入了早期控制论发展的世界大合唱。

但是，真正要把控制论思想运用于社会领域，还需要从香农和维纳的“一阶控制论”提升到“二阶控制论”。这个工作是由组织和参加梅西会议的核心人物玛格丽特·米德和贝特森夫妇以及福斯特合作完成的。

米德出生费城，在出版了以《萨摩亚人的成年》②为代表的系列人类学著作后，成为美国家喻户晓的人类学之母。米德曾回忆说，在参加梅西会议期间，由于会议主题太过吸引人，以至于自己的一颗牙齿咬坏了都没有感觉到。③在梅西会议上，米德与其他科学家们一道努力寻找一种让不同学科之间能够相互理解的语言：这门语言刚开始被称为“反馈”，随后被称为“目的性机制”，再后来被称为“控制

① Claus Pias and Heinz von Foerster, ed., *Cybernetics: The Macy Conferences 1946—1953*, Zürich-Berlin: Diaphanes, 2016, p.716.

② ［美］米德：《萨摩亚人的成年》，周晓虹译，商务印书馆2008年版。

③ M. Mead, “Cybernetics of Cybernetics”, in H. von Forster et al., eds. *Purposive Systems*, New York: Spartan Books, 1968, p.1.

论”。当把输入和输出连接成一个闭环时，传统科学中的线性因果关系就转变为循环因果关系，这就是“反馈”；无论是火炮自动机的信号处理，还是动物的手与眼的配合，都能在不断寻求平衡的负反馈过程中完成指向某个目标的行为，这就是“目的性机制”；这一目标寻求过程，如果用维纳的信息、控制和通信三个要素加以分析和综合研究，就是“控制论”。米德在与福斯特、贝特森等人的交流中发现，维纳的控制论虽然已经超越了“输入—输出”的工程问题，但还只能算是“一阶控制论”。如果要把控制论运用于生命、意识和人类社会，就必须发展一种新的理论。当米德把这一新的理论发展为一篇论文后，福斯特为其取了一个响亮的题目：《控制的控制》①，这就是“二阶控制论”的肇始。

在促使二阶控制论成熟的功劳簿上，还必须添加上贝特森的卓越贡献。贝特森曾说过：“我认为控制论是人类在过去的2000年里从知识之树上摘取的最大果实。”②贝特森是参加过全部十届梅西会议的少数学者之一，另外一个则是他的夫人米德。梅西会议期间，二人在学术讨论上维持着夫妻般的和谐与讨论密度。作为米德的第三任丈夫，贝特森是一个在性格上偏于敏感和内向的人，比起与复杂的人类相处，他似乎更愿意与聪明的海豚、单纯的章鱼相伴（研究动物的“学习学习”的机制）。但是，这丝毫没有减损他在科学探索上的激情和无边想象力。贝特森在科学史上是一个异数，他是一个无法以专业槽加以限制的天才。他同时是人类学家、语言学家、心理学家、

---

① M. Mead, “Cybernetics of Cybernetics,” in H. von Forster et al., eds., *Purposive Systems*, New York: Spartan Books, 1968.

② Gregory Bateson, *Steps to an Ecology of Mind*, New York: Ballantine Books, 1972, p.481.

传播学家、家庭治疗学家、生态学家、控制论专家等等——这一学术经历正好诠释了梅西会议的跨学科精神。在控制论圈子中，贝特森对于“信息”的著名定义经常被引用：信息就是“产生差异的差异”①。一枚硬币放在我的手心，这就产生了一个差异。但是如果这个差异没有被我感知，就不是信息。只有当这个差异在我的神经系统中引发了一个差异，也就是导致我的神经系统发生状态改变，这才是一个对于我的神经系统而言的“信息”。贝特森的“信息”概念的独特之处在于：他认为，神经系统内部的信息，与外部的刺激没有直接关系。大脑中并没有硬币和手心之间的压力或温差关系，而只有生物电脉冲与电脉冲的关系。放在手心上的硬币，可以激活大脑中的一个电脉冲。然而，一个电脉冲要变成有“意义”的信息，不是要与外界的刺激保持同一性，而是必须获得整个内部神经网络的融贯性解读。因此，贝特森的信息具有“意义”——这正是贝特森与香农的不同。在信息概念的分叉之处，贝特森像思想史的扳道工一样指示了一条通往生命、意识和社会的控制论之路。

贝特森在 1936 年出版的人类学名著《纳文》②中，就已经萌发了后来被提炼为二阶控制论的思想。这本书刚出版时，并没有被人类学圈子接受。贝特森之前的经典民族志，是由文明社会的学者客观记录远方(野蛮人)社会所发生的事实，通过以功能主义方法提炼出的社会结构，再把丰富的事实细节串成一个个丝丝入扣的叙事网络。这种学术作业方式通常被概括为“脚在跑，手在记”，但却忽略了“动

---

① Gregory Bateson, *Steps to an Ecology of Mind*, New York: Ballantine Books, 1972, p.459.

② [英]格雷戈里·贝特森：《纳文》，李霞译，商务印书馆 2008 年版。

脑”的研究过程。[①]贝特森对新几内亚的伊特穆尔部落(Iatmul tribe)白宁人(Baining)的研究，并没有遵循经典民族志的研究套路。他在记录土著人的对话、仪式和冲突的同时，也记下了他作为研究者介入科学观察时遇到的困境、烦恼，以及对研究进路和研究方法的挑选、甄别甚至犹豫和自我批判的过程。这样，贝特森的主要兴趣不是落在民族志资料的“客观”收集和功能主义的“客观”分析上，而是对人类学“主观”思维方式的检验和反思。《纳文》这种自我反思的元认知撰写方式，意味着所有的科学研究都离不开观察者，因而也就不存在所谓的排除观察框架的纯客观的民族志研究。当时的人类学圈子因为贝特森“过于主观”而把他划为另类，他的思想显然太过超前。在《纳文》出版三四十年之后，其重要价值才被重新发现，与马林诺夫斯基的《西太平洋上的航海者》、拉比诺的《摩洛哥田野作业反思》一道被誉为耸立在民族志学科史上的三大丰碑。[②]

贝特森以“控制的控制”的视角，观察作为被观察对象的土著人社区。在土著人的“纳文”仪式上所展示的易装和狂欢行为，体现为“对称”和“互补”两种机制。在“对称”关系中，土著人之间充满吹嘘、挑衅的对抗性；在互补关系中，土著人之间则以“支配—服从”关系降低对抗的强度。“对称”导致冲突升级，“互补”则使得冲突获得抑制。“对称”与“互补”的相互作用，把部落内部的人际关系导入动态平衡中。贝特森总结说，对称与互补两种机制，其实揭示了“人类对他人的反应所作出的反应”这一模式。在夫妻关系、阶级关系、军备竞赛

① 高丙中：《民族志是怎样“磨”成的？——以贝特森的〈纳文〉为例》，载《思想战线》2008 年第 1 期，第 21 页。

② 同上文，第 22 页。

中，都呈现出这种“控制的控制”的一般性模式。①

贝特森参加梅西会议所显示的异常热情，来自他持有的信念：控制论模式可以从自然科学领域延伸到解释心灵现象和社会活动。《控制论圈子》的作者海姆斯曾亲自访谈过贝特森，他把贝特森比作知识界的奥德修斯。②海姆斯认为，就把控制论知识运用于社会科学领域而言，无论从想象力还是影响力来说，贝特森都是梅西会议当仁不让的头号人物。贝特森对自己在动物学、人类学研究中发现的模式和术语一直不太满意，他在寻找能够让自己的原创思想获得更有力、更精确的表达工具。在梅西会议上，他找到了这个新工具，那就是二阶控制论。

二阶控制论后来被福斯特发展为“二阶观察”理论。因为，二阶控制论里面包含了一个深刻的思想，即任何对外部环境的观察，都是观察者的观察。贝特森曾经绘制过两幅图，在试图回答斯图尔特·布兰德(Stewart Brand)关于控制论衰落的质疑时，对发生在一阶控制论与二阶控制论之间的分歧加以说明。③第一幅图：在维纳的机器反馈机制外面，连接上了一个“工程师”。机器反馈机制本身是围绕着一个目标工作的平衡系统，但是这个系统的目标是由系统之外的工程师设定的。贝特森认为，维纳的机器反馈机制是一阶控制环，加上工程师后，构成了一个二阶控制环。这个工程师，本来是一个外部

---

① C. E. Sluzki and J. Beavin, “Symmetry and Complementarity: An Operational Definition and a Typology of Dyads”, in P. Watzlawick and J. H. Weakland, eds., *The Interactional View*, New York: Norton, 1977, pp.71—87.

② Steve Joshua Heims, *The Cybernetics Group*, Cambridge: MIT Press, 1991, p.54.

③ Ronald R. Kline, *The Cybernetics Moment: or Why We Call Our Age the Information Age*, Baltimore: Johns Hopkins University Press, p.231.

观察者，现在变成二阶反馈环的内部观察者。第二幅图：则是在机器反馈机制的外面，连接上了“维纳、贝特森和米德”。这里，“维纳、贝特森、米德”所组成的互动网络，组成了作为“社会”的观察者。这个由多人组成的“社会观察者”，与“一阶控制论”意义上的机器反馈机制一道，共同构成了“二阶控制论”意义上的反馈循环系统。贝特森认为，一阶控制论在当时美国的“系统、人和控制论IEEE学会”(IEEE Society on Systems, Man, and Cybernetics)中发挥主导作用，二阶控制论则在美国控制论协会(American Society for Cybernetics)中发挥主导作用。二阶控制论最重要的发现，就是把“观察者”包含进反馈系统的大圆环中。对于二阶控制系统而言，系统自己为自己设定目标，自己观察自己。就此，贝特森想要澄清的是：根本没有什么独立于观察者之外的被观察者。

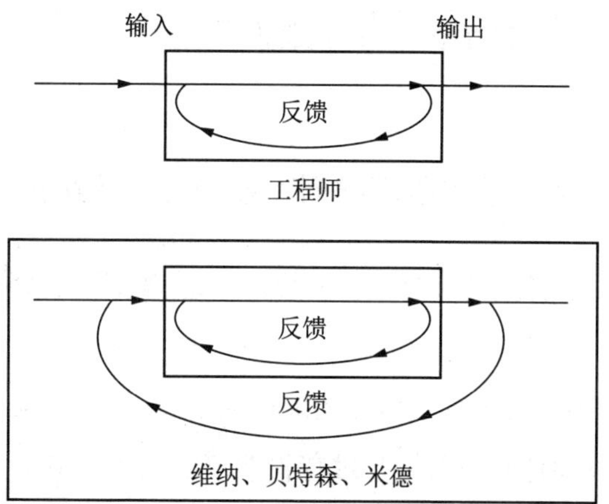

图2　格雷戈里·贝特森绘制的两幅图：上图示意一阶控制论，下图示意二阶控制论①

---

① Ronald R. Kline, *The Cybernetics Moment: or Why We Call Our Age the Information Age*, Baltimore: Johns Hopkins University Press, p.231.

有趣的是，米德在反思梅西会议的议程时发现，梅西会议本身就是一个演示着“二阶控制论”的人类学实验室。[①]在她的回忆中，梅西会议的进程就是参会人员之间不断地阐释、辩论甚至吵架的过程。所有会议参与者都在相互观察对方，信息交流呈现为“控制的控制”的过程。会议初期设定了宗旨和目标。随着会议的推进，新的观点、思想、概念不断随机产生。会议中间甚至出现过短暂的混乱，事先设定的条条框框不断被突破。这一点，正与二阶控制论对偶在性（contingency）的强调是一致的。米德还认为，参会者使用话筒、打字机、黑板等进行交流，在参会者与物理世界之间，共同构成了一个更大的反馈环。我们可以发现，在法国知识社会学大师拉图尔（Bruno Latour）所创立的“行动者网络理论”（Actor-Network Theory）中，也体现了这一思想。拉图尔把人和“非人”都看成是社会网络的节点，这些节点的相互作用共同构成了一个复杂的生态网络。网络节点之间的相互作用机制，就遵循了二阶控制论模式。[②]

四、从二阶观察到卢曼的社会系统论

为了突出观察者的地位，福斯特以“二阶观察”概念替换了“二阶控制”。

福斯特小时候在奥地利见过维特根斯坦，并和这位哲学天才聊过天。有一段时间，福斯特与维特根斯坦的侄子一道沉迷于阅读维

---

① M. Mead, “Cybernetics of Cybernetics”, in H. von Forster et al., eds. *Purposive Systems*, New York: Spartan Books, 1968, p.1.

② [法]拉图尔：《科学在行动：怎样在社会中跟随科学家和工程师》，刘文旋、郑开译，东方出版社 2005 年版。

特根斯坦那本《逻辑哲学论》(*Tractatus Logico-Philosophicus*)①。鉴于福斯特对于维也纳哲学圈以及维特根斯坦的终身迷恋，在某种程度上，他的二阶控制论思想可以算是对维特根斯坦"意义"理论的一个技术性解答。梅西会议之后，福斯特邀请该会议的另一位参会者阿什比加入他在伊利诺伊大学的生物计算机实验室，二人并肩工作十年。其间，福斯特出版了被"建构主义认识论"学术圈视为理论经典的《观察诸系统》一书，并在其晚年把自己的重要论文汇集成《理解理解》②出版。福斯特的著述大都短小精悍，有些甚至只是演讲稿。他那些充满浓郁人文关怀的言语，常常穿插在复杂的数学公式以及令人脑洞大开的图形之中。在一次题为"伦理学与二阶控制论"的演讲中，他解释说，系统如要足够复杂，就必须有来自环境多样性的不断刺激。每一位学者都被包含在反馈循环中，从家庭之环，到社会和文化之环，甚至到整个宇宙之环。因而，从认识论和知识论的角度，他发出了"更多的选择项"这一伦理呼吁。③在系统论的建构主义学派中，福斯特的思想影响深远。哈耶克就曾参加过 1960 年由福斯特发起在伊利诺伊大学举办的主题为"自组织的诸原则"(Principles of Self-organization)的会议，其后期关于自由主义原理、宪政理论的思考无疑也受到了二阶控制论的影响。④直到 2011 年，来自认知科学

---

① ［奥］维特根斯坦：《逻辑哲学论》，韩林合译，商务印书馆 2019 年版。

② Heinz von Foerster, *Understanding Understanding: Essays on Cybernetics and Cognition*, New York: Springer, 2003.

③ Heinz von Foerster, "Ethics and Second-order Cybernetics", in *Understanding Understanding: Essays on Cybernetics and Cognition*, New York: Springer, 2003, pp.287—304.

④ Heinz von Foerster and Bernhard Poerksen, *Understanding Systems*, New York: Kluwer Academic/Plenum Publishers, 2002, p.143.

和哲学界的学者们，还在奥地利举办了第五届“海茵茨·冯·福斯特国际会议”(Heinz von Foerster Congress)。

1957 年至 1976 年期间，福斯特的二阶控制论研究团队获得了美国军方的资助，培养了一批学生。二阶控制论的研究者们认为，知识是建构性的，各门科学都需要引入观察者，而且这必将导致一场科学领域的范式革命。但是，随着福斯特的个人兴趣逐渐转向哲学和认识论，加上当时的美国政府更加重视那些立竿见影的实用技术，在福斯特退休以后，他创建的实验室就因失去军方资助而关闭。二阶控制论的研究开始走下坡路。在福斯特的后继者中，他的学生温波尔贝(Stuart Umpleby)是乔治·华盛顿大学商学院的教授，研究领域之一是组织管理问题；另一位是英国学者葛兰维尔(Ranulph Glanville)，曾担任美国控制论学会主席，其主要贡献是设计研究(design research)；还有一位是英国学者帕斯克(Gordon Pask)，他是谈话理论(conversation theory)的创立者。

真正让福斯特的二阶控制论发扬光大的，是智利的神经生物学家和认知科学家马图拉纳(Humberto Maturana)与瓦瑞拉。在他们合著的《自创生与认知》①中，系统地阐发了生物自创生(Autopoietic)理论。自创生理论把控制论用于理解“活”的生命的自我再生产过程。马图拉纳认为，生命就是协调的协调(coordination of coordination)：维纳意义上的一阶控制论是一阶闭环，实现了第一个层次上的输入和输出之间的协调；一旦两个这样的一阶闭环相互发生作用，就涌现出更高层次的协调，即协调的协调，或者，控制的控制，观察的观察，

① Humberto Maturana and Francisco Varela, *Autopoiesis and Cognition*, Boston: Reidel, 1980.

这就是细胞生命的运作机理。

那么,什么是“自创生”? 马图拉纳与瓦瑞拉对生物“自创生”概念给出一个著名定义:“一个自创生机器,就是一个被组织起来的机器(被界定为一个统一体),这是一个生产(改变和摧毁)要素之过程的网络:(1)通过要素之间持续的相互作用和改变,再生产着、实现着过程(关系)的网络;同时,由这一网络,又生产出要素;(2)把这个机器在空间中构成为具体的统一性。在这个统一性中,这些要素借助这一机器在现实化为网络的具体拓扑域时而存在。”①因此,自创生系统的基本特征可归纳为三点:(1)一些成分(components)生产(合成和分解)的加工网络;(2)这些成分连续地再生成,并实现生产它们的加工网络;(3)并且把这个网络构成为一个在其生存领域中的可分辨的个体(unity)。系统的自创生本质上是一个运作闭圈,即一个反身(reflexive)连结的循环过程:其首要作用就是系统自己的生产;这个操作闭环造成了一个无需“中央控制器”的涌现的或全局的一致性,即该系统的同一性。②

基于“协调的协调”的自创生理论,德国社会学家卢曼用二阶控制论重构了西方社会理论。③卢曼多次邀请福斯特、瓦瑞拉到他所在的比勒菲尔德大学演讲,受到他们的直接影响。卢曼认为,在社会交往中,人与人之间处于一种“双重偶在性”(Doppelte Kontingenz)④的

---

① Humberto Maturana and Francisco Varela, *Autopoiesis and Cognition*, Boston: Reidel, 1980, p.78.

② 李恒威:《意向性的起源:同一性,自创生和意义》,载《哲学研究》2007年第10期,第73页。

③ Niklas Luhmann, *Introduction to Systems Theory*, Cambridge and Maiden: Polity Press, 2013.

④ Niklas Luhmann, *Soziale Systeme*, Frankfurt: Suhrkamp, 1984, Kapitel 3: Doppelte Kontingenz.

不确定状态。对双重偶在性的严格界定，最早可以上溯到英国政治哲学家霍布斯的自然状态理论。20 世纪 60 年代，美国社会学家帕森斯从霍布斯的社会哲学中提炼出双重偶在性难题，并与其终身思考的“秩序如何可能”问题关联起来。卢曼继承了帕森斯的双重偶在性难题，但是，相比于帕森斯对社会稳态机制的偏爱和强调，卢曼更为关注基于复杂性和偶在性的社会不确定性。在卢曼看来，之所以产生双重偶在性难题，是因为每个个体的意识都是一个黑箱(黑箱是由阿什比提出的系统模型)。互动双方都无法直接探知对方的意识状态，每个参与方的言语和行为随时都可能出乎对方的意料之外。对于沟通系统来说，双重偶在性意味着环境的复杂性，也意味着沟通前景的高度无序性和不确定性。如果无法克服双重偶在性为人际交往挖下的沟壑，那么，任何社会沟通都是不可能的。

卢曼认为，双重偶在性并没有阻碍社会沟通，相反，我们应该感谢“双重偶在性”这个机制。正因为每一个人都不能直接看清对方大脑中的意识状态，才有可能在作为黑箱的个人意识之间涌现出社会沟通这个新的系统层次。换句话说，正是因为双重偶在性，人们才能组成社会。双重偶在性既是社会沟通需要克服的难题，又是搭建社会沟通的必要前提条件——这就是典型的卢曼式的悖论构造。那么，如何超越双重偶在性的意识黑箱难题以搭建社会沟通呢？答案就在于社会的期望结构。按照社会系统论的说法，经过从运作到运作的反复迭代，系统会在“运算的运算”的二阶信息控制过程中，表达出一种稳定的“本征值”(eigenvalue)——这是福斯特发明的术语。期望结构是这种本征值之一，而法律就是“稳定期望结构”的社会子系统。

从二阶控制论“既封闭又开放”的思想出发，卢曼颠覆了旧欧洲在人与社会的关系上的传统认识。通常，社会学家们把社会看成是由人构成的。卢曼则认为，这种主流观点体现了过时的主体哲学的还原论以及“部分/整体”这一旧欧洲语义学的区分形式。卢曼以“系统/环境”的区分取代了“部分/整体”的区分。卢曼指出，意识系统和社会系统都是各自封闭运作的意义系统，二者不能相互还原，而是互为环境。一方面，人的意识是社会系统演化最重要的环境；另一方面，社会系统又是人的意识发展最为重要的外部环境。但是，封闭的意识系统和封闭的社会系统之间，又发生着结构耦合，相互都对于来自对方系统的刺激保持开放。如果没有社会和意识之间的结构耦合，人类不可能同时发展出今天这样高度发达的意识活动水平和社会复杂性水平。

卢曼认为现代社会迈向了功能分化，全社会分化为科学、政治、经济、法律、宗教等功能子系统。不同于传统社会以宗教或政治为中心的分层分化，现代功能分化社会没有中心。卢曼的功能分化社会，对应于涂尔干基于社会分工的有机团结，也对应于韦伯现代社会“诸神之争”的多元理性。在功能分化社会中，各个社会子系统以自身的二元编码(Code)作为衔接机制，不断展开封闭运作；同时，借助对编码值加以分配的“纲要”(Programm)系统对来自环境的刺激保持开放。这些二元编码包括科学的“真/假”、法律的“法/不法”、政治的“有权力/无权力”、经济的“拥有/不拥有”、宗教的“信/不信”等等。社会系统持续沟通的动力机制，就在于运用这些二元编码展开的二阶观察：(1)在每个社会子系统内部，正是每一个沟通对前一个沟通运用二元编码所展开的观察，维持了社会系统的自创生；(2)每个社会子系统同也可以对自己的观察进行观察，形成社会子系统的自我观察或者自我描述；(3)在社会子系统之间，各个社会子系统把其他社会子系统作为社会沟通的“内环境”加以观察，因而是对其他系统自我观察的外部观察。正是基于这些在不同沟通层次上都起作用的二阶观察机制，才形成了现代社会极其复杂的功能分化图景。

卢曼基于二阶控制论的社会系统论，是对帕森斯基于一阶控制论的社会系统论的升华。卢曼于 1960—1961 年曾在哈佛大学听过帕森斯的课程，深受其社会系统论影响。卢曼的《社会(诸)系统》，某种意义上是与帕森斯《社会系统》[①]对话的成果。帕森斯虽然没有直接参加过梅西会议，但是，他曾出席贝特森以梅西会议的名义额外组织的“社会学分会场”，这个“会中会”是贝特森特地为社会科学家们聆听维纳和冯·诺依曼的讲座而提供的机会。在卢曼看来，帕森斯的社会系统论尚属于一阶控制论的知识类型，而他自己的社会系统论，才是拥抱二阶控制论这一社会科学新趋势的产物。卢曼以“社会如何可能”的问题替换了帕森斯“秩序如何可能”的问题。帕森斯对“秩序如何可能”问题的回答，落脚于规范、价值的社会整合功能；卢曼对“社会如何可能”问题的回答，则侧重于社会本来可以是另外一种样子的偶然性。卢曼总是在其著述中强调现有秩序的“不大可能性”(Unwahrscheinlichen)。由此可见，帕森斯注重同一性，卢曼强调差异。无疑，这与帕森斯属于一阶控制论范式，卢曼属于二阶控制论范式有关。一阶控制论更加强调反馈机制的目的性和确定性，二阶控制论则倾向于“控制的控制”所导致的系统演化的非目的性与偶

① Talcott Parsons, *The Social System*, New York: Free Press, 1951.

然性。

卢曼 1998 年去世，同年，德国苏尔坎普出版社发行了卢曼为其理论大厦封顶的鸿篇巨制《社会的社会》①。这一书名散发着浓郁的二阶控制论味道。卢曼认为，理论家不可能在社会之外找到一个客观观察社会现象的优越位置。理论家的观察本身就是社会沟通的一部分，对社会的观察只能在社会内部进行，而每一次社会科学的观察，其实已经改变了观察对象本身。这是一个自我指涉的悖论，但正是悖论的不断生成与不断去悖论（被隐藏）的过程，成为社会沟通自我递归运作的动力机制。这个过程没有预设的目的，未来充满了偶在性，但是，运作过程自身产生的结构，又会限制社会选择的恣意性。卢曼把系统论与达尔文的演化论结合起来，认为社会就是不断经历“变异—选择—稳定”的循环过程。不过，卢曼克服了达尔文演化论在解释社会系统变化上的不足。达尔文把变异的原因归结给生物有机体，把选择和稳定的动力机制归结给环境。卢曼基于二阶观察理论，颠倒了达尔文的立场，他认为，诱发系统变异的刺激来自对外部环境的开放，选择和稳定的动力机制则来自系统内部的封闭运作。这样，卢曼就为解释社会系统“既封闭又开放，开放是以封闭为条件”的悖论机制提供了更为优越的演化论框架。

从知识论上说，卢曼拒绝了为社会研究寻找终极支点的主张，他认为不存在指引和评价社会的元规则、元价值。他对社会结构与系统运作相互关系的悖论式理解，使得他的社会理论描述既没有陷入

① Niklas Luhmann, *Die Gesellschaft der Gesellschaft*, Frankfurt: Suhrkamp, 1998.

绝对主义，又摆脱了相对主义。正是源于这种社会系统论的自觉反思，他终身都在反对哈贝马斯的社会批判理论。卢曼极富创造力和颠覆性的社会系统论为他带来了巨大声誉，风头甚至盖过了哈贝马斯。在为卢曼60岁祝寿的会议上，学生们以“理论作为激情”命名这次会议，并出版了同名的贺寿文集。①对于哈贝马斯的启蒙理性中饱含的那种乌托邦情结，他认为需要一场“社会学启蒙”——这是他在明斯特获取教职时的演讲题目。卢曼认为那些拥有改造社会热情的社会理论家，虽然已经点破了社会科学的反身性作用，但是并没有把这种知识论坚持到底。因为，如果立足于批判和改造社会，那就必然要在其相应的理论参数中埋下这样一个预设：自诩自己拥有在社会之外观察社会的特权地位。也正是基于他对知识分子作为二阶观察者这一角色的理解，他对马克思在《关于费尔巴哈的提纲》②中的第十一命题提出了相反的主张：理论的任务不是改造世界，而是解释世界。

五、结　语

如果说自然科学与社会科学的分离是19世纪的“知识型”（épistémè，福柯语），那么，20世纪上半叶，从梅西会议开始，跨学科的科学统一性尝试在控制论上找到了突破口。卢曼曾断言，自然科学与社会科学并不是截然不同的知识类型，二者都不过是社会系统化约

---

① Dirk Baecker, et al. orgs., *Theorie als Passion: Niklas Luhmann zum 60. Geburtstag*, Frankfurt: Suhrkamp, 1987.

② ［德］马克思：《关于费尔巴哈的提纲》，中共中央马克思恩格斯列宁斯大林著作编译局编译：《马克思恩格斯全集》第3卷，人民出版社1960年版，第3—8页。

环境复杂性的观察机制。①胡塞尔努力克服新康德主义“是”与“应当”的二分，并试图以现象学统一自然科学和社会科学的哲学基础。卢曼承接了胡塞尔的这一理念。卢曼的社会系统论甚至因此被某些学者简化为“胡塞尔现象学＋帕森斯系统论”。由此观之，德语世界的现象学与英语世界的二阶控制论确有相通之处。

梅西会议是人类知识史上的“控制论时刻”②，以信息、反馈、控制、目的等新概念统一了生物学、脑科学、心理学、认知科学、社会学、经济学、语言学等知识领域，同时，又为各个专业领域的自我探索保留了足够深邃的个性空间。梅西会议从概念和方法上，为 20 世纪后期社会科学发展到卢曼的社会系统论这一人类知识新高度，铺设了极为重要的基础理论。

用于描述社会现象的系统论，经历了平衡模式、输入/输出模式、反馈模式、二阶控制论模式等几个阶段。③系统论除了反馈这样的核心概念，还需要运用“系统/环境”这个主导性区分。根据“系统/环境”这一区分的不同运用方式，系统论的发展史又可以细分为封闭系统、开放系统、自组织、自创生等阶段。如要把“自创生”用于社会领域，还必须加以进一步改造，比如说像卢曼那样把社会系统的基本运作界定为“沟通”，这样才能处理有“意义”的社会世界。卢曼的社会系统论认为，无论是全社会系统还是社会子系统，都是一个个“活”的

---

① Niklas Luhmann, *Essays on Self-Reference*, New York: Columbia University Press, 1990, Chapter 3: Complexity and Meaning.

② Ronald R. Kline, *The Cybernetics Moment: or Why We Call Our Age the Information Age*, Baltimore: Johns Hopkins University Press, 2015.

③ Niklas Luhmann, *Introduction to Systems Theory*, Cambridge and Maiden: Polity Press, 2013, Chapter II: General Systems Theory.

自我指涉的观察系统。卢曼自己的社会系统论，则是科学子系统对社会本身展开的二阶观察——这就是观察的观察。①

我们不应该忘记的是，20世纪后期以卢曼社会系统论为代表的社会科学领域所取得的这些重大成就，其理论源头之一，就在梅西会议，其理论发展的支点，就来自梅西会议的核心成果——二阶控制论。

① Niklas Luhmann, *Soziale Systeme*, Frankfurt: Suhrkamp, 1984, Kapitel 12.

第3章　从“社会如何可能”到“法律如何可能”

本章摘要：本章尝试对卢曼建构主义知识论与其一般社会理论及法社会学之间的复杂关系进行重构。卢曼借助建构主义的“二阶观察”这个核心概念，在回答了“知识如何可能”这个经典的知识论问题的基础上，对“社会如何可能”和“法律如何可能”这些重要的社会理论问题给予了深刻回应。同时，本章也试图对当代中国法社会学中社会理论的匮乏进行反思，并指出“法庭与律师”的法社会学以及法律经济学等研究路向在观察“法律与社会”问题上可能存在的不足。

一、社会理论与“大问题”

当代中国已经是一个高度复杂的现代社会，卢曼的社会系统理论就是对西方高度复杂的现代社会的自我描述，但我们对“现代复杂社会”的大问题研究得很不够，对现代社会的了解非常片面。

针对复杂社会的到来，中国的法学研究似乎启动了自己的“社会学思考”。国内法学者中流行的法社会学研究包括个案研究、访谈问卷、田野考察等实证研究或经验研究(这些研究也还做得很不够),他们希望借此跳出“书本上的法”而进入“行动中的法”,[①]并希望能够像自然科学家一样给自己的研究成果贴上令其理论用户放心的客观性标识。但是,能够在社会理论水平上思考法律与社会的研究成果还很少,在观察法律与社会的关系上,确实需要计量统计的经验研究,也需要吉尔兹那种奠基于参与式观察之上的“深描”,这些理论显微镜可以丰富我们在法律与社会问题上的细部和直观的知识,但是,当我们需要更具纵深和阵面的法律与社会的相关知识时,当我们需要认知现代社会结构的复杂肌理及其内部相互作用时,却要借助社会理论这个望远镜。[②]

另外,随着法律经济学从美国传入中国,法律经济学似乎悄悄变成了法社会学的最具合法性的形式,但是,这里存在着严重的概念混乱。按照帕森斯的说法,经济学理论是一般社会系统理论的一个特例,因此也是一般行动理论的一个特例,经济系统是一种特殊的社会系统。[③]人的经济行动是社会行动的一个子集(子系统),同样,法律行动也是社会行动的一个子集,法律经济学根本不能替代法社会学。[④]更重要的是,研究法律经济学的学者用“效率理性”把法律的

---

① 托依布纳认为,卢曼的自创生理论取消了行动中的法和书本上的法的对立。参见[德]托依布纳:《法律:一个自创生系统》,张骐译,北京大学出版社2004年版,第31页。

② 这里挪用了霍布斯关于显微镜与望远镜的隐喻。霍布斯曾说,人们天生具有一个高倍放大镜,这就是激情和自我珍惜,而人们却很少具有望远镜,那就是伦理学和政治学。参见[英]霍布斯:《利维坦》,黎思复、黎廷弼译,商务印书馆1985年版,第142页。

③ [美]塔尔科特·帕森斯、[美]尼尔·斯梅尔瑟:《经济与社会》,刘进等译,华夏出版社1989年版,第275—277页。

④ 卢曼和托依布纳这些法律系统论者都没有否定法律经济学等学科中包含的因果解释对于微观领域和个案研究的意义,但是,如果要看到社会演化的宏观结构,直(转下页)

“规范有效性”①掏空了，在帕森斯和卢曼看来，如果真要研究法律与经济的关系，也是要研究二者之间的结构耦合（structure coupling），今天的法律经济学家们只是从经济系统来“看”（观察）法律系统，②而没有从法律系统来“看”经济系统，在法律经济学的视野中，法律失踪了；而且，他们所看到的，也只是通过法律系统的输出与经济系统中的输入之间的直接因果关系，③并由此大胆开列通过立法改革或司法改革捍卫市场经济和民主自由的药方，而根本没有看到，经济沟通、政治沟通与法律沟通都是各自封闭的沟通系统，系统间的相互作用需要经过跨“系统际”的翻译，才能变成系统内部的沟通。立法改革或者司法改革并不一定能实现使市场经济更有效率的期待，而且这并非就一定是立法和司法走了弯路，而是连接立法、司法与市场经济的路本身就没有直达高速公路，而只有博尔赫斯小说中的小径分叉的花园。④总之，离开社会理论这个根基，看似五光十色的法律经

（接上页）接的因果解释是无能为力的。另参见［美］昂格尔：《现代社会中的法律》，吴玉章、周汉华译，中国政法大学出版社1994年版，第一章“社会理论的困境”中的“方法问题”。在此，昂格尔对经典社会学之前的理性主义（逻辑解释）和历史主义（因果解释）所面临的困难给出了精彩评析。

① 这里要注意卢曼和哈贝马斯对于法律“规范有效性”概念完全不同的理解，下文详述。

② 波斯纳就这样说过：“法律经济学也只是经济学”，参见［美］波斯纳：《超越法律》，苏力译，中国政法大学出版社2001年版，第505页。

③ 卢曼引述冯·弗斯特的话说：只有在平庸机（trivial machine）中才存在系统与环境的直接输入输出的因果关系。法律和经济系统作为自创生系统，是非平庸机，并不对外界刺激作出点对点的反应，不然就不能化简来自环境的复杂性，也不能形成系统自身的内部复杂性。参见Niklas Luhmann，*Law as a Social System*，translated by Klaus A. Ziegert，edited by Fatima Kastner，with an introduction by Richard Nobles and David Schiff，Oxford，New York：Oxford University Press，2004，p.91 and p.197。

④ 参见Michael King and Chris Thornhill，*Niklas Luhmann's Theory of Politics and Law*，Basingstoke，Hampshire：Palgrave Macmillan，2003，pp.44—55。另参见卢曼本人的有关法律与政治的集中论述，Niklas Luhmann，*Law as a Social System*，translated by Klaus A. Ziegert，edited by Fatima Kastner，with an introduction by Richard Nobles and David Schiff，Oxford，New York：Oxford University Press，2004，Chapter 9th：Politic and Law。

济学大厦其实就只能把自己建筑在漂浮的流沙之上。

所以，为法社会学清理前提的工作应该落实在回答这些问题上：什么是“社会”？什么是“社会学”？什么是社会科学的“客观性”？什么是“法律”？法律与社会的关系是什么？社会和法律是如何演化的？如果没有理论社会学水平上的反省，这些能够推进法社会学研究深度的问题就得不到回答，那些所谓的实证方法和经验方法就会变成没有头脑的经验主义，就会丧失社会学的想象力，[①]那么，我们就只能跟随美国人去研究那些对于今天的中国来说只能是“鸡毛蒜皮”的问题，像美国人那样执着于女权、种族歧视、老年问题、色情问题、同性恋问题等对中国来说还不是最紧要的问题（当然，这些问题并非没有研究价值）。

什么才是真正有分量的大问题呢？什么样的理论才能承担回答这样的大问题的时代任务呢？为了揭示和解决中国的问题，我们可以从西方学者对西方社会的自我观察中获得启示，卢曼的社会理论就是一个很好的窗口。托依布纳在评论卢曼的自创生理论时这样认为：“自创生理论为许多重大的社会理论问题提出了新的洞察力。其中最大的问题就是社会是怎样改变的——和它在未来可能怎样改变——以及我们怎么能理解当下正在发生的事情。这是社会学的中心问题之一。”[②]马克思、涂尔干、韦伯这些经典社会理论大师终其一生的学术目标就是试图解决这些大问题，当代的吉登斯、布迪厄、鲍曼以及哈贝马斯等人也是试图解决这些大问题，用卢曼的话来说，这

---

① ［美］C. 赖特·米尔斯：《社会学的想像力》，陈强、张永强译，生活·读书·新知三联书店 2001 年版，尤其是其中第三章对“抽象经验主义”的批评。

② ［德］托依布纳：《法律：一个自创生系统》，张骐译，北京大学出版社 2004 年版，第 1 页。

些社会理论大师的著作，其实就是社会的“自我观察”(self-observation)或“自我描述”(self-description)。卢曼自己的自创生理论也是对当代社会的“自我描述”，而且是极为深刻的自我描述，在其相当抽象的理论生产中，尤其呼应了当代西方世界的“高度复杂的社会”，在卢曼的社会理论中，我们能够感受到理论抽象性与经验感受力之间的奇异张力。就像马克思、涂尔干和韦伯这些受过法学专业训练的社会学家一样，卢曼也接受过扎实的法学训练，并且还从事过运用法律的高级行政工作。[①]对于社会学理论大家来说，法律是进入社会理论内核的最佳入口之一，“法律似乎是一个特别富于成果的主题，因为，了解它的意义的努力直接把我们带到了各种尚未解决的重大的社会理论问题的核心”[②]，作为一个“把理论作为激情”[③]或者是被尊封为“理论隐君子”[④]的社会学家，卢曼再现了马克思、涂尔干和韦伯等人理论生涯的某些重要片断，他在极其高产的学术生涯中一再返回到法社会学的著述，而且他的法社会学正在经受着是否能够进入经典著作序列的时间考验。

---

① 关于卢曼的生平，可参见 Gotthard Bechmann and Nico Stehr, “The Legacy of Niklas Luhmann”, http://www.itas.fzk.de/deu/Itaslit/best02a.pdf。

② [美]昂格尔：《现代社会中的法律》，吴玉章、周汉华译，译林出版社 2001 年版，第 41 页。

③ 这是德国学术界在 1987 年祝贺卢曼 60 岁生日时的纪念文集的标题，参见[德]克内尔(Georg Kneer)和[德]纳塞希(Armin Nassehi)：《卢曼社会系统理论导引》，鲁贵显译，巨流图书公司 1998 年版，顾忠华教授为该译著所作的序，第 14 页。其实，这是关照了卢曼那本在德国非常著名的描述家庭社会学的《作为激情的爱》(*Love as Passion*)的书名。

④ 参见 Niklas Luhmann, *Theories of Distinction: Redescribing the Descriptions of Modernity*, edited and introduced by William Rasch, translations by Joseph O'Neil et al., Stanford, Calif.: Stanford University Press, 2002, Preface。

二、哈贝马斯与卢曼的贡献：回家的法社会学

李猛作为当代中国最有思考能力的学者之一，透过卢曼社会理论的眼光，看到了法社会学的正确研究道路（但是并没有得到应有的回应）："接纳法学的社会科学或社会理论，并不只是一味地向这个回家的战士讲述自己的故事，也同样需要倾听正义女神子孙们的声音，它们从中得到的，或许比法学所得到的更多。"①法律是研究应然和规范性的学问，但是那种来自传统法学内部（法律教义学）对待法学的自给自足的"朴素"状态，那种把法律变成了非社会性的学科自闭状态，确实需要我们拿起社会科学的利刃割开这个封闭的实体以把法律释放回社会之中。但是，把法律纳入自己视野中的社会学，也不应该止步于"法庭与律师"的社会学，②从法律现实主义到批判法学运动，以及法社会学、法律人类学、法和经济学等研究，都试图将法律研究纳入一个"开放的社会科学"之中，这是制造了另外一种对待法律的社会科学还原论的"朴素"状态。李猛认为，对任何这类还原论的做法，对任何忽视法律世界中应然与超越性因素的分析，都应该持一种怀疑审视的态度："'社会科学'背景的学者更愿意借助这种研究，来重新理解现代社会的规范性与各种程序技术，弥补70年代以来社会理论的'规范化不足'和丧失理解应然问题的社会性能力等诸

① 参见李猛为《北大法律评论》第2卷第2辑所作的序言，法律出版社2000年版。

② 早期卢曼的法社会学理论还没有完全摆脱对法律人的角色研究和职业研究的美国社会学的流行方式，而且，早期卢曼显然还保留了许多帕森斯的思考方式，比如在涉及关于社会的三个维度的讨论时，卢曼把社会看成是包含了人格、角色、规范和价值的系统分化层次。参见 Niklas Luhmann, *A Sociological Theory of Law*, translated by Elizabeth King and Martin Albrow, edited by Martin Albrow, Beijing: China Social Sciences Publishing House, 1999, c1985, Chapter 2: The Development of Law。

多欠缺。”[①]（重点号为引者所加）

可以说，卢曼和哈贝马斯正是20世纪后期真正致力于把法律的“规范性”和“应然问题”郑重地放在案头上进行社会学研究的大家。我认为，在卢曼和哈贝马斯旷日持久的理论对话中，法社会学是其中最为精彩的部分，虽然最为深刻的部分可能是两人之间存在重大分歧的知识论和现代性解决方案上。法社会学是卢曼和哈贝马斯验证各自理论的试验场，是两位功力深厚的理论大王的必争之地。正如学者拉斯穆森（David M. Rasmussen）评论的那样，哈贝马斯阐述法律思想的《在事实与规范之间》一书“可能是哈贝马斯最好的著作”[②]；而卢曼的《作为一个社会系统的法律》一书，不仅是对其发展了近30年的法社会学思想的集大成之作，而且也是对其整个社会系统理论的一次实兵实弹的演示，可谓淋漓尽致。

为了把卢曼与哈贝马斯的相关理论摆放到法社会学频谱上的正确位置，我们首先要辨别两种法社会学：一种是法律怀疑型的法社会学；一种是规范维护型的法社会学。

持法律怀疑主义主张的法社会学家，否定法律自身的自治性，对他们来说，法律自主性不过是法律职业共同体虚构的图腾信仰或者统治阶级集团合谋编造出来欺世盗名的谎言，这些法社会学家认为，法律或者可以还原为心理学上的因果事实，或者可以还原为宗教或者政治上的意识形态偏见，或者可以还原为生物学中象“自私的基因”这样的最终元素，或者可以还原为效用最大化这样的功利主义算

---

① 参见李猛为《北大法律评论》第2卷第2辑所作的序言，法律出版社2000年版。

② 引自[德]哈贝马斯：《在事实与规范之间》，童世骏译，生活·读书·新知三联书店，封底。

计等等，或者像霍姆斯大法官认为的法律可以还原为从坏人的角度对法院将作出什么判决所作的预测，总之，法律是一个没有“所指”的“能指”，这种“能指”只能成为其他观察者的“所指”；卢曼则不同，他看到，既可以把法律当成“能指”，又以当成“所指”，而且法律的“能指”还可以指向法律的“所指”自身，这才有法律系统的自创生（autopoietic）。按照更为激进的批判法学的回答，所谓法官在判案中遵循法律规则（无论是制定法还是先例中的法律规则）的宣称，不过是法官为了行使其充满阶级偏见的自由裁量权而进行掩饰的一种语言学修辞。①

规范维护型的法社会学则反对法律怀疑主义的这种法律虚无主义，无论是麦考密克的“制度法论”还是哈特的“法律的概念”，在不反对法律具有开放性这个条件下，都更为强调法律自身的封闭性和自我同一性，都反对把法律这个具有自主独立性的规范（规则）结构还原为法律外部那些支离破碎的因素，对他们来说，法律规范具有自身的密度和硬度，是真实存在的社会性事实。哈特反对霍姆斯关于法律就是“对法院将要做些什么的预言”的论断，也反对格雷把法律规则只是当成法官作出决定时需要借助的“渊源”之一，在他眼中，那不

① 参见[美]P. 诺内特和[美]P. 塞尔兹尼克：《转变中的法律与社会：迈向回应型法》，张志铭译，中国政法大学出版社2004年版。在该书中，虽然作者对批判法学的著述有所批评（参见该书第5页），但是却又持有相当同情的视角，并且，像韦伯同意马克思关于表面上客观中立的法律背后存在着支配一样，该书作者也同意批判法学关于法律的压制性一面。但是，该书作者又认为，随着社会民主参与的扩大，压制就会逐渐减退，因为在回应型法律中“法律成了一种特殊的政治论坛”（参见该书第49—52页，第106—116页）。在处理实质性法与反身性法的关系问题上，卢曼所看到的东西比诺内特和塞尔兹尼克的“目的性”解决方案要深刻得多，托依布纳对此有十分精彩的评议，参见Gunther Teubner, “Substantive and Reflexive Elements in Modern Law”, in *Law and Society Review*, Vol.12, no.2, 1983, pp.239—285。

过是把法律当成一件徒具修饰功能的肤浅外套，对哈特来说，无论是对外在的观察者还是内在的参与者，首要规则对民众具有实质约束力，次要规则则对官员具有实质约束力。[①]如果按照麦考密克的说法，任何法律外部的事实要变成法律内部的事实，都要经过由规范构成的“制度性事实”的翻译。[②]

虽然卢曼与哈贝马斯二人在社会理论的总体设想上存在重大分歧甚至是直接对立，但是他们在规范维护型法社会学阵营中却是立场坚定的同志。关于卢曼与哈贝马斯的理论立场，从学术界传来的消息，大都是以“卢曼与哈贝马斯之争”这类刺激感观的标题，由此把二人之间的关系强化到近乎两极对立的程度，应该承认，这也不算夸张。不过，很少有人注意的是，事实还有另外一面，虽然卢曼与哈贝马斯相互论战了 20 年，他们还是明显分享了一些共同的理论前提，至少在涉及法社会学时，他们都毫不含糊地维护法律的规范有效性，在这个问题上，现实主义法学、批判法学以及法律经济学等这些解构法律规范性的理论主张都成为他们共同瞄准的批评靶子。卢曼与哈贝马斯都深受德国学术传统浸染，德国社会理论传统中强烈的规范主义导向也变成了两位学者共有的学术特征，二人在维护规范有效性问题上所投入的智识努力，使他们在维护法律内在的应然性和规范有效性的局部战斗中形成了结盟；但是他们在对待何为规范有效性的问题上则存在着巨大的视角差异，在他们之间也为此爆发了持续 30 年的激烈论战。

---

① [英]哈特：《法律的概念》，张文显等译，中国大百科全书出版社 1999 年版，第 1—14 页，第 135—146 页。

② 参见[英]麦考密克、[捷克]魏因贝格尔：《制度法论》，周叶谦译，中国政法大学出版社 2004 年版，第二章：作为制度事实的法律。

卢曼公开承认自己是法律实证主义的同情者，他认可了麦考密克和哈特的大部分主张，当然也对其进行了彻底的朝向专业社会学的清算和改造，并且赋予了更为坚实的知识论前提。对于卢曼来说，法律是社会内部分化出来的一个子系统，法律的规范有效性就是系统的统一性（同一性），是系统进行沟通操作时的递归性选择结构，这个选择结构是经过历史演化后所获得的成就，系统通过这个结构在时间维度、社会维度和事实维度上减少来自环境（政治、宗教、艺术以及家庭等系统）的复杂性或偶在性，这个结构是系统自身维持既封闭又开放的不断再生产自身沟通的意义识别机制。总之，法律不再是一个空壳，而是一个拥有通过合法/非法编码进行封闭操作的属于自身的“内在深度”。

对于哈贝马斯来说，法律的规范有效性也是一道不可后撤的防线，“我提出对法律和宪法的范式性背景加以澄清，它所针对的是法学界日益流行的法律怀疑论，尤其是我所谓的虚假实在论，它低估了现存法律实践的那些规范性预设的经验效用。”①法律是不能被权力机制（政治系统）或者货币机制（经济系统）所宰制（这里体现了后期哈贝马斯对卢曼的功能分化社会理论的暗中接收），理想的法律社会结构应该是在法律的规范性与事实性之间形成循环闭合。哈贝马斯批评德国历史上的自由法学派和利益法学派，认为无论是埃利西还是耶林，都把法律和政治之间的分界线抹去，法律和政治同时丧失了自己的结构性特征。“法律判决如果可以被同化为赤裸裸的权力过程，那么坚持认为基于足够确定的规范系统的自洽判决有可能确保

---

① ［德］哈贝马斯：《在事实与规范之间》，童世骏译，生活·读书·新知三联书店2003年版，第4页。

法律确定性，就不再有任何意义。”①

卢曼与哈贝马斯虽然都是法律规范有效性的辩护人，但是他们对规范有效性的理解存在着重大分歧。卢曼的规范有效性是系统自我复制、自我生长的内在“同一性”（identity），是使用法律编码生产法律沟通的“同样情况同样适用，不同情况不同适用”的连续沟通操作，法律系统的规范有效性依赖于系统本身的封闭性，法律系统与其他社会子系统是各自分化出自身理性的相互视对方为环境的自治系统；对于哈贝马斯来说，法律不是一个封闭的社会子系统，正是通过商谈对话的法律程序性机制，法律的规范有效性变成了容纳公共意见的广场，是对平等参与的开放性，是使权利系统和金钱系统的操作获得共同承认的正当化桥梁。哈贝马斯反对任何形式的对规范性的还原，他说：“商谈论所要做的工作，是对这种自我理解作一种重构，使它能维护自己的规范性硬核，既抵制科学主义的还原，也抵制审美主义的同化。”②这里，哈贝马斯的理论矛头直指卢曼和德里达（当然，其中大有商榷的余地），科学主义的还原是指卢曼通过系统论的路向取消了法律规范有效性，而审美主义的还原是指德里达希望通过艺术和诗超越由法律规范有效性所设置的伦理限制。

为了深化对以上论述的理解，我们可以把卢曼和哈贝马斯纳入社会理论的传统框架中，这个“纳入”虽然有些勉强，但也可以近似地看到社会理论发达史上错综复杂的血缘关系。在韦伯的社会理论遗产中，既强调支配的合法性，又强调系统的客观强制性，卢曼把韦伯

---

① ［德］哈贝马斯：《在事实与规范之间》，童世骏译，生活·读书·新知三联书店2003年版，第248页。

② 同上书，第4页。

的系统客观强制性一面发展到了极端形态(这是哈贝马斯送给卢曼的“赠语”,当然,在这里,哈贝马斯塞入了那种把卢曼当成“理论敌人”的过激成分①),而哈贝马斯为了挽救韦伯绝望的悲观主义,则又通过寻找发散在公共领域和生活世界中的理想商谈重建西方现代社会制度的支配合法性(卢曼对哈贝马斯的这种“误入企图”也表示了遗憾②)。另外,也可以这样看,哈贝马斯强调的规范有效性,其实是继承了涂尔干和帕森斯社会学理论中通过价值共识实现“社会整合”的一面,而卢曼继承了涂尔干通过社会分工和帕森斯通过社会系统分化所表达的“系统整合”的一面。③

三、卢曼厘清“社会”概念的工作:人、社会和法律

不同的社会学家有自己不同的对社会概念的理解,也因此定位了自己区别于他人的社会学研究风格,与其他著名社会学家一样,卢曼关于“社会”的概念也可以载入人类思想史的史册。总的来说,通过把“社会”收缩到持续不断的主体间的“沟通”,卢曼把物理世界、生物世界、人的心理世界全部放进了社会的环境之中。正如有的学者所说,卢曼使社会变小了,但是在卢曼看来,“部分大于整体”,社会建

① [德]哈贝马斯:《在事实与规范之间》,童世骏译,生活·读书·新知三联书店2003年版,第60页。

② Luhmann, Niklas, “Quod Omnes Tangit: Remarks on Jürgen Habermas's Legal Theory”, in *Cardozo Law Review* 17, no.4—5(1996): pp.883—900.

③ 关于社会整合与系统整合的相关内容,参见《社会理论论坛》1997年第3期“社会整合与系统整合”专号,北京大学社会学系主办。[英]洛克伍德:《社会整合与系统整合》,李康译;[英]莫塞利茨:《社会整合和系统整合》,赵晓力译;[英]阿彻尔:《社会整合与系统整合》,郭建如译。

构了它自己的物理问题、生物问题和心理问题。同样,卢曼关于法律的理解也随着他对社会概念的重新定义而被刷新。卢曼法社会学中最激励学术同道卷入争议的是他关于“法律与社会”之间的关系的论述以及“社会(法律)与人”之间的关系的论述。

法律与社会的关系究竟如何?换句话说,法律与其他社会子系统的关系如何?卢曼认为,法律和社会的关系不应该是“法律与社会”(law and society)的研究路子:

> “法律与社会”的标题,不是指向两个相互对立的独立对象,而是指向必须以分化理论术语重新建构的对象。重复一下这个重要观点:法律系统是社会系统的子系统。随之,社会不只是法律系统的环境。部分原因是,社会大于法律系统的环境——就其包括法律系统自身而言。部分原因是,社会小于法律系统的环境——就法律系统处理社会系统的环境以及人类的精神和生理状况而言,而且还要处理其他物理、化学以及生物状态,这要看法律系统从法律角度认为哪一方面具有相关性。[①]

卢曼认为“法律”与“社会”的并列,是试图在社会与法律之间实现罗科斯·庞德意义上的“通过法律的社会控制”的雄心。相反,卢曼所理解的法律与社会的关系,应该是“社会的法律”(society's law),[②]法律是社会的一个子系统,法律与其他社会子系统并不是因

---

① Niklas Luhmann, *Law as a Social System*, translated by Klaus A. Ziegert, edited by Fatima Kastner, with an introduction by Richard Nobles and David Schiff, Oxford, New York: Oxford University Press, 2004, p.89.

② Ibid., pp.59—60.

果决定(可控制的)关系,而是相互干涉(irritation)、相互结构耦合(structure coupling)的偶在性(congtingent)关系。[①]在处理法律与社会的关系上,卢曼不同于马克思,马克思认为法律这个上层建筑"在归根结底的意义上"是由经济基础决定的,所以,马克思更加关注生产力和生产关系的相互适应这样的经济问题以及作为经济利益代表的各个阶级之间通过相互斗争而推动社会演化的问题,马克思认为,把这些"基础"问题看清楚了,法律这个"上层"问题迎刃而解,法律问题可以还原为统治阶级的意志表达——卢曼恰好反对这样的还原论。在法律还原论问题上,我们还可以看到伯尔曼把法律还原为宗教信仰,邓肯·肯尼迪把法律还原为政治过程,弗兰克把法律还原为心理活动,波斯纳把法律还原为效用最大化,庞德把法律还原为社会利益,德沃金把法律还原为道德(德沃金强调"原则"和"政策"的区别是希望维护法律自身的应然性,但是德沃金最终又把法律应然性化约为"平等关怀和尊重"的道德应然性)等架空法律的种种努力。卢曼和韦伯一样,看到了在社会理性分裂下的法律自治,卢曼不再尊崇以任何方式命名的"神",在现代功能分化社会,法律和经济、政治、法律、宗教等一样,都是社会的子系统,都拥有自己递归封闭的沟通操作,谁也不是谁的主宰,只有自己主宰自己。

法律与人的关系如何?在人与社会的关系问题上,卢曼不同于始终希望在冷酷的社会秩序(系统)中找回人的"自由"和"意义"的韦伯,卢曼认为无论是"全社会"还是社会中的法律系统,都是自我生产

---

① Niklas Luhmann, *Law as a Social System*, translated by Klaus A. Ziegert, edited by Fatima Kastner, with an introduction by Richard Nobles and David Schiff, Oxford, New York: Oxford University Press, 2004, Chapter 10th: "Structural Couplings".

的“无人”之境，人有人自己的内在世界，人是社会的环境，社会也是人的环境。所以，与德沃金呼唤海格力斯式的万能法官不同，卢曼不会把法律的演化寄托在马歇尔这样的美国式的司法英雄身上，即使是功勋卓著的沃伦法院，可能在卢曼看来也并不是“坐落在华盛顿的上帝”，卢曼不会把法律演化的力量归结为个人或者机构，卢曼的镜头拉得很长，他看到的是社会的结构——当然是皮亚杰变动不居式的结构，也是哈耶克盲目演化式的结构。所以，卢曼也不会像韦伯那样陷入人的“自由”和“意义”丧失的悲观主义，人有人的意义，社会（法律）有社会（法律）的意义，[①]卢曼关于人和社会（法律）的关系，似乎接近涂尔干的客观社会学，虽然他不同意涂尔干关于社会对规范性共识的推崇——卢曼的法社会学亮出的底牌也不是乐观主义。

卢曼在人与社会（法律）的关系问题上的看法，可以转换为老子式的表达：“社会（法律）不仁，以百姓为刍狗”，法律不是为了人的福利而存在，法律只为自己而存在。法律是在社会沟通层次上的系统涌现，人不再是法律系统的要素，甚至韦伯和帕森斯的“行动”也不是法律系统的要素，[②]因为“行动”概念还是指向了具有主观能动性的人，法律系统的要素只能是经过“合法/非法”编码化（coding）的“沟通”（communication）。卢曼并不是不关心人，而是认为人的问题和

---

① 卢曼关于“意义”的定义非常独特，也非常深刻，意义不再为人所独有，任何认知系统都拥有自己的“意义”，系统的意义与区划和形式有关，卢曼说：“意义可以定义为通过对其他操作的指示剩余而产生的媒介”，在下文讨论二阶观察时还将涉及意义问题。参见 Niklas Luhmann，*Risk*：*A Sociological Theory*，translated by Rhodes Barrett，New York：A. de Gruyter，c1993，p.17。

② 在卢曼的早期著作中，还能看到他把社会的单元理解为“行动”，只有从他完成 1984 年的标志性著作《社会（诸）系统》（*Social Systems*）以后，卢曼才自觉地成为把社会单元理解为“沟通”的社会自创生理论的阐述者，至此卢曼才真正走出了帕森斯的社会理论传统。

社会的问题应该分别归属心理学和社会学，所以他反对把社会问题还原为心理问题，他也当然以此反对法律现实主义的心理学还原，在此，卢曼的观点有些像涂尔干所说的那样：社会事实只能归结到社会事实，心理事实只能归结到心理事实。[①]但是，这里必须作出一个重大变更：卢曼所指的事实是"社会沟通"，而涂尔干所指的事实是直接从自然科学借用的具有经验可观察性的"给予物"。涂尔干的客观社会学没有为社会保留"意义"，而卢曼的社会沟通却必须是有意义的沟通，当然这个意义已经远非韦伯社会学中的作为人的行动者所体验的意义，而是社会自身通过区划(distinction)和形式(form)所产生的系统自我观察的意义。空无一人的社会，无人之境的法律系统，社会(或法律)只是从一个沟通到另一个沟通的连接并生产自身意义的系统，这就是卢曼的"法律"图像，难怪托依布纳要在耶鲁法学院的演讲中说卢曼的理论就是"酷"(cool)。[②]

所以，在现代社会中，法律从社会的其他子系统中分化出来，法律既不由其他社会子系统中的决定所决定，也不由个人的意志所决定，法律有了自己的成长逻辑。法律系统从现代社会中分化出来的观点，源起于韦伯，隆盛于帕森斯，卢曼社会理论虽然承袭了帕森斯的社会系统理论，但是，他摆脱了帕森斯社会学中的僵硬和基础主义的成分，他不再像帕森斯那样把法律子系统的演化看成是为了维护"社会整合"这个更高的价值目标。帕森斯的社会子系统始终把自己留在价值的积极一边，这是20世纪中期美国式的乐观社会学，卢曼

---

① 参见[法]E. 迪尔凯姆：《自杀论》，钟旭辉等译，浙江人民出版社1987年版。

② 参见Gunther Teubner, *Dealing with Paradoxes of Law: Derrida, Luhmann, Wietholter*, Teubner to Deliver Storrs Lectures, Yale Law School, October 09, 2003。

的社会系统(法律系统)却是偶在的系统,除了系统的盲目自我延续,没有什么目标可以成为系统进行持续沟通的高级使命,这是后形而上学时代的法社会学。

要真正进入卢曼法社会学的理论迷宫,必须要翻过许多术语的高峰,我认为,其中有几个术语是卢曼构造其宏大体系的深层逻辑,很多学者就是在这几个高峰前退却了,所以,或者只能停留在对卢曼理论的一知半解上,或者是在误读之后把自以为正确的批评之箭射向了错误的靶子。在这些相互关联成意义之网的晦涩术语中,“二阶观察”与“悖论”[①]又尤其是理解卢曼的概念重镇。

四、知识如何可能:建构主义的“二阶观察”[②]

卢曼曾经把自己的建构主义知识论与德里达的解构理论进行了类比,他在德里达“语音中心主义”的听觉隐喻和自己主张的“二阶观察操作”的视觉隐喻之间找到了联系,对于卢曼来说“观察”就是“解构”,和德里达解构理论中反逻各斯中心主义的“延异”概念一样,卢曼的“观察操作”借助“区划”(distinction)而不断指向差异。观察操

---

① 二阶观察与悖论是不可分离的两个概念,要深刻理解二阶观察,就必须理解卢曼关于悖论是“生产性”的含义,这对于理解卢曼的一般社会学和法社会学都是必备的前提工作。由于本章的篇幅限制,也由于本章希望把二阶观察分离出来讨论,所以关于悖论的生产性这个困难的题目只能留到本书第 5 章讨论。鉴于同样的理由,本章在后面将集中讨论社会系统和法律系统的封闭性的一面,而对系统的开放性没有展开讨论。卢曼说过,封闭和开放互为条件,要解决这个悖论,离开卢曼的关于悖论的前无古人的深刻见解是无法前行的,所以,社会和法律系统的开放性问题只能留到将来与悖论一起讨论。

② 理解卢曼的建构主义、二阶观察以及悖论,我认为最好的英文本是卢曼的 *Theories of Distinction*: *Redescribing the Descriptions of Modernity*, edited and introduced by William Rasch, translations by Joseph O'Neil et al., Stanford, Calif.: Stanford University Press, 2002。

作不是黑格尔辩证法意义上的正—反—合，黑格尔看到的社会发展只不过是精神通过异化又回到自身的同一性过程，黑格尔体系中区分出差异是为了最终返回自身而再次实现精神的自我同一，总之，黑格尔和他那个时代的所有思想家一样，更加关注“统一”；而德里达和卢曼更加关注差异，这其实也是基于对当代社会状况的深刻理解。在德里达的“延异”和卢曼的“区划”中，每一个差异只会指向下一个差异，永远不会折回自身，那是一条通向偶在性（congtingence）的不归路。卢曼把德里达关于文本阅读的体验变成了一个社会学的“观察”（observation）任务，“观察”对于卢曼关于社会演化的解释而言是十分关键的概念。①

正是通过一阶观察和二阶观察的差异，卢曼提供了理解“形式”（form）和“区划”（distinction）理论的方法。一阶观察是指初始区划的产生，“是对于那些没有被指示的东西相反的东西的指示”②。卢曼认为，在这种观察中，“区划/指示（indication）的区划还没有被主题化（thematized）。这种凝视仍然固定在对象上，观察者与其观察活动仍然不能观察”③。社会不能存在于这个观察水平上，然而，“伴随着二阶观察的发生……无论观察者与被观察者是否相同……观察指示出观察作为观察发生了”④。换句话说，我们只能通过观察事件和对象是

① Niklas Luhmann, *Theories of Distinction*: *Redescribing the Descriptions of Modernity*, Part Ⅱ, Chapter 4th: “Deconstruction as Second-Order Observation”. 在本章中，卢曼对德里达的解构理论与自己的二阶观察理论进行了比较性研究，是理解卢曼“二阶观察”的重要文献。

② Niklas Luhmann, *Art as a Social System*, translated by Eva M. Knodt, Stanford, Calif.: Stanford University Press, 2000, p.61.

③ Ibid.

④ Ibid.

“如何”(how)被观察的，才能看到意义是如何被赋予事件或对象的。

为了有助于理解卢曼的一阶观察和二阶观察，这里给出一个与海德格尔的“上手(Zuhanden)状态”和“在手(Vorhanden)状态”概念之间的类比[①](当然只是近似的类比)：当我使用一支放大镜来观察昆虫时，放大镜与我是物我两忘的“上手状态”关系，我与放大镜之间处于一种海德格尔所谓的“玄化”状态，此时，我只是使用(卢曼的术语是“操作”[operation])放大镜，而不可能欣赏(卢曼的术语是“观察”[observation])放大镜，这也是卢曼所说的“一阶观察”(first-order observation)阶段；但是当我从观察昆虫的状态中退出并欣赏放大镜时，我与放大镜之间形成了“在手状态”的关系，这就也就是卢曼所说的二阶观察(second-order observation)阶段。海氏批评了现代人的“在手状态”的工具理性，而希望返回充满诗意的人和世界的“上手状态”状态，但卢曼不同于海氏的是，他看到了，每当我们处于一种“上手状态”的一阶观察时，我们其实同时也处于“在手状态”的二阶观察，比如当我们用放大镜观察昆虫时，虽然我们与放大镜之间是“上手状态”的一阶观察关系，但是我们与昆虫之间却是“在手状态”的二阶观察的关系。所以，在卢曼的哲学思考中，韦伯的工具理性/价值理性的二元对立其实也不过是使用一个区划把世界一分为二的观察操作，如果退出这个区划，就可以看到这个区划中的二元对立的统一性，但是，这时我们又必须使用新的区划来“看”这个统一性，地平线始终在后退，卢曼借用了胡塞尔的“视域”(horizon)来表达这种二阶观察与地平线不断后退的关系。总之，没有区划，我们就什

① [德]海德格尔：《存在与时间》，陈嘉映、王庆节译，生活·读书·新知三联书店1987 年版，第 92—94 页。

么也看不见,但是,要看得见,有些东西就必须看不见。[①]

关于卢曼观察理论更为细致的讨论涉及"意义"问题,也就是涉及必须把事件和对象从赋予其意义的观察中区分出来的操作,这只能通过二阶观察来实施。作为二阶观察,"观察者遭遇了区划与指示的区划"[②]。因此,"二阶观察"观察"一阶观察"的观察,但是,不像一阶观察,二阶观察能够在被观察的东西(观察对象)与观察结果之间作出区分。观察者能够看到作为许多可能方法之一的观察结果,同时观察对象也可以被观察到。当然,这对一阶观察者却是不可能的,一阶观察者只能把被指示为观察结果的东西从未标示一面(unmarked side)或形式的黑暗面(black side of form)中区分出来。卢曼用指向"什么"(what)的操作和指向"怎样"(how)的操作来区分一阶观察和二阶观察:"二阶观察只是观察他者是怎样观察的,一旦'怎样'的问题被摆出来,一阶观察与二阶观察的特征性差异就显示出来。"[③]只有在二阶观察的水平上,一阶观察是一个观察的事实,才成为可观察的,这是发生"在这样的条件下",即"二阶观察者(此时作为一阶观察者)现在既不能观察到其自身的观察,也不能把其自身当成观察者"。[④]这就还需要一个三阶观察者来指出这一点,并得出结论,"所有这些观察的观察同时也运用于其自身"。[⑤]

---

① 关于卢曼对这个悖论性主题的深刻阐释,参见 Niklas Luhmann, *Theories of Distinction: Redescribing the Descriptions of Modernity*, edited and introduced by William Rasch, translations by Joseph O'Neil et al., Stanford, Calif.: Stanford University Press, 2002, Part Ⅱ, Chapter 2: "The Paradox of Observing Systems"。

② Niklas Luhmann, *Art as a Social System*, translated by Eva M. Knodt. Stanford, Calif.: Stanford University Press, 2000, p.61.

③ Ibid., p.414.

④ Ibid.

⑤ Ibid.

对卢曼来说，观察者不仅是指人的意识系统，也指社会系统。把社会看成是一个观察系统的观点，其重要性在于认识到任何一个理解社会的学科性、系统性的单一进路，都不能把社会世界简单处理为似乎就是一个对所研究和所分析对象的给予性事实的全集。研究的焦点必须是另一种方式，即转瞬即逝的事件是经过解释而成为“事实”的，其重要性和意义是被给予的。比如，对于一个总统受贿丑闻被曝光的新闻事件，既可以用法律系统中的合法/非法的区划去观察，也可以用政治系统中的执政/在野的区划去观察，还可以用经济系统中的有效率/无效率的区划去观察，甚至也可以用传媒系统中的有吸引力/没有吸引力的区划进行再次观察。不同的区划赋予了那个“事件”以不同的意义，而且，在各个系统的内部观察中，也不存在各个系统共同面对的那个所谓的“事件真相”，一旦要观察到什么，或者说要获得意义，就必须使用区划，而一旦使用区划，事件就只能是区划中的事件，总之，没有观察操作视野之外的“那个”事件。①

所以，在我们的常识中坚信不疑的你、我、他共同面对的“同一个”客观世界，其实根本就不存在，只有你用你的区划所看到的“那个”世界和我用我的区划所看到的“那个”世界，这就是卢曼的建构主义“二阶观察”对“知识如何可能”②（或者“意义如何可能”）的回答。

---

① 这绝不是后现代论者的老生常谈，关键是卢曼综合了斯宾塞-布朗（Spencer-Brown）的“形式”和“区划”理论、冯·福斯特（von. Forster）的“递归性”（recursion）和“二阶观察”理论以及贡塔（Gunther）的“超联结操作”（transjunctional operations），这使卢曼对知识论的理解超越了众多前辈，参见 Niklas Luhmann, *Theories of Distinction: Redescribing the Descriptions of Modernity*, edited and introduced by William Rasch, translations by Joseph O'Neil et al., Stanford, Calif.: Stanford University Press, 2002, p.99。至于这是否会导致相对主义，以及二阶观察知识论与新康德主义、马克思的意识形态解构、曼海姆的知识社会学的关系问题，卢曼在本书中给出了精彩的分析，参见该书第6章：“The Cognitive Program of Constructivism and the Reality That Remain Unknown”。

② Ibid., p.133.

随之，卢曼把这种知识论上的成就转变成了社会学上的突破，“社会如何可能”和“法律如何可能”的经典社会学问题也就再次返回到哲学知识论中。但是另一方面，哲学知识论又只能是社会沟通中的哲学知识论，卢曼已经看到，哲学不再是哲学家孤胆英雄式的个人探险，而是社会沟通的产物。如果说列奥·施特劳斯认为只有穿越政治我们才能到达哲学，①卢曼则会说：我们只有穿越社会才能到达哲学，同时，又只有通过建构主义知识论的哲学，我们才能描述关于社会和法律的图像，而这个循环又全部发生在社会沟通之中——包括施特劳斯的那些著名的政治哲学洞见也不过是在社会沟通中被“主题化”的一部分。

五、 社会如何可能

帕森斯认为，社会学的中心问题早已由霍布斯提炼出来，即“社会秩序如何可能”②，某种程度上，这个问题又可以转换为“社会是如何整合的”。卢曼并不轻易追捧学术传统中的提问方式，他认为，帕森斯避开“社会如何可能”的问题而直接进入“社会秩序如何可能”的问题，是把“社会”过早放入了括号中，这样做，虽然也抓住了社会学努力的方向，但是，秩序终究是社会沟通的结果，在秩序问题后面其

---

① ［美］列奥·施特劳斯：《自然权利与历史》，彭刚译，生活·读书·新知三联书店2003年版，参见甘阳为该书所作序言的开篇，甘阳引用古希腊喜剧作家阿里斯托芬的主题，并借施特劳斯之口说：“苏格拉底本人日后的一个深刻转变，是从少年式地鄙视政治和道德事务、鄙视人事和人，转向成熟地关心政治和道德事务，关心人事和人。”

② 参见［美］塔尔科特·帕森斯：《社会行动的结构》，张明德、夏遇南、彭刚译，译林出版社2003年版，第100—106页。

实还潜藏着一个未经反思的问题，即秩序已经假设了社会存在是个不证自明的前提。所以，对“社会秩序如何可能”的回答，还没有抵达社会学追问的最底层，卢曼推进了一步，把问题变为：“社会是如何可能的？”卢曼首先在建构主义知识论和一般系统论的水平上回答了这个问题，然后才开始了他的其他社会学追问（包括法社会学追问）。

在卢曼之前，西美尔（G. Simmel）也曾经提出过“社会如何可能”的问题。卢曼认为，西美尔虽然提出了“社会如何可能”这个正确的问题，却没有给出正确的答案。西美尔认为，人是组成社会的元素，这些孤立的个人具有一种通过意识组建社会统一性的天赋，社会由此成为可能。在卢曼看来，西美尔考虑的是个人如何进入社会的问题，他对“社会”概念的理解并没有对传统社会理论有实质性的超越。[①]卢曼通过把社会转变成二阶观察的系统，把人放到了社会的环境中——人不再是社会的一部分，这是一个骇人听闻的结论，但这个结论却建立在坚实的哲学知识论基础之上，卢曼由此在社会学领域实践了胡塞尔“面向事实本身”的现象学宗旨。[②]

那么什么是卢曼所指向的“社会”本身呢？

卢曼把社会定义为“由意义沟通（只有沟通并且是所有的沟通）构成的社会系统”[③]。因此，社会由所有正在进行着“意义”沟通的整

---

① 关于卢曼对“社会如何可能”问题的历史梳理，此处部分参考了汤志杰：《Nikalas Luhmann 的系统理论及其对法律的社会学分析》一文，台湾大学社会学研究所硕士论文，1992 年，第 1—6 页。

② 关于卢曼与胡塞尔现象学的关系，已有诸多论述，卢曼本人对此的论述参见 Niklas Luhmann, *Theories of Distinction: Redescribing the Descriptions of Modernity*, edited and introduced by William Rasch, translations by Joseph O'Neil et al., Stanford, Calif.: Stanford University Press, 2002, Part Ⅰ: Husserl, Science, Modernity。

③ Niklas Luhmann, "The World Society as a Social System", *International Journal of General System*, Vol.8(8), 1982, p.128.

体构成，没有沟通可以在社会之外（和时间之外），所以社会不能与其环境沟通，正如卢曼认为的那样："在系统外，系统不能发现任何能够与其沟通的事物。"①对于社会来说，被认为有意义的沟通是能被政治、法律、科学、宗教、教育、艺术等社会子系统识别的沟通。社会是那些能由其一个或多个子系统识别为沟通的内容所构成："包括了所有沟通的完全(encompassing)社会系统，再生产了所有沟通，并为其他沟通建构了意义域。"②人和组织（或由人构成的机构）之间的相互作用可能在自我指涉的方式上运用沟通，但是，这些沟通不能自动变成社会的一部分。只有这些相互作用被一个或更多社会子系统识别为有意义的内容时，它们才变为社会的一部分。

意识不能沟通，因此不属于社会。人们可以陈述在意识中的思想，如果这些陈述能够被社会子系统识别为意义，它们就变成了社会的一部分。意识和社会相互把对方当成是环境，二者的操作假定了相互之间的存在，但是二者仍然由于不能进行沟通而相互分离并区别开来，在这个意义上，卢曼认为意识和社会存在着"结构耦合"。

作为深刻理解了卢曼的社会自创生(autopoietic)理论的德国法社会学家，托依布纳批评了自创生理论大师马图拉纳(Humberto Maturana)和海吉尔(Peter Hejl)，托依布纳认为，他们把人作为社会的构成单位并把社会构想为"连接人的系统"，他们由此陷入了一个传统社会理论的"范畴错误"：即认为"一个社会系统的一个构成性特征是它的组成部分为活的生命"。他们认为"社会"这个更高级的自

---

① Niklas Luhmann, "The World Society as a Social System", *International Journal of General System*, Vol.8(8), 1982, p.136.

② Ibid., p.131.

创生系统必然是由人这个生物、认知初级系统构成，这会导致托依布纳指责为臭名昭著的“实体化”。[①]托依布纳认为，正是卢曼的贡献突破了阻碍把来自生物学的自创生理论运用于“社会如何可能”这个问题的屏障：[②]

> 卢曼提出了一个打开这个僵局的方法：较高自创生系统能够以这种方式形成，即提供了他们的要素的自然发生的整体是被构成的。就社会而论，这些自然发生的整体是沟通（不是人类或认知系统）。所以，社会不是一个生物系统，而是一个意义系统，这就将自创生运用到社会科学的第二条道路：把社会系统描述成为它们自己的自然发生的自创生系统。[③]（重点号为引者所加）

为了理解卢曼关于“社会如何可能”的构想，弄清两个问题是必

① ［德］托依布纳：《法律：一个自创生系统》，张骐译，北京大学出版社 2004 年版，第 42 页。

② 应当注意，哈耶克的自生自发的秩序的理论与卢曼的法律自创生理论是不同的，托依布纳在肯定了哈耶克的理论努力的同时，也批评了哈耶克的理论方案的局促。同上书，第 69 页。

③ 同上书。应该说，托依布纳在该书给出了一个针对卢曼法社会学理论的通俗介绍，同时他也试图改进卢曼的自创生理论，并把自创生理论运用到像公司法律实务之中。但我认为，真正要理解卢曼法律社会理论的精髓，还是需要阅读卢曼本人的著作。托依布纳简化了卢曼很多繁复的论证，而这些繁复论证是进入卢曼理论世界必不可少的步骤。还有，托依布纳和卢曼关注的问题其实有很大不同，比如卢曼更关注像法律论证、以法庭为中心、法律正义的偶在性、法律与政治、法律与经济、法律与风险社会、法律与时间社会学等这些能够厘清法律在社会中的功能和结构的问题，对于托依布纳这样的专业法律人来说，则更加关注法律自创生系统理论在部门法中能否经得起检验的问题，这是学科分工不同所造成的学术视野不同。当然，托依布纳对卢曼的法律自创生理论也有重要的推进和纠正，特别是在法律自治的程度问题和通过反身法的法律调整问题上，托依布纳对卢曼的补充是非常重要和正确的。（参见该书第 3 章和第 5 章，那是托依布纳匠心独运的成果。）

要的：1.构成社会的基本单位是沟通，社会是由沟通通过不断自我指涉(ongoing self-reference)的操作而自我创生的；2.构成社会的基本单位不再是人，人是社会的环境。

沟通(communication)这个术语，对于卢曼构筑其理论体系来说意义重大，而且卢曼赋予了沟通非常特定的含义。①卢曼把个人之间的信息交换定义为互动，而不是沟通。沟通是限制在社会系统中的产物。在最简洁的表述上，沟通就是信息、传达和理解的综合。②通过沟通，信息以可以理解的方式被传送，包括口头与非口头沟通。姿势和行动都是沟通的类型，只要它们能够被理解。卢曼把社会理解为一个通过持续生产沟通的认知系统，③每一个沟通就是一次使用区划的观察操作，每一次操作就是把系统与环境区分开来的区划，一旦作出了社会系统/环境这样的第一个区划，社会系统就变成了被标示的一边(marked side)，而环境却变成了未标示的一边(unmarked side)，关于社会的沟通就永远只能限制在社会系统被标示的这一边

---

① 哈贝马斯使用了同一个词语 communication(国内学者翻译为"交往")来作为建构其理论大厦的基石，但是与卢曼的"沟通"含义非常不同，甚至可以说两个概念是相互对峙，沟通的基础不再是共识，而是差异。

② Niklas Luhmann, *A Sociological Theory of Law*, translated by Elizabeth King and Martin Albrow, edited by Martin Albrow, Beijing: China Social Sciences Publishing House, 1999, c1985, p.86.

③ 哈贝马斯批评卢曼用系统代替了哲学史上的主体，这种类比确实敏锐地看到了卢曼社会系统理论与知识论之间的关系，但是，卢曼的系统已经不再是拥有康德式的先验认知结构的主体，而更像皮亚杰所理解的变动不居的结构，是赫拉克利特意义上的"活火"——但并不永恒燃烧，而且，系统也没有迈向"进步"的固定导航线，因为系统充满了前途未卜的偶在性。参见[德]哈贝马斯：《现代性的哲学话语》，曹卫东译，译林出版社 2004 年版，第 12 章附记："论卢曼的系统理论对主体哲学遗产的接受"；[瑞士]皮亚杰：《结构主义》，倪连生、王琳译，商务印书馆 1989 年版，第六章："结构在社会研究中的利用"，在该章中，皮亚杰不仅批评了列维-斯特劳斯人类学结构主义中的那种缺乏变化的"深层结构"，而且也批评了凯尔森的"基本规范"的僵化性，可以看出，皮亚杰的结构主义与卢曼的自创生理论存在类似的视角。

之中进行连续操作。社会只能看到社会能够看到的东西，即使是“生态问题”这样似乎存在于环境中的纯粹社会外部的问题，其实也是经过了系统/环境的区划后在社会内部对社会之外的生物、自然世界的二阶观察。生态问题是社会自己生产的问题，离开了社会，本来就没有什么“问题”。①对于卢曼来说，社会也是一个观察者（observer），也是在从事系统认知，而所有的认知系统都无法摆脱这个悖论（paradox）：“只有无知系统才能知道，或者，我们能够看到只是因为我们看不到。”②社会看不到哲学本体论意义上的社会之外的实在，社会也看不到人的意识，社会只能看到社会能够看到的，“只有封闭系统才能认知”③。社会沟通只能指向社会沟通自身，卢曼把这称为“自我指涉”（self-reference）。

正因为社会系统是封闭的，卢曼才把人看成是处于系统的环境之中。人的意识系统也是一个自我指涉的封闭系统，而且也把社会系统当成自己的环境。卢曼认为，社会关系的核心形式不是个人和社会的关系，而是社会系统与其环境的关系，卢曼坚决排斥把个人、人的行动或人的信念作为其社会学理论的焦点，这招致了来自各个方面的批评。但是，卢曼并不是任何道德意义上的反人文主义者，也

---

① 参见卢曼：《生态沟通：现代社会能应付生态危害吗？》，汤志杰、鲁贵显译，巨流图书公司 1997 年版。英文本参见 Niklas Luhmann, *Ecological Communication*, translated by John Bednarz, J., Chicago: University of Chicago Press, 1989。关于环境伦理的激烈讨论已经进入了环境立法的视野，那种旨在打破以人为中心的提议是有道理的，但是，重新回到自然崇拜，或者像大卫·格里芬（David R. Griffin）和小约翰·科布（John B. Cobb, Jr.）那些建构性后现代主义者所倡导的通过离开祛魅的世界而重新“返魅”的神秘主义主张，其实是没有看到一切关于生态问题的讨论都是社会内部的沟通。

② Niklas Luhmann, *Theories of Distinction: Redescribing the Descriptions of Modernity*, edited and introduced by William Rasch, translations by Joseph O'Neil et al., Stanford, Calif.: Stanford University Press, 2002, p.132.

③ Ibid.

不是一种理论变态使其背对整个人类，倒不如说他是排斥那种把社会化约为个人的集合的社会实体论。对卢曼来说，这些个人的意识不能直接被社会观察，社会学应该关注可观察的事物：人的思想不能被社会沟通观察，但是社会沟通则可以观察社会沟通。

卢曼拒绝把个人作为社会分析的单位另一个原因在于，卢曼持有社会演化的历史解释观。卢曼反思了那些把个人放在宇宙图像中心的哲学传统或把人放在社会图像中心的社会学传统，并且批评了西方思想史中运用于社会理论上的一些智力成果，例如，人文主义、自由主义、保守主义以及社会主义等。卢曼认为，那些智力成果是传统社会理解其自身的方法，这些理论曾经被接受为对社会完全充足的说明，但是在今天，只能对现代社会的复杂性提供局部的、不完整的和有限的解释。"在分层社会中，"卢曼写道，"人类个体常常只是被置入一个社会系统。社会身份是个人人格最稳定的特征。"①然而，这对现代社会来说不再可能，卢曼把现代社会看成是分化成许多功能子系统，这些子系统给某人的社会立场、身份和角色提供了坚实的定义。"无人可以生活在单一的功能子系统中"，但是，卢曼又说："如果个人不能生活在'他的'社会系统中，那么他还能生活在别的什么地方呢?"②卢曼的答案是，把个人看成是一个社会的观察者，而不是一个社会中的存在。"个人远离世界是为了看清世界。个人不属于任何特殊社会系统，而是依赖于系统间的相互依存(interdependence)。"③因此，个人意识清楚地观察社会，并依赖于社会，但是，在卢

---

① Niklas Luhmann, "Globalization or World Society?: How to Conceive of Modern Society", *International Review of Sociology*, March 1997, Vol.7 Issue 1, p.69.

② Ibid.

③ Ibid.

曼的理论方案中，个人意识不是社会的一部分。人和社会总是分离的，虽然相互依赖，并发生“结构耦合”。卢曼并不是说要否定个人的重要性，也不是拒绝应当关注人的主张，而是为了对沟通和意识进行刻意分离，以及对二者作为“意义自治世界”进行棱角分明的建构。

一些学者对卢曼无人之境的“社会”图像进行了严厉批评，比如学者波达克(Klaus Podak)就质疑道：“没有主体，没有理性?”再比如学者弗兰肯伯格(Günter Frankenberg)认为：这个图像如同后现代一样，[①]是一颗消灭主体的同时使得所有其他东西原封不动的中子弹。托依布纳对这些质疑给予了很有力度的回应：他们“没有注意到那是在恢复个人的自治”，“尽管有个人的解构的谣传，但‘自觉的自创生’确实是一个想重新系统提出个人自觉以及他按照系统理论的方法进行自我反映的能力的激进企图”，“自创生因此为个人注入新的生命”。[②]其实，某种程度可以说，卢曼在自己的自创生理论中“解放”了人(不是法兰克福学派的那种意义上的“解放”，因为他们理解的“自由”与卢曼不同)，至少他看到，在功能分化的现代社会，人不再

---

① 不管是在西方的某些学者眼中，还是在国内关于卢曼的介绍性文章中，都把卢曼定位为后现代主义思想家。关于卢曼是否是一个后现代主义者的争论，至少卢曼本人是反对这样的标签的。在一篇难得一见的卢曼专访中，卢曼指明了后现代主义的不足，比如，他认为现代/后现代的时代划分，也仅仅是一个运用了强调历史差异的“区划”而对现代社会进行的自我描述。卢曼还指出了后现代主义所忽略的视角，即从 18 世纪以来，社会的主要特征是功能分化，而且至今仍然在延续，只是功能分化的程度还在继续深化，其间并没有现代与后现代的明显断裂。参见 Niklas Luhmann: *Observations on Modernity*, translated by William Whobrey, Stanford, CA: Stanford University Press, 1998, pp.195—197。另外，可以看到，虽然卢曼的哲学思想与后现代主义有着千丝万缕的联系，但是，他构筑社会理论“宏大体系”的野心至少还是使他在表面上与反对宏大叙事的后现代主义拉开了距离。

② [德]托依布纳：《法律：一个自创生系统》，张骐译，北京大学出版社 2004 年版，第 55—56 页。

是福柯的权力操作机制下的被规训者——当然，后期福柯也通过发展“自我技术”概念看到了人可能获取的自由之路，这一点又与卢曼有所趋同。①

卢曼认为，社会也必须是“世界社会”(world society)，这就意味着所有可被识别为社会沟通(或可如此传递的)东西，其边界和限制都是由社会来生产的。然而，不同沟通子系统的组织形式将提供不同的世界是什么的图式，因此，“世界社会”将随着历史和文化的不同而发生变化。②例如，如果沟通子系统在封建社会中是根据阶层或地位的层级结构而组织起来，并且这个层级结构反映了人类命中注定的秩序这一信念又强化了这一结构，那么，在封建社会中的“世界”肯定不同于现代社会中的“世界”，现代社会是以与封建社会不同的方式组织起来的。社会的环境也不相同，因为，自然和意识都是在不同的方式上被理解。以相对简单的方式而组织起来的沟通的社会，例如，处于从前印度尼西亚巴厘岛上的某个完全孤立的部落，即使在这样的部落中，部落的社会也是一个“世界社会”，这个部落不会知道和理解在其知识边界之外的任何东西，这个部落的环境是由其能理解的“自然”和“意识”限定的。

今天的世界社会已经是全球社会，卢曼认为，全球“社会”不再是被政治单位、国土边界或经济实体所分割的社会，社会已经连成了一个整体，全球社会分化成了各个遍及全球的子系统，包括经济、教育、传媒、政治等系统都是全球性的分化系统，法律也是这样的全球性子

---

① [法]福柯:《性经验史》，佘碧平译，上海人民出版社 2002 年版，第二卷“快感的享用”，第三卷“关注自我”。

② Niklas Luhmann, “Globalization or World Society?: How to Conceive of Modern society”, *International Review of Sociology*, March 1997, Vol.7 Issue 1, p.67.

系统，看看今天的知识产权法已经成为真正的国际法，就知道卢曼关于现代“世界社会”是全球性功能分化社会的判断是多么准确地刻画了这个时代的特征。

总之，社会不能与（with）环境沟通，而只能是关于（about）环境的沟通。每个环境中的事件的意义依赖于社会赋予该事件的意义，这是一个卢曼式的循环，这个循环又依赖于社会在特定时刻组织其沟通的方式，卢曼认为，这是可以加以经验性观察和区别的。这种理解社会的方式的一个具体结果是，“不再可能通过其最重要的部分，比如宗教承诺、政治状态或经济生产的确定模式等，来界定一个社会的特征”①。反而是，卢曼通过内在分化的主要模式来定义一种社会类型，这就意味着一个系统建构其子系统的方式。②所以，卢曼回答了“社会如何可能”之后，“法律如何可能”的问题也就找到了一条社会学的解决之路，法律正是功能分化社会中的一个子系统。

六、 法律如何可能

在“法律是什么（what）”的本质主义提问方式被卢曼转变为“法律如何（how）可能”的建构主义二阶观察的提问方式以后，卢曼的追问可以进一步细化为“谁在观察法律”和“如何观察法律”的问题。

对于一些学者把法社会学处理成法律“角色”和法律“职业”的这类经验社会学解题路向，卢曼看到，在这些法社会学家的“法律系统”

---

① Niklas Luhmann, “The World Society as a Social System”, *International Journal of General System*, Vol.8(8), 1982, p.132.

② Ibid.

概念中，不仅涉及法庭和议会的实践，而且还把接受委托立法的行政机构或与法庭衔接的民间机构的实践纳入其中。虽然卢曼对这种“法庭和律师”的社会学路向充满了同情性理解，而且肯定了这个问题解决路向所带来的启发，但是，他认为，这会导致“只有在法律系统中操作的法律人才是首要的”，接着他批评了这种路向中存在的隐患：“如果通过作为系统成员的人，或至少是某种‘角色—行动者’的人的系统概念来进行思考，困难就出现了。”[①]如果系统的元素是人，法律系统就不可能是自创生的，自创生的一个重要含义就是系统自己生产自己的元素、结构、编码纲要和边界等等，但是，人是不可能满足自创生系统对系统元素的“瞬间崩溃又瞬间生成”要求的，只有“法律沟通”才能够满足这种作为法律系统基本单位所要求的条件。

根据与此相似的理由，卢曼也批评了韦伯希望用法律“行动”来填充法律系统元素的构想，他说：“法社会学常常局限于社会行动或行为的模糊观念，并通过行动中的‘意向性意义’和行动者的意向与观念的假设，对那些特殊的法律性内容给予补偿。这是不充分的。”[②]卢曼把个人的意向性心理活动排斥在法律系统之外，他说：“心理系统观察法律，但是并不生产它，否则法律就会被深锁在黑格尔所谓的‘思想最黑暗的意识’。”[③]韦伯的法律学说是在人(persons)的假设，而不是操作的假设上推进的。因此，在韦伯的法律系统中，系统自治是通过法官独立而维持的，也可能是通过律师独立而维持

① Niklas Luhmann, *Law as a Social System*, translated by Klaus A. Ziegert, edited by Fatima Kastner, with an introduction by Richard Nobles and David Schiff, Oxford, New York: Oxford University Press, 2004, p.98.

② Ibid., p.83.

③ Ibid., p.84.

的，独立被定义为外部压力的缺席，如果不是通过超验手段，至少也是通过任期以及不被任何来自他们自身组织之外的规则（introduction）所约束，这些外部压力可以被法官个人的意志，或者道德教养，或者法律共同体意识，或者成本/受益比较等等抵御。但是，卢曼认为，这就有把法律系统的沟通化约为人的意识内部的思想操作的危险（虽然韦伯本人也反对这种化约论），而根据卢曼二阶观察知识论，人和法律是不可通约的邻接系统。

面对“法律是什么”的问题，波斯纳说：“法律是什么？斗胆说来，这个问题实际上没意义”①，波斯纳对这个问题的理解在某种程度上是正确的，而且，我们可以注意到，哈特在其《法律的概念》一书中，也避免给法律下一个“硬”的定义。似乎学界对此已经形成一个共识，这是当代法学理论在接受了维特根斯坦语言哲学后对本质主义定义方式的集体拒绝。但是，这只是事物的一个维度，事物的另一个维度是，波斯纳对法律定义的排斥还必须联系到他对“法律作为自主学科的式微”所作的论断，②如果这只是他针对传统法律教义学的批评，那么他无疑是正确的，但是，法律的式微对于波斯纳来说，还意味着霍姆斯的那句名言：“对于法律的理性研究在今天可能属于和白纸黑字打交道的人，但是未来它却会属于统计学家和经济学家。”③因此，

---

① 参见[美]波斯纳：《法理学问题》，苏力译，中国政法大学出版社2002年版，第七章：“法律是什么？为什么要问这个问题？”

② 同上书，第14章“新传统主义”中的第一节“法律作为自主学科的式微”。

③ 同上书。另参见霍姆斯原文 Oliver Wendell Holmes, Jr., “The Path of the Law”, *Harvard Law Review*, 1987(10), p.457。可以说，法律领域会吸收越来越多的经济学成就，但是，那必然只能像卢曼所看到的那样，无论何种经济学知识要进入法律的门槛，都必须经过法律自身对经济学的运算的“运算”。所以，法律人根本就不用担心在霍姆斯所预言的那个“未来”会被经济专家抢光了饭碗。无论在立法问题还是司法问题（转下页）

法律在波斯纳看来，就只能是他所引证的那句卡多佐的名言："法律的最终起因是社会的福利。"[①]哈特看到的则是，法律是什么的问题只能由法律自身来定义，即通过"次级规则"来定义"初级规则"，对于哈特，法律不可能到法律之外去找"第一推动"，法律是在法律内部生产"规则"的循环。哈特似乎比波斯纳少看到了一些东西——没有看到法律规则之外的广阔社会，但这样的批评是不公正的，哈特其实是非常透彻地看到了法律与社会的关系，不过是以不同于波斯纳的方式去理解这个关系；而如果我们说波斯纳没有看到哈特所看到的法律自身，那却并没有误解波斯纳的原意。

(接上页)上，纯粹的经济专家都离不开法律专家所拥有的与法律这个社会子系统相关的独特知识，在功能分化的社会中，那种对"应然"和"规范"的知识绝对不可能被其他社会子系统的知识所通约掉。

① 参见[美]波斯纳：《超越法律》，苏力译，中国政法大学出版社 2001 年版，第 448 页。卡多佐的这句话也曾被庞德发扬光大为一个时代的主旋律。仔细阅读《超越法律》的引论部分"实用主义、经济学、自由主义"和第五编"哲学视角与经济学视角"，可以发现，波斯纳所理解的运用法律工具的目标正是庞德曾经极力鼓吹的"社会利益"，而这也是另一种曾经由施塔姆勒(Rudof Stammler)倡导并被韦伯批评过的"内容可变的自然法"。波斯纳和庞德一样偏爱建基于功利主义伦理观之上的法律工具主义，这里的功利主义确实与边沁唯理主义的功利主义不同，因为其中并没有一个可以依凭的计算最终的"善"的绝对参照系，而是指法律人应当实用主义地相机行事。虽然波斯纳本人深刻地批评了各种样式的形式主义法学，但他仍然在自己的法律经济学上套上了一个形式的硬壳——即在进行法律分析时必然要套上科斯意义上的交易成本分析(波斯纳自己已经谈到科斯本人对经济学适用范围的谨慎反思，但是他实质上是忽略了科斯的忠告。参见《超越法律》第 20 章"罗纳德·科斯和方法论"，在该章中，波斯纳用十分生动的笔触再现了科斯对把经济学运用于法律的冷漠和反感，我认为，当科斯说"经济学扩展到其他领域就标志着放弃了经济学"时，科斯对学科自律是非常清醒的)。可以说，后期波斯纳虽然极力用新实用主义哲学和自由主义政治哲学软化其前期的法律经济学的基础主义硬核，而且他对实用主义的理解和对经济学的理解确实也很有见地，但是，彻底的实用主义(比如像罗蒂那样的新实用主义)与经济学还是无法兼容的。波斯纳融合实用主义、经济学和自由主义的努力，实际上指向的还是"社会利益"，他最终还是像庞德那样信奉的是"社会神"。参见罗斯科·庞德：《法律史解释》，邓正来译，中国法制出版社 2002 年版，导读部分，邓正来在此对庞德创造"社会"这个时代新神的批评是中肯的。

波斯纳批评传统法律教义学的思路是正确的，但是他不应该抛弃掉在人类法律生活中演化了数千年的“应然”视角。哈特已经清楚意识到法律中的“应然”其实正是社会“事实”的一部分，在哈特的理论中，法律具有自己内在的封闭结构，这个封闭结构正是一种使法律区别于科学、道德、经济、政治等并使法律自身获得独立地位的另一种社会结构。但是，卢曼在哈特理论构想中发现的问题是，在哈特把法律聚焦在“规则”之上后，他就陷入了用规则结构替换社会结构的误区。在卢曼看来，规则不能生产规则，而且规则也还处于社会之外，在社会学中，只有“使用规则的沟通”才能生产另一个“使用规则的沟通”，卢曼批评了用规则构造系统的哈特学说：

> 一个操作性进路不能把法律系统的统一性构想为单个文本的统一性或文本总体的一致性关联，而只能构想为一个特殊的社会系统。①

> 我们不像一些把系统理解为协调规则的语境的法律人那样使用“系统”(system)。通过“系统”，我们意指事实上创制法律的操作(重点号为引者所加)的语境，因为它们是社会性操作，所以必须沟通，无论以什么定义它们——另外，必须作为法律沟通而沟通，现代法律已经把自身描述为实证法沟通。不过，这意味着，基本区划不是奠基于规范或价值的类型学，而是奠基于系统

① Niklas Luhmann, *Law as a Social System*, translated by Klaus A. Ziegert, edited by Fatima Kastner, with an introduction by Richard Nobles and David Schiff, Oxford, New York: Oxford University Press, 2004, pp.88—89.

与环境的区划。①

在指出了哈特希望通过规则构造法律系统的统一性并进行法律系统的自我组织的理论不足以后，卢曼应用二阶观察理论阐述了自己的关于法律如何可能的思想：

> 相反，如果想要追随近来系统论已经阐释过的思路，就必须从结构转向操作。因此，基本的问题是操作如何产生了系统与环境的区划，以及——因为这要求递归性(rescursivity)——**操作**如何识别哪些**操作**属于系统，哪些不属于系统。对于高度选择性的操作交织(interlacing)，结构是必要的，但是，法律统一性不是被任何稳定的终极理想所给予的，而是被生产和再生产特殊法律意义的操作所排他地给予的。另外，我们假设那些操作必须总是法律系统自身的操作(可以从外部被观察)。这只能意味着操作封闭的论题。通过吸收知识论的术语，也可以说成是"操作性建构论"(operative constructivism)。②

注意，卢曼强调了沟通本身作为"操作"的动态性和生命力，哈特的规则本身没有这种内在的动力学(所以规则自身是不能自组织的)，这里，卢曼把潜藏在哈特规则概念中的"应然性"真正变成了一

① Niklas Luhmann, *Law as a Social System*, translated by Klaus A. Ziegert, edited by Fatima Kastner, with an introduction by Richard Nobles and David Schiff, Oxford, New York: Oxford University Press, 2004, p.77.

② Ibid., p.78.

种具有自我生产能力的社会结构——法律正是这样一种社会结构。这种应然性不再是指向某种法律之外的规范价值(无论是道德、利益、审美还是政策),而是指向通过合法/非法编码再生产法律决定(无论是立法、司法还是订立私人契约的法律决定)的操作性沟通结构,这种操作性沟通结构是一种动态的、随机的,但又受到系统自身历史限制的任务流程。在卢曼的二阶观察的建构主义知识论中,操作只能是封闭操作,卢曼认为,建构主义知识论对于自创生理论具有重要作用,“这种理论进步来自这样的洞察,即,只有通过操作封闭——常常被表述为‘从噪声到秩序’的一个条件,内部复杂性的加速增长才是可能的”①。现代社会的法律就是这样的一个“从噪声到秩序”的复杂性迅速增长的封闭系统。

卢曼认为,法律系统这个表达“应然”的社会结构,是通过对合法/非法编码的不断使用而形成的一个封闭系统。对于所有系统来说,操作封闭是一种共性,在不同系统的操作封闭中,系统分化表现出不同的形式,这是由于系统各自具有不同的编码和功能。法律系统特有的编码和功能可以被描述为规范性的封闭操作形式。卢曼关于法律的功能的界定是“在面临失望时如何维持规范性的期望”②。

---

① Niklas Luhmann, *Law as a Social System*, translated by Klaus A. Ziegert, edited by Fatima Kastner, with an introduction by Richard Nobles and David Schiff, Oxford, New York: Oxford University Press, 2004, p.80.

② 卢曼关于法律功能的相关论述包含了很多超越传统理论的深刻见解。参见早期卢曼法社会学代表作 *A Sociological Theory of Law*, translated by Elizabeth King and Martin Albrow, edited by Martin Albrow, China Social Sciences Publishing House, 1999, c1985, chapter 2 中关于法律功能与“稳定社会普遍化规范期望”的讨论。同时参见后期卢曼法社会学代表作 *Law as a Social System*, translated by Klaus A. Ziegert, edited by Fatima Kastner et al., with an introduction by Richard Nobles and David Schiff, Oxford, New York: Oxford University Press, 2004. chapter 3: The Function of Law。另参见 Ralf Michaels, “The Functional Method of Comparative Law”, in *The Oxford Handbook* (转下页)

如果一个期望仍然被看着是一个期望，关于“什么应当发生的”法律沟通就还是具有意义的，尽管应该发生的事情并不总是一定发生（所以卢曼称规范是反事实性期望）。当然，法律并不是唯一与“什么应当发生”相关联的沟通，道德和宗教也包含了类似的沟通，所以不能仅仅从功能上来看待法律系统的分化。通过引入二元编码：合法/不合法，法律才使存在于环境中的事件编码化，这个二元编码是独一无二的，只有法律系统才拥有它，法律正是在这种对事件的编码化过程中实现其功能的，法律系统中的所有沟通都必然会关联到这个合法/不合法的区划。正是通过功能和编码的结合，法律系统的沟通才能够持续进行下去，通过运用合法/不合法的二元编码，法律系统使其自身分化出来，也就是法律系统以此来维持其操作的边界。

要理解“应然”怎样变成了一种社会结构，除了理解法律沟通必须运用合法/非法的编码(code)来形成封闭的内部沟通关联以外，还要看到，如果只有这个编码的话，法律就只能进行同义反复的空转，为了把社会其他系统的刺激作为信息引入法律系统内部，还需要“如果……那么……”(if ... then ...)的条件纲要(conditional program)，这样才能完成系统操作封闭的同时，保持对环境的偶在的认知开放。法律自创生系统中，法律的功能是实现社会期望的普泛化结构，但是在早期社会中，由于功能尚未分化，这个使社会期望结构普泛化的功

（接上页） *of Comparative Law*, edited by Reimann, Mathias and Zimmermann, Reinhard, Oxford University Press, 2005，在该文中，作者对于功能主义的知识谱系进行了较为细致地梳理，同时揭示了卢曼在功能问题上的独到见解可能给比较法学研究带来的重要启发价值。

能弥散在仪式、语言、习惯、信仰等等社会沟通形式中，只有在功能分化的现代社会，社会期望结构普泛化的功能才集于“如果……那么……”的条件纲要。

在现代社会，制作任何法律决定时，都离不开事先存在的从法律自身系统历史中凝结下来的关于“如果……那么……”的法律决定之网——这张网就是法律结构，并且，这张法律决定之网随着新的法律决定的诞生而被不断刷新，就像一个生物的生命延续是依赖活细胞的不断自我更新一样，不变的是遗传密码，但是通过密码被翻译到生物体内的物质又组织成新的结构，新的结构再生成更新的结构，不然就没有生命的盛衰周期的演化（当然，卢曼非常清楚在社会学上利用生物性隐喻的局限性）。

“如果……那么……”这个对于法律人来说见惯不惊的公式，在卢曼的揭示下暴露了深藏的玄机。比如说在中国古代的“奸宄杀人，历人宥”（参见《尚书·梓材》）[①]、古代西方的迪奥单[②]和现代侵权法中的严格责任中，把引起一个损害事件的责任归因到一个物或一个人的力量，只能是来自法律内部指向“应然”的结构性力量。在“归因”问题上，根据自然科学、根据宗教、根据社会福利、根据政治意识形态等，分别可以得到完全不同的“责任者（物）”。一个穷人从一个富人的花园经过，被富人的狗咬，如果我们是崇拜某个人格神的宗教信徒，我们可以归因说，这个穷人违背了神的意志而遭到天谴；如果我们是简单化的马克思主义者，我们会把原因归结为阶级分化；如果

---

① 转引自朱苏力：《法律与科技问题的法理学重构》，载《中国社会科学》1999 年第 5 期。

② ［美］波斯纳：《法理学问题》，苏力译，中国政法大学出版社 2002 年版，参见作者在该书绪论“法律的诞生和法理学的兴起”中对霍姆斯关于“迪奥单”解释的讨论。

我们是用科学眼光观察事件的旁观者，我们会把这个人被狗咬的事件归因为一种力学过程或者归因为一堆基本粒子形成的结构与另一堆基本粒子形成的结构之间的相互作用；如果我们是经济学家，我们会通过我们自己拟定的社会效用函数来计算是把责任归因于穷人还是归因于富人才会达致帕累托最优。但是，法律系统有自己的归因方式，双方律师收集证据并在法庭上举证和质证，通过援引先例或制定法说理，对初审法官作出的判决还可以继续上诉，这里，每一次法律沟通都是一次使用"如果……那么……"的操作，而这样的操作都可以关联到之前和之后的其他使用"如果……那么……"的操作，这些都是在法律自身的封闭空间中运用合法/非法进行沟通的操作。① 通过"如果……那么……"的结构性公式，其他社会系统的刺激就可以被法律系统转换为法律内部的决定制作（decision-making）活动。刑法中存在大量的对于多因一果（或多因多果）的讨论，无论是把一个犯罪人的错误归因于来自他父亲的遗传基因，还是归因于他对自由意志的行使，还是归因于社会环境的堕落，这些归因方

① 美国宪法第十四条修正案规定的平等保护原则，据说被美国最高法院适用于被誉为美国近些年来同性恋者争取平权运动最大胜利的 Romer v. Evans 一案。在该案中，美国最高法院的大法官们以六比三的票数支持了同性恋应该享有和一般人相同的地位的主张，由此改变了至 Bowers v. Hardwick 一案以来美国针对同性恋所设置的一系列歧视性待遇。但是，在大法官们审理 Romer v. Evans 一案时，并没有一个所谓的"平等规范"可供调用以改变法律，平等保护只是一个原则，大法官们不是直接根据"如果不平等……那么……"进行推理的，因为什么是平等，什么不是平等，这要依赖于大法官们对社会变迁的经验感知，在此之前，并不存在一个确保平等可以实现的先验标准。但是，不要忽略的是，"六比三"的结果所蕴含的是一个程序上的限制，这个限制使得无论大法官个人的意见如何，仍然要服从"六比三"这个程序性决定，这就保证了在处理从一个案件到另一个案件时，法律沟通始终维持了一种程序上的平等关系。另外，无论是持多数意见还是持少数意见的大法官们，在进行论证说理时，要么指向现有的制定法，要么指向先例，这些都是历史演化出来的法律结构在约束法官，使他们在对待每个案件上，都不得不服从这些结构性限制，这也就保证了在各个案件之间进行法律推理的融贯性（一致性）。

式的变化，[1]除了自然科学、政治科学以及伦理哲学等新的认知因素介入所造成的影响外，更为重要的是法律系统在接受了那些外部因素后通过“如果……那么……”的法律纲要对那些因素进行的重构。在法律系统的内部沟通中，“如果……那么……”的纲要把合法/非法的编码分配给争议中的某一方，于是便在各种社会事实之间建构了只有法律系统才能“看到”的“因果关系”，同时，法律系统也会忽略掉很多被其他社会子系统认为是十分重要的因果关系。总之，法律系统要看得见一些东西，就必须看不见一些东西，不然就没有法律系统自身的“意义”——卢曼所说的意义其实就是指在观察系统内已经实现的可能性（realized possibilities）与尚未实现的可能性（unrealized possibilities）之间的那种相互关系。

正如托依布纳所说，法律创造了一个虚构的场所。[2]卢曼认为，随着社会变得越来越复杂，社会需要把“稳定社会普遍化期望”的功能分化出来，以解决社会系统内部过于复杂的冲突，当经济冲突、政治冲突、宗教冲突、伦理冲突等无法再通过经济沟通、政治沟通、宗教沟通以及伦理沟通自身解决的时候，就需要分化出一种专门从事稳定社会普遍化期望的法律沟通。法律沟通形成了一个对其他系统进行“二阶观察”的封闭系统，用卢曼的话来说：

---

① 这里关照了存在于龙勃罗梭、菲利、李斯特等人之间的刑事实证学派（包括刑事人类学派和刑事社会学派）内部的不同归因方式。

② 参见 Gunther Teubner, “Alienating Justice: On the Surplus Value of the Twelfth Camel”, in *Law's new boundaries: the consequences of legal autopoiesis*, edited by Jří Přibáň, David Nelken, [monograph] Aldershot, Hampshire, England; Burlington, VT: Ashgate/Dartmouth, c2001。在该文中托依布纳借助三兄弟分割十二只骆驼的故事，非常生动地隐喻了法律把生活重构为一个象征性空间的力量。

> 然而，只有这种观察(observing)的观察(observation)，只有由合法/非法图式所导向的评价，才把对期望的反事实性(counterfactually)的固执性坚持的意向归因于法律。也可以这样说：操作封闭的法律系统的分化要求系统在二阶观察水平上进行操作，这不只是偶然如此，而是不断持续的情形。①

这样的二阶观察是欧洲社会的一个历史成就。卢曼像韦伯那样分析了中国传统法律的特征，认为中国传统社会中虽然也把法律保留为解决疑难案件的最后技术手段，但是运用合法/不合法的二元图式解决纠纷似乎还是"太危险"。因为，在传统中国这样的东方社会中，人们还是偏好于通过妥协来实现强调和谐而不是强调差异的社会统一，所以在社会还没有演变成一个功能分化的系统之前，频繁使用合法/非法的编码就对社会稳定性构成威胁，"它(法律)优先存在于刑法以及治理官僚的组织法和行政法领域之中。普通的社会成员被忠告趋避与法律系统的接触，并把那样的接触看成是霉运"②。卢曼认为，正是在欧洲的传统社会中，"一个二阶观察水平被建立起来以处理法律中的冲突性规范，在这个水平上，不是把不同的规范交给调解，而是交给一个进一步的区分"③。这个区分成功地把法律装入

---

① Niklas Luhmann, *Law as a Social System*, translated by Klaus A. Ziegert, edited by Fatima Kastner, with an introduction by Richard Nobles and David Schiff, Oxford, New York: Oxford University Press, 2004, p.94.

② Ibid., p.175. 涂尔干对中国古代法律有类似评价，卢曼、昂格尔和塞尔兹尼克等人的类似评价明显与韦伯的知识传统有关，这也可能是西方世界对传统东方社会法律图像的共同想象。

③ Ibid., p.175.

了一个编码化的系统，"这就使得法律被排他性地适用于那些由它自己给自己所定义的条件"[①]。这是一个已经由哈特用一种卢曼还不太满意的方式所描述过的惊人的历史性成就。卢曼认为，哈特所描绘的这种在西方世界中通过规则生产规则的二阶观察的法律自创生系统的源头已经在伯尔曼对于法律与革命的宏富历史勾画中得到了充分展示，卢曼说："运用大量文献，伯尔曼（Harold Berman）指出，法律系统迈向自治的再组织已经在 11 和 12 世纪以法律文化的全面'革命'形式而发生了。"[②]

人类进入现代社会以后，起源于欧洲的具有其强烈地域标识的法律二阶观察，一方面通过各种形式的西方与非西方之间的征服与反征服斗争，一方面通过建立在非西方向往西方文明的自强心态基础之上的各种形式的主动模仿，运用合法/非法的二元编码执行"稳定社会普遍化期望"的功能，已经变成了当今世界全球化的另一个侧面——虽然运用于自身社会的法律结构复杂性程度仍然随着社会分化程度的差异（以及历史文化差异）而在不同的政治实体之间显示出色彩斑斓的多样性。一旦接受了法律通过发展其结构而演化的观点，就终结了那种人类有意图追求行动结果的可能性，演化不仅是选择的结果，而且也是选择选择的秩序，选择表现为历史性的路径依赖，法律到底走向何方，那不是单个人的力量或某些机构可以左右的，那也不是一个可以通过"现在的将来"（present future）可以对"将

① Niklas Luhmann, *Law as a Social System*, translated by Klaus A. Ziegert, edited by Fatima Kastner, with an introduction by Richard Nobles and David Schiff, Oxford, New York: Oxford University Press, 2004, p.175.

② Ibid., p.94.

来的现在”(future present)进行稳健预测的结果。[①]卢曼不是那种总能给怀有浪漫主义憧憬的人带来好消息的人,他对法律全球化过程所作出的反应是:以一个在未来的多种可能性中某种不可排斥的结局结束了其《法律作为一个系统》一书的论述,卢曼认为,起源于欧洲的法律功能分化,可能不会在全球系统中彻底演化出来:“很可能的是,当代显赫的法律系统,社会自身及其大多数功能系统对功能性法律编码的依赖,都不过是存在于欧洲的异数,随着全球社会的演化,可能将不会在全世界继续推进。”[②](重点符号为引者所加)

---

① Niklas Luhmann, *Law as a Social System*, translated by Klaus A. Ziegert, edited by Fatima Kastner, with an introduction by Richard Nobles and David Schiff, Oxford, New York: Oxford University Press, 2004, p.200. 对未来偶在性的理解,是卢曼在其“时间社会学”和“风险社会学”中阐述的一个重要内容。时间社会学和风险社会学是卢曼对社会理论所作出的原创性贡献,并已被他详尽地运用于法社会学分析之中。

② Ibid., p.490.

第二编

第 4 章　复杂性化约与现代法的实证化

本章摘要：从问题意识和基本立场来说，前期卢曼与后期卢曼的法社会学研究之间的内在连贯性远远大于差异性。对法律的功能以及现代法的实证化这两个主题的研究贯穿了卢曼学术生涯始终。早期卢曼借助“胡塞尔＋帕森斯”的模式，采用功能分析、意义分析、系统分析、决策分析等研究方法，在系统论视角下把法律的功能定义为规范性期望的稳定化。同时，卢曼把法律实证化看成是法律系统为了克服社会的复杂性和偶在性的不断增长，综合协调“学习与不学习”这一矛盾关系，以提高结构适应性的历史演化进程。

一、前　　言

根据约翰内斯·施密特(Johannes F. K. Schmidt)的统计，到2013年为止，已经出版的卢曼的法律理论与法社会学的著作一共有11本。[①]在这11本著作中，有些是卢曼早期从系统论进路研究法律

---

① Niklas Luhmann, *Kontingenz und Recht*, Berlin: Suhrkamp, 2013, S.261.

理论的专著，有些则是法律理论和法社会学研究的论文集。其中，真正属于法社会学性质的专著只有两本：一本是1972年出版的《法社会学》[①]，另一本则是1993年出版的《社会的法》[②]。学界一般对卢曼的个人著述史有不同的分期，但学者们有一个基本共识，即以卢曼1984年出版的《社会(诸)系统》[③]为界，把卢曼的社会系统论研究分为前期和后期。卢曼在20世纪80年代初期著名的“自创生”转向，是其研究方法上前后期的分水岭。[④]与此分界相对应，《法社会学》是卢曼前期著述中法社会学观点的集大成，而《社会的法》则是卢曼后期著述中法社会学理论的扛鼎之作。两部著作的出版间隔21年，在外观上的确呈现出不同的论证风格，在内在理路上也有关注重心的调整。但是，仅从问题意识和基本立场来说，卢曼的两部法社会学著作之间的内在连贯性远远大于差异性，因而不存在维特根斯坦式的前后期断裂甚或以后期否定前期的现象。

比较《法社会学》与《社会的法》两本著作的目录，很容易找到卢曼前后期法社会学理论之间的继承性。在《法社会学》的核心内容中，聚焦“法律的功能”和“现代法的实证化”这样两个主题。在该书中，卢曼对法律给予了功能性的定义，这是他随后考察所有法律现象的基本框架；而“现代法的实证化”则是卢曼这本著作的理论落脚点。

---

① [德]尼克拉斯·卢曼：《法社会学》，宾凯、赵春燕译，上海人民出版社2013年版。德文版为 Niklas Luhmann, *Rechtssoziologie*(4. Aufl.), Opladen: Westdeutscher Verlag, 2008。

② Niklas Luhmann, *Das Recht der Gesellschaft*, Frankfurt: Suhrkamp, 1995.

③ Niklas Luhmann, *Soziale Systeme, Grundriß einer allgemeinen Theorie*, Frankfurt: Suhrkamp, 1984.

④ [德]克内尔(Georg Kneer)、[德]纳塞希(Armin Nassehi)：《卢曼社会系统理论导引》，鲁贵显译，巨流图书公司1998年版，第45页。

该书第二章"法律的发展：以社会理论为基础"从功能分析方法出发对法律给出了功能性的定义，第三章"作为社会结构的法律"依次从古代法、高级文明的法、现代法三个阶段描述了法律逐渐从社会中分离出来并最终达到现代实证法的历史演化进程，第四章"实证法"则详细刻画了现代实证法最重要的几个特征。相比较而言，《社会的法》在引入了"自创生""区分""观察"等研究工具以后，在第三章《法律的功能》和第二章《法律系统的运作封闭》中分别延续了《法社会学》中"法律的功能"和"现代法的实证化"这两个主题，而该书的第四章"编码化与程式化"、第五章"正义作为偶在性公式"、第七章"法院在法律系统中的地位"、第八章"法律论证"等，则是刻画现代实证法诸特征的升级版。

当然，在描述法律实证化进程和实证法的特征上，这两部著作之间的差异也是非常明显的。除了研究方法上的改进，研究主题的侧重点也有所变化。

就研究方法上而言，在《法社会学》1983 年发行的第二版后记中，卢曼已经展望了新的研究方法和新的观察视角的诞生将给法社会学研究带来的变化。在该后记中，卢曼特别申明："在一般系统理论领域以及对之予以运用的一些非常重要的领域（如控制论、生命系统理论、认知理论）中却已经取得了非常显著的进步"，其中，"非常重要的成就在于系统理论对自我指涉概念的承认和吸收"，"我们对此已不仅仅可以想到计算机的自我编程，还可以想到自组织问题，而在法学领域中，与之相对应的就是法律的实证化"。[①]卢曼在此想要强

① ［德］尼克拉斯·卢曼：《法社会学》，宾凯、赵春燕译，上海人民出版社 2013 年版，第 423 页。

调的是，与《法社会学》从“结构”入手研究法律实证化不同，新的系统论方法提出了从“运作”研究法律的自我指涉，因而能够在更加深邃、更加严格的方法层次上重构现代实证法的封闭与开放的拓扑关系。①

从研究主题上看，后期卢曼不再对法律加以功能性定义，因为“根据这样的观察方法（即自创生系统的观察方法——引者注），根本不可能给法在内容上下一个定义”②。卢曼认为，法律系统根据“法/不法”的二元编码自己定义了什么是法，什么不是法，因而“法是由法决定的法”③。相比于《法社会学》对于法的功能性定义的单薄，卢曼在《社会的法》中，补充了另一个视角：即为了确保法律系统从其他社会子系统中分化出来，“法/不法”的二元编码承担了划分系统边界的功能（与此相似，生物学的细胞膜承担了划分“系统/环境”边界的功能）。在《社会的法》中，卢曼承认了法律的功能定义的局限性，提出了以“法/不法”二元编码补充功能定义的不足。④功能定义的缺陷在于，其无法把法律规范与道德、宗教等其他社会规范区分开，或者说无法为法律划定边界。后期卢曼认为，什么是法律什么不是法律的划界标准，只能在法律系统内部通过“法/不法”二元编码的不断运作来自我指涉地生产。

不过，后期卢曼仍然延续了法的功能分析的视角，只不过追加了

---

① 宾凯：《法律系统的运作封闭——从“功能”到“代码”》，《荆楚法学》2022年第3期。

② ［德］托马斯·莱塞尔：《法社会学导论（第6版）》，高旭军等译，上海人民出版社2014年版，第123页。

③ Niklas Luhmann, *Das Recht der Gesellschaft*, Frankfurt: Suhrkamp, 1995, S.143 f.

④ Ibid., S.166.

“法/不法”二元编码作为观察法律运作封闭性的新窗口。因此，卢曼在后期法社会学研究中考察现代实证法的特征时，提出了“功能”和“编码”两个需要并重的维度。他认为，只有社会同时演化出以下两项制度性成就时，法律系统才能与全社会的其他社会子系统分离开，以实现法律系统的运作封闭和自主性。这两项必备的成就是：1.法律的功能特定化。也就是说，法律系统聚焦于一个特定的社会问题——稳定规范性期望。2.出现法律系统的编码。合法/非法这个编码作为一个基本框架，可以赋予某个社会沟通以正值或负值的评价。[①]

后期卢曼所谓法律系统以“法/不法”二元编码实现的运作封闭性，其实就是对应于前期的法律实证性。即便卢曼前后期的法社会学观察方法和观察视角存在显著差异，但是早期卢曼对于法律的功能特定化以及法律实证化这一主题的关注贯穿其学术生涯始终。法律实证化的演化动力、现代实证法的特征以及法律实证化对全社会和其他社会子系统的影响等，正是串连起卢曼法社会学研究全过程的那根红线。公允地说，就描述法律实证化进程和实证法的特征而言，卢曼后期《社会的法》是对其前期《法社会学》的修补和升华。

为了厘清卢曼在 20 世纪后期对于西方法社会学的颠覆性贡献，有必要回到卢曼法社会学研究的理论源头，依托《法社会学》《法与偶在性》[②]《法律的分出》[③]《作为制度的基本权利》[④]《通过程序的正当

---

① Niklas Luhmann, *Das Recht der Gesellschaft*, Frankfurt: Suhrkamp, 1995, S.60.

② Niklas Luhmann, *Kontingenz und Recht*, Berlin: Suhrkamp, 2013.

③ Niklas Luhmann, *Ausdifferenzierung des Rechts*, Frankfurt: Suhrkamp, 1999.

④ Niklas Luhmann, *Grundrechte als Institution*, Berlin: Duncker & Humblot, 1986.

化》[1]等关键文本，从其早期法社会学的研究方法和研究视角入手，反思性考察卢曼如何从复杂性概念出发重构现代法的实证化过程。当然，本章这一研究任务的展开，对于已经在法律实证化道路上摸索了40多年的当代中国而言，无疑也有着不言而喻的启示价值。

二、 前期卢曼的研究方法

为了沉浸式理解卢曼的法社会学研究的演进过程，我们有必要回溯到卢曼早期的理论触觉，尤其是其在研究方法上的战略性选择。20世纪50年代末到60年代初，卢曼在德国学术舞台上开始显示其存在。虽然与所有杰出的思想者一样，卢曼的学术生长也有一个筚路蓝缕的探索过程，但是他登台亮相之初，就博采西方学术众家之长，牢牢把握住德国学术传统的根基，站在了时代学术序列的最前沿。为此，我们可以从卢曼早期运用的功能分析、意义分析、系统论、决策理论等方法一窥卢曼学术生涯肇始的究竟。

卢曼的早期研究方法一般被西方学界解读为"胡塞尔＋帕森斯"——也就是以胡塞尔关于意义、内时间意识等的现象学概念改造帕森斯结构功能主义方法下的社会系统论。更简略地说，就是"意义＋系统论"。这当然是卢曼的研究者们对卢曼的早期社会学研究方法进行二阶观察所难以避免的简化。但是，这副早期卢曼理论肖像的速写，也在很大程度上勾勒出了前期卢曼社会学研究方法最具特色的轮廓。众所周知，现象学社会学家舒茨（Alfred Schütz）与结

---

① Niklas Luhmann, *Legitimation durch Verfahren*, Frankfurt: Suhrkamp, 1983.

构功能主义社会学家帕森斯在消化韦伯的社会理论传统上发生了分叉，分别迈上了从个人意识的意义发生机制出发构造社会世界的微观社会学和从行动系统的制约条件出发构造社会系统的宏观社会学的道路。这两条道路一度水火不容，甚至导致舒茨在与帕森斯的通信中抱怨二者方枘圆凿的交流困难。①卢曼放弃了从主观世界构造社会实在的舒茨进路，而选择了对帕森斯的结构功能主义系统论的升级改造。“自帕森斯以来……不再从行为者的角度来看待系统形成的必要性，而是从行动的角度来推导；不再从行为者出发，而是从行为者的处境出发，即就社会行动而言，从互动出发。”“互动只有作为一个系统才是可能的。”“行为者本身只能作为一个系统参与互动。”②卢曼在这里所做出的理论决断，是因为他对于意义与系统两个概念的衔接有了超出前人的崭新看法。

我们在回溯卢曼这一理论决断时，有必要稍微了解一下卢曼与哈贝马斯在 20 世纪 70 年代初那场著名的论战。这场论战的理论分量如何估价都不过分，其影响到了德国乃至整个欧洲大陆从那时直到今天的社会科学走向。哈贝马斯与卢曼争论的焦点，涉及在德国观念论传统下如何重构“二战”之后西方社会科学图景的重大问题。从在 20 世纪 20 年代起兴起的逻辑实证主义逐渐成为西方学者看待人与自然、人与人的关系的主流思潮。经历了“二战”前后世界范围内起伏动荡的社会过程，人们越发推崇实证科学和先进技术的现实力量，以美国为龙头的社会科学也逐渐迈向了以经验观察和量化技

① Anthony Giddens, “Schutz and Parsons: Problems of Meaning and Subjectivity”, in *Contemporary Sociology*, Vol.8, No.5, 1979, pp.682—685.

② Jürgen Habermas, Niklas Luhmann, *Theorie der Gesellschaft oder Sozialtechnologie—Was leistet die Systemforschung?*, Frankfurt: Suhrkamp, 1971, S.322.

术为特征的实证研究。①然而，德国知识分子始终保存了针对技术力量的批判火种。无论是胡塞尔在1935年的维也纳演讲《欧洲人的危机与哲学》②，还是1926年海德格尔的《存在与时间》③，都在批判继承了着重于解读人与世界之关系的德国观念论传统上，以独特的现象学视角否定了盛极一时的科学实证主义中那种沉迷于对象世界之"现成性"的观点。胡塞尔的主观时间/客观时间的区分，强调了实证科学的客观性相对于人的意向性活动的派生性；海德格尔的本真时间/流俗时间的区分，批判了现代科学在追逐存在者的现成性道路上遗忘了对存在本身之思的僵化和狭隘。

卢曼和哈贝马斯两位理论大家，深谙从德国观念论到现象学这一思想传统的精髓，对现象学质疑科学实证主义的进路也是相当认可。对于当时西方世界社会科学中流行的实证研究，即把社会现象处理为客观对象并加以"价值中立"的外部观察的态度，两位思想家都持有清醒的批评意识。他们都同意，以实证科学"主/客"二分的研究范式不能把握社会科学的特征。但是，在如何发展社会理论以处理工业化时代以来出现的社会问题上，二人之间存在着方向性的分歧。哈贝马斯继承了自马克思以来的批判理论的传统，认为现代社会的工具理性疾病需要通过政治过程的沟通行动来治疗，他因此主

---

① "二战"结束后，美国政府论功行赏，给予为战争胜利作出巨大贡献的自然科学技术研究巨额拨款，在此背景下，帕森斯在向美国社会科学委员会提交了撰写于1946—1948年的备忘录《社会科学：一种国家基础资源》(*Social Science：A Basic National Resource*)，他认为：社会科学作为一种"国家基础资源"的价值，就像核武器一样。参见[德]乌塔·格哈特：《帕森斯学术思想评传》，李康译，北京大学出版社2009年版，第160页。

② [德]胡塞尔：《欧洲人的危机与哲学》，载《欧洲科学的危机与超越论的现象学》，王炳文译，商务印书馆2021年版，第382—421页。

③ [德]马丁·海德格尔：《存在与时间》，陈嘉映、王庆节译，商务印书馆2016年版。

张一种行动者的内部视角，强调主体之间基于理由的论证对于社会进程的合理性和正当性的控制。卢曼则从改造古典社会理论中的功能主义出发，放弃了作为主体的行动者的内在参与视角，而是从制约主体间的互动关系的系统性结构出发，对社会演化的“可能性条件”加以外部描述。

20 世纪 70 年代初，哈贝马斯和卢曼这两位深具时代标志的思想家，在各自研究逻辑下积累的理论能量终于以论战的形式发生碰撞并内爆。1971 年出版的《社会理论还是社会技术》①作为这场论战的结晶，收录了两位大师针锋相对的言论。其中，《作为社会学基本概念的意义》（“Sinn als Grundbegriff der Soziologie”）②这篇长文，是卢曼第一次系统阐述如何以意义概念改造社会科学的重磅炸弹。该文特别为卢曼所重视，直到 20 年后，还被收入了卢曼自选的英译本论文集《自我指涉文集》（*Essays on Self-reference*）③。该文对于“意义”概念的全面阐述，向上衔接了其 60 年代初开发出来的“功能分析”方法，向下则在胡塞尔的意义理论与帕森斯的社会系统论之间搭上了桥梁。

与意义分析和系统分析相关，功能分析作为卢曼登台亮相的利器，让卢曼的学术引擎在启动之初就发出不同凡响的轰鸣，其释放的能量一直供应卢曼学术生涯的始终。在 1962 年的《功能与因果》④以

① Jürgen Habermas, Niklas Luhmann, *Theorie der Gesellschaft oder Sozialtechnologie—Was leistet die Systemforschung*?, Frankfurt: Suhrkamp, 1971.

② Ibid., S.25—100.

③ Niklas Luhmann, “Meaning as Sociology’s Basic Concept”, in *Essays on Self-reference*, New York: Columbia University Press, 1990, pp.21—79.

④ Niklas Luhmann, “Funktion und Kausalität”, *Kölner Zeitschrift für Soziologie und Sozialpsychologie* 14, 1962, S.617—644.

及1964年的《功能方法和系统理论》[①]两篇论文中，卢曼从两个角度反思了古典功能主义的得失：一是检讨从马林诺夫斯基、拉德克里夫-布朗的人类学到涂尔干、帕森斯、默顿等人的社会学中功能主义的发展线索；二是吸收了内格尔（Ernest Nagel），亨普尔（Carl Gustav Hempel）、戴维斯（Kingsley Davis）等人从科学哲学对功能主义的总结和批判。卢曼认为，在他之前的功能主义，无论是马林诺夫斯基的"需要"，还是布朗的"目的"，或者涂尔干的"整合"，再或者帕森斯的结构功能主义，都陷入了线性因果分析和循环论证的困境。默顿提出的显功能/潜功能、正功能/负功能的区分，超越了早期功能主义的狭隘视野。但是，默顿给卢曼最重要的启发，还在于他关于"功能等效"的观点。卢曼从默顿的功能等效理论中发现，在社会科学中，并不存在单一的因果关系，而是各种变量之间的多因多果、多果多因的复杂关系。卢曼并没否认因果性研究的价值，也没有否认实证科学解释和预测的力量，相反，他肯定了实证研究给社会学带来的积极信息，比如，他对德国社会学家盖格尔（Theodor Geiger）基于因果关系展开的实证研究就颇为赞赏。[②]但是，卢曼认为因果关系只是功能分析的一种特例，是对研究条件施加了特殊的限制后获得的观察结论。从哲学上说，卢曼批评了基于线性因果关系的实证研究方法对于世界的形而上学假设和本体论假设——这种假设承载了西方世界流行了近两千年的主/客二分的认识论。为此，卢曼颠倒了帕

① Niklas Luhmann, "Funktionale Methode und Systemtheorie", *Soziale Welt* 15, 1964, S.1—25.

② [德]尼克拉斯·卢曼:《法社会学》,宾凯、赵春燕译,上海人民出版社2013年版,第64页。

森斯的结构功能分析，提出了功能—结构的分析方法。帕森斯基于其“分析实在论”①的方法论，认为某种社会现象（社会结构、社会制度等）对应着固定的社会功能（即对全社会所起的正面作用），甚至每个系统也在其子系统中复制 AGIL 四功能模式。卢曼不同意结构与功能之间存在固定的关系，他把帕森斯的这种理论设想评价为“大胆且冒险的”②。在卢曼的功能分析中，社会学家借助“理论”发现问题，并借助“方法”从问题出发寻找出解决问题的答案。从发现问题到寻找解决问题的方案的研究方式，就被卢曼称为功能分析。一个问题可能对应多个解决方案，一个解决方案也可以对应多个需要解决的问题。相对于一个问题，可能存在多个替代性的解决方案，这些方案因而就是“功能等效”的。问题和解决方案之间的关系并不是先验固定的，而是在经验中产生的。哪一个方案最终成为解决问题的答案，这需要选择。谁在选择呢？这就与系统论挂钩了，正是系统自身在做出选择。卢曼后期的系统论特别突出了以系统（观察者）的递归运作生产社会实在的建构主义认识论。其实，在其早期的功能分析中，就已经隐含了系统这个观察者的存在，由此也可以说明卢曼前后期思想之间的连续性。

卢曼对功能分析的反思背后还明显受到德国现象学的深刻影响，这让他的功能分析与意义分析和系统分析发生联系。新康德主义哲学家卡西尔在《实体与功能和爱因斯坦的相对论》③一书中，就

---

① ［美］帕森斯：《社会行动的结构》，张明德、夏遇南、彭刚译，译林出版社 2012 年版，第 824—825 页。

② Niklas Luhmann, *The Differentiation of Society*, New York: Columbia University Press, 1982, p.55.

③ ［波兰］恩斯特·卡西尔：《实体与功能和爱因斯坦的相对论》，李艳会译，湖北科学技术出版社 2016 年版。

已经吸收现象学的成果，提出了对世界本体的认识已经从实体转向了功能，也就是从客观对象分析转向对事物之间的关系的分析。卢曼的功能分析正是在社会学研究领域顺应了德国“二战”前后这种从实体转向功能的观念思潮。[①]功能分析反对世界存在一套固定的因果关系的本体论哲学观，而是认为因果关系的出现需要依赖系统（观察者）的选择。卢曼借助德国心理学弗里茨·海德（Fritz Heider）的归因理论，把这种因果选择机制称为归因。就社会过程而言，如果把原因归结为社会内部就称之为行动，如果把原因归结为环境就称之为体验。[②]卢曼认为，对于社会学研究而言，功能分析的优势就在于能够对并列的多个替代可能选项加以比较。功能分析从多个替代项中加以选择的思想，正好与现象学中的意义概念相呼应。

卢曼在《作为社会学基本概念的意义》一文的开头部分就批评了社会学实证主义。无论是从概念实在论还是世界实在论出发，社会学实证主义都把概念或世界当成事先被给予的。[③]卢曼从现象学的立场出发，强调了世界的生成性和偶在性的特征。由此，他提出社会科学的基本概念需要面对世界的生成性和偶在性的问题。“它们（社会科学的基本概念——本书作者注）的适当性不应再从那些简单地被给予或等待着被发现的事物的精确再生产的观点而来，而应提出

---

① 早在1964年，卢曼在批评韦伯基于“目的/手段”的线性因果性分析的组织社会学时，就提出了这种范式转变的趋势。Niklas Luhmann, *The Differentiation of Society*, New York: Columbia University Press, 1982, p.37.

② Niklas Luhmann, “Erleben und Handeln”, in Hans Lenk(Hrsg.), *Handlungs-theorien-interdisziplinär* Bd. 2, 1, München, 1978, S.235—253.

③ Niklas Luhmann, “Meaning as Sociology’s Basic Concept”, in *Essays on Self-reference*, New York: Columbia University Press, 1990, p.21.

不同的判断标准，必须从对可能世界的偶在性的捕捉和还原（化约）而来。”[①]卢曼随之提出来，无论是研究个人的意识还是社会的沟通，最为基本的概念就是“意义”。卢曼借以阐述“意义”概念的工具，正是来源于胡塞尔现象学对于意向性的分析。然而，先验现象学有一个致命的缺陷，就是把自我从世界中孤立出来研究，这种主体哲学的传统妨碍了“意义”概念在解释意识和社会现象上的生产力。[②]卢曼认为无论意识系统还是社会系统，都是处理意义的系统，而且，系统的生成条件是在时间中经验性地展开的，并不存在先验系统。卢曼批评了先验现象学把人的意识当成世界上唯一具有反思能力的主体哲学立场，他认为，不仅是意识，社会也可以产生自身的意义。在卢曼的意义概念中，人的意识不再具有与世界打交道的优越性，意识系统相对于社会系统并不是更为原初的、更为简单的、更为基础的。意识和社会同时存在，相互影响，共同演化。卢曼关于意识与社会共变的观点，对于我们理解其社会学理论（包括法社会学）的颠覆性而言，是一个关键的思想飞跃。

为了展开这一洞见，卢曼从胡塞尔那里借用了现象学的分析技术，这是一种“抽象地抓住意义的被给予项的技术，在思想中复制和变更的技术，在一个选择项与其他多种可能性之间进行构造的技术”[③]。正是“在一个选择项与其他多种可能性之间进行构造的技

① Niklas Luhmann, “Meaning as Sociology's Basic Concept”, in *Essays on Self-reference*, New York: Columbia University Press, 1990, p.22.

② ［瑞士］R. 伯奈特：《论德里达关于胡塞尔〈几何学起源〉的“引论”》，张晓华译，张祥龙、朱刚校，载《世界哲学》2014 年第 5 期。

③ Niklas Luhmann, *Essays on Self-reference*, New York: Columbia University Press, 1990, p.24.

术”,把意义概念和卢曼的功能分析对接起来。同时,由于“意义总是在某些加以限定的语境下呈现,同时又总是指向对当下语境的超越,并让我们看到了其他可能性”[①],意义分析也与系统分析关联起来。意义概念指涉的是意识或社会对体验加以组织的形式,而不是在世界中的特定事实或物质(这里特别关联到卢曼对于法律功能的看法:法律不是对行为的期望,而是对期望的期望[②])。意义概念最为核心的涵义就在于“指向对自身的超越”[③],意义总是指向在当下还没有现实化的内容。这既意味着选择的自由,也意味着选择需要被结构化,也就是说,选择需要被限定在某个系统中进行。现实性/潜在性这一区分,意味着在任何系统的体验中都存在过多的可能性。这些过剩的可能性超出了当下行动所能实现的内容,或者,超出了当下体验所能现实化的内容。这就导致了世界的复杂性和偶在性:“这种由于其他可能性给体验带来的过剩负担,展示了复杂性与偶在性的双重结构”[④],“复杂性意味着选择的必然性;偶在性意味着接受风险的必然性”[⑤]。由于其他可能性负担的存在所导致的复杂性和偶在性,令意识系统或社会系统的体验采取了风险负担的选择形式。

正是基于世界的复杂性和偶在性这一前提,卢曼才批评了当时盛行的法律研究范式,并展开了对法律功能以及法律实证化的系统

---

① Niklas Luhmann, *Essays on Self-reference*, New York: Columbia University Press, 1990, p.25.

② Niklas Luhmann, *Ausdifferenzierung des Rechts*, Frankfurt: Suhrkamp, 1999, S.120.

③ Niklas Luhmann, *Essays on Self-reference*, New York: Columbia University Press, 1990, p.25.

④ Ibid., p.26.

⑤ Ibid.

论分析。

三、 法律功能的特定化

概括地讲，卢曼的法社会学最为关注的主题，就是现代社会的法律从全社会的其他社会子系统中分化出来这一历史现象。卢曼也把法律的功能特定化和实证化过程称为“法的分出”①。卢曼曾明确表示，法律的分出、功能特定化和实证化这三种表述，“最终只是代表了这同一事件的不同方面”②。

为了澄清现代法的功能特定化和实证化的法社会学主题，卢曼首先采用意义分析和系统分析的方法回溯了马克思、涂尔干、韦伯、埃利希、梅茵等前辈在法社会学上的贡献和缺失。③

卢曼认为，在社会学古典大师之间，虽然各自的理论兴趣和知识禀赋存在着显著差异，但是，他们的理论却呈现出一个共同的背景假设：运用社会演化论的观点来看待法律与现代性的关系问题。在工业社会和资本主义社会降临以后，法律不再是由类似自然法的高阶规范和原则所决定，而是由其与社会的关系所决定。这种关系不能在法律渊源的位阶意义上得到解释，也不是以社会取代自然法，而是把法律与社会理解成一种相互关系，这种关系服从于进化变迁，并能如自然因果关系一样获得经验验证。传统社会关系瓦解并向功能分

---

① Niklas Luhmann, *Ausdifferenzierung des Rechts*, Frankfurt: Suhrkamp, 1999, S.137.

② [德]尼克拉斯·卢曼：《法社会学》，宾凯、赵春燕译，上海人民出版社 2013 年版，第 278 页。

③ 同上书，第一章：法社会学的经典起源。

化社会转变,这一进化趋势被古典大师们彻底构想为一种社会复杂性的增长。随着现代社会经济进程的复杂性增加和其他社会行为的理性化,法律适应了社会变迁的要求,同时也促进了这一进程。更高的社会复杂性需要更具可变性的适应能力:社会生活在可能性上更为丰裕,而法律必定与更为多变的条件和事件形成结构性相容。

卢曼尤其重视涂尔干与韦伯关于社会分化的观点。涂尔干从机械团结到有机团结的道德分析,有意识地梳理了由于劳动分工的出现而导致的现代法的复杂性增加的趋势。韦伯对于现代法的形式理性化特征的分析,则更为深入地刻画了法律作为现代社会的程序性机制所具有的化约复杂性的自主性。但是,卢曼认为,在涂尔干社会理论中,"法律概念的阐述也不明确",甚至误导了法国学者以及帕森斯,令他们的法社会学"消融在一般社会理论之中"。①相比于涂尔干,韦伯的法社会学更富有成就,对法律分化的趋势也更为敏感。但是在韦伯那里,"规范性应然的社会理论的可能性,一开始就没有被充分利用"②。就埃利希而言,卢曼虽然认可其关于社会法以及法律多元主义的深刻见解,但是卢曼还是批评了埃利希,当他把国家和社会的分离看成过时的观点时,他就错过了与法律演化至关重要的角色分化和系统分化。③

总而言之,卢曼认为社会学古典大师其实对法社会学的贡献有限,因为他们几乎没有触及现代性所面临的一个最重要的法律现象:即法律的实证化。所谓法律实证化,在卢曼看来,是指在现代功能分

① [德]尼克拉斯·卢曼:《法社会学》,宾凯、赵春燕译,上海人民出版社 2013 年版,第 58 页。

② 同上书,第 59 页。

③ 同上书,第 61 页。

化的复杂社会中，发展出法律自己改变自己的选择能力，也就是后期卢曼所谓的法律自我指涉和运作封闭问题。这些古典大师们在法的分出和实证法研究上的贫乏，主要还是由于受时代限制所导致的分析工具的欠缺。卢曼认为，要描述法的分出这一最早发生在欧洲社会的重大历史现象，需要运用功能分析、意义分析、系统分析、决策理论等新一代研究工具。这些工具的优势在于，可以处理法律这种具有高度复杂性的社会现象。

由于采用了新的分析工具，卢曼对 20 世纪 60 年代风行美国的法律实证研究也提出了批评，指出了其中隐藏的盲点。卢曼概括了当时法律实证研究的三种类型：法律职业研究、司法小群体研究、法律舆论研究。法律职业研究把焦点对准法律人，这是社会学家们非常擅长的角色研究领域，主要对法官、律师、企业法务等角色表演、利益分配、期望冲突、行为策略、职业生涯等互动过程感兴趣。卢曼认为，这种研究方法同样可以运用于医生、牧师、军人和教师，因而“并不需要事先澄清法律自身及其社会功能”，因而“并不拥有与法社会学的理论关联”。[①]司法小群体研究的对象是与审判相关的小群体行为，通过问题卷调查或参与式观察的小群体研究技术，把司法主体作为“自然实验对象”来处理，其研究兴趣在于发现社会分层、意识形态偏见如何影响法庭的裁判创制过程。卢曼认为这种司法小群体研究的分析角度不仅没有研究法律本身，而且也错过了司法互动、说理论证和裁判文书制作等法律内在过程。法律舆论研究是运用传播学中的公共舆论调查技术澄清大众生活与法律知识传播的关系，比如，大

① ［德］尼克拉斯·卢曼：《法社会学》，宾凯、赵春燕译，上海人民出版社 2013 年版，第 42 页。

众对于法律的流行意识，大众对于司法机构的主流态度等。这种关于法律舆论的研究也与法律本身擦肩而过。卢曼对于法律实证研究的一般性批评是：1.这些实证研究之间是支离破碎的，缺乏融贯性，一个领域的研究方法和结论无法扩展到另一个领域；2.这些研究导致了“法律自身的缺席”①。因此，卢曼才试图借助新的分析方法“将法律重构于法社会学中”，“建立一种严格意义上的法社会学”，只有这样，“才可以对这类经验研究进行令人信服的整合”。②

为了进一步挑明法律实证研究的缺陷，卢曼引入了“复杂性”这个概念。卢曼在其学术生涯早期，就从系统论的角度深入研究过复杂性问题。在卢曼的定义中，复杂性是指与整个世界或系统相关的可容纳的可能性的总和。③在批判哈贝马斯的理性主义时，卢曼认为哈贝马斯还没有领会到复杂性给社会沟通带来的条件限制。④在卢曼看来，当哈贝马斯在实践和技术之间做出二元区分时，只是反映出在其社会理论的思考中“复杂性问题没有被提出的事实”⑤。卢曼认为复杂性就意味着变量之间存在着替代关系，同时也相互限制。换句话说，不可能让所有的可能性都获得实现。因而，哈贝马斯寄希望于以互动实践克服技术异化的理想主义也就值得怀疑。卢曼进一步认为，世界的复杂性不能独立于可能的系统结构来理解，“每个单独

---

① ［德］尼克拉斯·卢曼：《法社会学》，宾凯、赵春燕译，上海人民出版社 2013 年版，第 43 页。

② 同上书，第 43—44 页。

③ Niklas Luhmann, *Kontingenz und Recht*, Berlin: Suhrkamp, 2013, S.137.

④ Jürgen Habermas, Niklas Luhmann, *Theorie der Gesellschaft oder Sozialtechnologie—Was leistet die Systemforschung?*, Frankfurt: Suhrkamp, 1971, S.292.

⑤ Ibid., S.295.

的系统都被赋予了类似于'由系统形态构成的世界复杂性'"。①复杂性始终指涉到某个系统的复杂性。世界的复杂性只有在系统的存在下才会成为问题。因此,降低世界复杂性的任务不能独立于可能的系统结构加以解决。在每个系统中,所需控制的不再是具体涌现的事件本身,而只是事件之间的可能关系。以此方式,系统可以获得对不确定性具有更高容忍度的结构,同时,也能与更高的复杂性兼容。在这方面,复杂性的增加和减少之间也不再是相互排斥,而是一种互为条件的关系。因此,复杂性不仅指涉世界或系统当下呈现的状态,而且还指向世界或系统中所有的可能状态,复杂性概念就意味着从事实层面跳转到可能性的层面。可能性意味着不确定性,意味着可能出现非常不同的东西,而这取决于系统所依赖的可能性条件。一个事件可以与非常不同的可能性视域相关,因此它可以通过关闭一种可能性来启动另一种可能性。卢曼认为,如果复杂性被如此理解为事件发生的可能性,那么通过减少复杂性来增加复杂性就并非自相矛盾的表述,而不过意味着不同的可能性条件的组合。②

为了说明意义分析、系统分析相对于实证研究在处理法律问题上的优势,卢曼区分了三种复杂性:结构化的有限复杂性、非结构化的复杂性、结构化的巨复杂性。就法律职业研究、司法小群体研究和法律舆论研究等法律实证研究而言,要么,把研究对象处理为结构化的有限复杂性,设计出复杂性有限的小型试验组,在满足"其他条件不变"(cereris paribus)的要求以后,只需要测量少数变量之间的关

① [德]尼克拉斯·卢曼:《法社会学》,宾凯、赵春燕译,上海人民出版社2013年版,第299页。

② 同上书,第311页。

系;要么,把研究对象处理为相似元素构成的离散的聚合,这种聚合具有非结构化的高度复杂性,然后通过统计方法来处理这些大量相似的随机离散元素。卢曼认为这两种实证研究进路都无法处理结构化的复杂性巨系统——而法律恰好是这类系统。因而,法社会学研究应该从“法律作为一个社会系统的结构是如何可能的”这个问题出发。①社会系统的结构的功能正在于调节系统复杂性,因为,“系统复杂性总是结构性地(偶在地)实现的复杂性”②。从解决全社会化约复杂性的问题来说,与其他社会子系统(比如政治系统的“集体约束性决策”)的解决方案相比,法律系统所给出的解决方案在功能上与之是等效的。人类早期是相对简单的社会系统,建构和维持必要的社会结构所需要的可能性数量很低,其中,法律表现出顺应传统、内容具体、容易理解等特征。当人类社会发展到高级复杂的阶段,法律就必须变得更为抽象,以保证法律的诸概念在各种不同的社会情境下具有解释弹性。卢曼认为,正是在这个阶段出现了实证法,因为法律“必须由决定加以改变”③。

卢曼对人类社会的法律通过增加复杂性以化约复杂性并最终迈向实证化的进程的描述,是与他对法律的功能特定化理论密切关联的。为了阐释法律的功能问题,卢曼把社会系统的意义脉络分解为三个维度:时间维度、社会维度和事实维度。

从时间维度上说,由于个人与个人之间面临着“双重偶在性”④

① [德]尼克拉斯·卢曼:《法社会学》,宾凯、赵春燕译,上海人民出版社 2013 年版,第 46 页。

② 同上。

③ 同上。

④ 同上书,第 73 页。

的困境，为保证人与人的互动过程的持续衔接，首先需要克服由于失望导致的过度复杂性问题。当一个人对于另一个人的期望产生期望时，就会出现期望的反身性机制（Reflexive Mechanismen）。这种反身性在互动个体之间是对称的，也就是说，是相互处于期望的期望状态。“只有期望的期望才能确保行为的协调，而不是仅仅是巧合。”①经过互动过程的多次迭代，克服了失望带来的过度复杂性后，有些期望就会稳定下来，成为规范性期望——这就是法律的毛坯。当然，失望作为催化社会意义再生产过程的动力，以一种潜在可能性的形式始终衬托于规范期望的背景之中。一旦出现失望，个体就面临一个选择：要么继续保持规范期望，要么放弃已有的规范期望。卢曼因而改造了传统上属于道德哲学和法哲学研究的“应然”问题。在卢曼看来，所谓的应然，就是只一种面对失望继续保持规范期望的“不学习”的态度。如果遭遇失望以后就改变规范期望，那么，就是一种从失望中“学习”的态度。学习与不学习的态度，对克服失望导致的社会复杂性而言是功能等效的。在此，卢曼以“学习”和“不学习”的事实性替换了传统理论中“应然”的伦理化阐释，因而成功地把道德哲学和法哲学中规范/事实的二元区分转换为社会学上可处理的学习还是不学习的功能分析对象。需要注意的一点是，卢曼认为，在社会系统中，所谓的保持规范期望还是放弃规范期望这个选择，与心理系统没有直接关系，而是由一定的社会条件决定的。

从社会维度上说，为了消除失望在社会成员之间导致的过度复杂性，规范期望不仅需要在当事人之间的局部互动中零星地达成共

---

① Niklas Luhmann, *Ausdifferenzierung des Rechts*, Frankfurt: Suhrkamp, 1999, S.114.

识，而且必须上升为全社会的共识。当失望引发纠纷以后，除了当事双方有一个面对规范期望是学习还是不学习的态度选择外，那些在场和不在场的第三方，也有一个学习还是不学习的问题。为化约第三方不在场所可能导致的复杂性，社会逐渐发展出一种关键的技术性解决方案——程序。卢曼在其1969年出版的《通过程序的正当化》一书中，卢曼就考察了人们对于法律有效性的信仰问题。他认为，人们在一定程度上认可法律，将法律作为行为期望的依据，并不需要涉及具体的内容。无论政治选举、立法还是诉讼的参与，都启动了一个社会学习过程，使得当事人在程序结束时承认相关决定的约束力。①在《法社会学》一书中，卢曼把程序机制的效力从对当事人的作茧自缚②扩展到在场和不在场的第三方。第三方对于法律的规范期望的稳定化，来自程序所实现的一种象征性的共识。之所以共识是象征性的，是因为当社会演化出司法裁判程序中的法官这类中立性角色时，无论是在场还是不在场的第三方，都间接关联到纠纷解决过程中，因而这些第三方都会假设其他第三方与自己一样承认程序性结论的约束力。如果谁没有准备好接受程序性输出的结果，而且持有一种抵抗的态度的话，那么就会受到社会的孤立甚至严厉的制裁。因而，程序在制度上保证了社会维度上的假设性共识，在全社会的层次上降低了社会复杂性。

从事物维度上说，为了化约失望可能导致的过度复杂性问题，社会意义还需要摆脱具体语境的束缚，在相对抽象的层次上对规范期

---

①　Niklas Luhmann, *Legitimation durch Verfahren*, Frankfurt: Suhrkamp, 1983, S.155 ff.

②　季卫东：《法律程序的意义》，载《中国社会科学》1993年第1期，第89页。

望加以象征性表达。社会互动的形式和内容越加复杂，为处理失望所导致的社会复杂性所需要的象征性表达技术就必须越加抽象。为了解决社会意义如何在事物维度上解决过度复杂性化约的问题，卢曼改造了帕森斯把社会共同体内部结构区分为“角色、集体、规范和价值”的理论，[①]他认为社会演化出了人格、角色、程式和价值等四个象征符号的抽象层次，以实现复杂性社会的期望结构的稳定化。人格涉及熟人之间的规范性期望，比如朋友、夫妻之间就是根据个人的能力和特征的普遍化而获得期望稳定化。角色则摒弃了人格的个人特征，角色背后的个人是可以替换的。从化约社会复杂性以稳定规范期望的功能角度看，相较于人格的具体性而言，角色这个象征符号上附着的一束稳定的规范期望就更具抽象性和概括性。程式比角色更为抽象。所谓程式，就是“如果……那么……”的规则形式。在化约社会复杂性以稳定规范期望上，程式从功能上说更具普遍性，因而显示出更高的抽象程度。在全社会中，法律规则正是程式的最高表现形式。至于价值，像自由、安全、人的尊严等，是比程式更加抽象化的规范性期望。卢曼认为，如要在事物维度上实现全社会的规范期望的稳定化，人格的期望脉络过于具体，而价值的期望脉络又过于抽象，只有角色和程式能够满足全社会范围内的规范期望稳定化。事实维度上的角色分化（比如法官）与社会维度上的程序制度化（比如司法程序）的实现有直接关联，而程式的抽象化进程则直接体现了法律在事物维度上的演化深度。

就人类社会中演化出化约社会复杂性的法律机制而言，社会的

---

① Talcott Parsons, *The System of Modern Societies*, NJ: Prentice-Hall, 1971, p.11.

三个意义维度的发展进程并非各不相干，而是需要互为呼应和啮合。在前期卢曼关于法律的著名的功能主义定义中，他认为法律就是“一致性普遍化的规范期望稳定化”①。所谓“一致性”，就是指三个社会意义维度在演化进程上的相互交织、相互契合。只有当时间维度上演化出制裁，社会维度上演化出程序，事物维度上演化出角色和程式，三个社会意义维度才能相互匹配以达成“一致性”。所谓“普遍化”，则是指规范期望在全社会形成共识，至少被所有第三方假设为想象性共识。当规范期望在三个意义维度上实现了一致性，并获得了全社会的普遍认可（即普遍化）之后，具有化约社会复杂性功能的法律才会在人类社会中出现。

为了化约人类社会不断增加的社会复杂性，卢曼认为，从简单社会的法、到高级文明社会的法、再到现代法的实证化的进程中，法律需要持续提升自身的复杂性程度，以实现“一致性普遍化的规范期望稳定化”这个功能。卢曼把人类社会的分化形态区分为块状分化、分层分化和功能分化三种类型，这也大致对应着人类历史上前后相继的三个分化阶段。在人类早期的块状分化阶段，除了简单的劳动分工和性别分工，并不存在社会的功能分化，规范期望和认知期望也没有发生分离，法律规范发散在社会活动的各个方面，与宗教、家庭、经济、政治等互动过程浑然一体。经过上、下分层的阶层分化，西方社会进入到高级文明社会，这个阶段的跨度大致相当于从古希腊一直延续到工业革命前期。在此阶段，社会功能分化尚未展开，但是阶层分化的出现还是带来法律规范在解决复杂性问题上的新的适应性，

① ［德］尼克拉斯·卢曼：《法社会学》，宾凯、赵春燕译，上海人民出版社2013年版，第129—141页。

自然法在这个阶段成为稳定社会期望的最高规范基础。到了分层分化社会的晚期，在高级文明社会中，规范生产的数量大为增加，为了实现规范期望的稳定化，程序作为制度化装置逐渐发育，基于程序的角色分化也初步迈向成熟，并且出现了“条件程式”这样的抽象技术。法律本身的复杂性增加了，法律的这些变化为化约更大的社会复杂性提供了新的可能性。在17世纪，西方世界进入到功能分化阶段，政治、宗教、经济、科学、艺术、爱情以及法律等都分化为全社会的子系统，每个子系统之间不再有中心，即便政治也不再处于整合全社会的最高位置，政治不能直接控制其他社会子系统，而是通过“结构耦合”对其他子系统发生间接调整的作用。功能分化意味着社会冲突和矛盾的节奏更加频繁，冲突的内容也更加多元，与之相伴随的是规范生产的异常繁荣，这给法律生产带来了压力，法律系统演化出更加复杂的机制来应对社会复杂性的空前暴涨，这些机制包括但不限于规范期望与认知期望的彻底分化、立法决定程序与司法决定程序的分离、条件程式的发达、法教义学的自主化等。

四、现代法的实证化

为了凸显自己以功能分析方法考察法律实证化问题的优越性，卢曼特别批评了法哲学和法律科学中把法律实证性等同于立法者制定法典(法典化)的观点。为此，卢曼断言：“必须完全抛弃这些内容。”①在他看来，法律科学与法社会学在概念上发生分歧的关键之

① [德]尼克拉斯·卢曼：《法社会学》，宾凯、赵春燕译，上海人民出版社2013年版，第261页。

处，就在于如何看待“法律渊源”[①]。

卢曼认为，法哲学和法律科学关于法律渊源的概念，夸张地抬高了立法者的地位，甚至于把立法者看作一个事实上或道德上的全能者。在法律科学的视野中，立法不仅让法律与其外部的自然法、道德、习俗发生分离，而且在其内部构造了一个金字塔式的效力等级体系，以此获得了法律的自足性或实证性。法律科学因而把立法者看成法律规范的缔造者，法律渊源的概念更是把立法者制定的法典放置在效力等级体系的顶端。但是，从卢曼的法社会学立场看来：“法律并不起源于立法者的笔端。”[②]与法律科学的见解非常不同，卢曼的法社会学认为立法的功能并非在于创制法律，而是“将规范选择为约束性的法律并赋予其象征性的尊严”[③]。导致法律产生的并非立法活动，法律的源泉是情景交融的社会生活。在现代社会中，政治、宗教、科学、家庭、体育等领域不断生产出各种社会规范，立法不过是把这些社会规范导入法律系统内部的选择转换器。立法在法律生产过程中的作用有两个：第一是从广泛的社会生活中发掘出规范投射；第二是在众多规范中进行自由地选择，做出一个有约束力的决定。立法决定是一个程序过滤器，通过这个过滤装置，发散的、冲突的社会规范被提炼为适用于全社会的具有一致性和普遍约束力的法律。对于立法的功能及其限制性，卢曼如此总结道：“通过此程序产生的

① ［德］尼克拉斯·卢曼：《法社会学》，宾凯、赵春燕译，上海人民出版社 2013 年版，第 262 页。

② Niklas Luhmann, *Ausdifferenzierung des Rechts*, Frankfurt: Suhrkamp, 1999, S.123.

③ ［德］尼克拉斯·卢曼：《法社会学》，宾凯、赵春燕译，上海人民出版社 2013 年版，第 262 页。

并非法律，而是关于法律的一个或此/或彼的结构，必须对有效还是无效加以决定，法律不是从虚空中来的。”①

在此，可以把卢曼的法社会学与帕舒卡尼斯的观点稍作比较。帕舒卡尼斯曾对凯尔森纯粹法学展开了严厉的批评：“分析法律形式最简单的形式不必从外在权威命令的规范概念开始，将分析建立在由经济关系决定的法律关系之上就足够了。”②帕舒卡尼斯认为凯尔森的纯粹法学切断了法律与社会的关系，尤其是切断了法律与商品交换的关系。帕舒卡尼斯区分了“法律形式”与“法的形式”。他认为凯尔森只是从“法的形式”即法律的内容结构和表现形式来孤立地看待法律现象，而他本人所尊崇的“法律形式”的研究方法则认为，法律反映的是作为社会的经济组织的上层建筑。帕舒卡尼斯与卢曼的社会学立场有近似之处，他们都强调了法与社会之间千丝万缕的联系。但是，卢曼不同于帕舒卡尼斯之处在于，卢曼眼中的法社会学不限于考察法律与经济的关系，法律规范的源头还包括经济之外的其他广泛的社会规范。卢曼也不会采纳把法律看成是经济组织的上层建筑的视角，因为帕舒卡尼斯这种经济决定论否定了法律的自足性。帕舒卡尼斯对“法律形式”与“法的形式”加以区分，一方面的确以社会学独有的视角在法律与社会之间建立了联系，但是，另一方面，他并没有看到立法者的“权威命令”的介入所产生的程序性过滤效果，因而失去了对法律的实证性和自足性加以把握的理论敏锐性。当然，犯下相似错误的还有施米特(Carl Schmitt)，他不是把法律现象归结

① [德]尼克拉斯·卢曼：《法社会学》，宾凯、赵春燕译，上海人民出版社 2013 年版，第 262 页。

② [苏]帕舒卡尼斯：《法的一般理论与马克思主义》，杨昂、张玲玉译，中国法制出版社 2008 年版，第 50 页。

给经济，而是归结给政治，但他与帕舒卡尼斯一样，都无视现代法的实证性与自足性问题。

卢曼借助凯尔森的归因（归责）关系/因果关系的区分，超越了帕舒卡尼斯与凯尔森之间著名的争论。一方面，法律的创制不能像凯尔森所言那样，仅仅从立法决定程序（包括司法决定程序）启动的那一时刻来理解。如果说立法者创制了法律，这仅仅是一种社会系统的“归因”，也就是把法律制定的动机、效果和责任归属于作为社会行动者之一的立法者。但是，对立法者的归因是一种社会系统的选择，这种选择遮蔽了促成法律形成的其他复杂社会因素的因果性影响。从推动立法创制的因果机制看，帕舒卡尼斯在法律与社会规范（经济基础）之间建立的广泛联系才是更为全面的视角。另一方面，也要看到帕舒卡尼斯的理论盲点，他忽视了凯尔森基于归因（归责）视角的理论创造性。凯尔森强调了立法决定或司法决定的规范性效力，按照卢曼的社会学解读，虽然法律与各种因果关系交织在一起，但是，正是立法者的活动的介入，把“法律的有效性与一个可变因素——即一个决定——相联系”①。因果关系经过了立法选择的过滤，关键之处在于，这个决定赋予了相应的规范以“有效性”。

法律的实证化意味着法律决定引起的法律的可变性，“使变化成为稳定的原则，并在结构上和互动上使法律适应它”②。当然，仅仅是立法者的介入，并不必然导致法律的实证化。只有到了功能分化的现代社会，由立法决定所导致的法律的可变性，才是法律实证化时

① [德]尼克拉斯·卢曼：《法社会学》，宾凯、赵春燕译，上海人民出版社2013年版，第263页。

② Niklas Luhmann, *Kontingenz und Recht*, Berlin: Suhrkamp, 2013, S.100.

代来临的标志。无论西方还是中国的古代历史上，早就出现了各种层次的立法活动，但并没有发生法律的实证化。这是因为，在传统法律思想中，并没有产生可以通过一个立法决定或司法决定对法律加以变更的观念。在传统社会，立法这种历史行动反倒是法律不可变更的象征。不仅上帝言从口出的律法是不可变更的，而且君主制定的法律也是不可改动的。在阿奎那的永恒法、自然法、神法和人法之间的位阶序列中，人间的制定法不过是对不变法的永恒法和自然法的模仿。但是，卢曼又从中看到了传统法律向实证法过渡的契机："这种等级模式对于实证法的制度化的重要性怎么估计都不为过。"①在等级模式的掩护下，立法活动被重新引入，法律的可变性被有计划地扩大，以达成"对法律的基础进行高度冒险的重组"②。在卢曼看来，近代理性法形式的自然法的出现，是从前现代法向现代实证法过渡的一个重要桥梁。"自然法的概念包含了一个彻底的进步立场。"③近代理性法的关键作用在于，以不变的自然法外观掩饰了通过立法决定改变法律实质内容的历史性变迁。只有当人类社会进入功能分化时代，立法决定才被看成是从多种可能性（多种社会规范）中做出一项选择的活动。正是立法决定的介入，把某种社会规范从其他社会规范中分离出来，上升为具有"有效性"的法律。此时，法律因为立法决定或司法决定而成为可以变更的，这是法律实证性最为核心的特征。卢曼这样概括道："法律实证性中具有历史性的革新

---

① Niklas Luhmann, *Ausdifferenzierung des Rechts*, Frankfurt: Suhrkamp, 1999, S.121.

② Ibid., S.122.

③ Ibid., S.119.

和风险的是对法律变化的法律认可。”(重点号为引者所加)[①]“不改变也就成了可以被追究责任的行为。”[②]在19世纪,一些欧洲政治共同体跨入了法律的实证性状态,此时,“制定法律成为国家生活的常规操作,不再需要特殊情况或紧急状态”[③]。

通过立法决定实现法典化,使得法律具有不同于经济关系或政治关系的法律效力,这也意味着法律表现为一种不受环境决定的偶在性和自足性。立法决定导致的法律可变性,说明法律本来可能以其他方式做出。“既定的有效法形成了一个选择性成就,并且由于这种不断的可变选择而有效。”[④]立法决定虽然在做出一项选择时排除了其他的可能性,但这些可能性并没有消失,而是暂时储存在可能性的蓄积池中,成为每一次立法选择活动的可能性视域。这些暂时被排除的可能性,仍然有机会在此后的其他决定中再次被选择出来。比如,某一立法情境中,安全价值排除了卫生价值;下一个立法情境中,卫生价值重新被挑选出来,安全价值又被暂时排除。这就是卢曼所谓的价值机会主义。[⑤]因而,卢曼以如此悖论的方式表述了立法决定的自由与限制:“它在决定上有着任意性,却不是可以被任意决定的。”[⑥]卢曼

① [德]尼克拉斯·卢曼:《法社会学》,宾凯、赵春燕译,上海人民出版社2013年版,第263页。

② Niklas Luhmann, *Ausdifferenzierung des Rechts*, Frankfurt: Suhrkamp, 1999, S.125.

③ Ibid., S.127.

④ [德]尼克拉斯·卢曼:《法社会学》,宾凯、赵春燕译,上海人民出版社2013年版,第264页。

⑤ 针对价值机会主义这一现象,卢曼曾在实证法与意识形态之间进行过深入比较,参见Niklas Luhmann, “Positives Recht und Ideologie”, in *Archiv für Rechts- und Sozialphilosophie* 53, 1967, S.531—571。

⑥ [德]尼克拉斯·卢曼:《法社会学》,宾凯、赵春燕译,上海人民出版社2013年版,第264页。

也曾在别处讲过类似的话：什么都可以改变，但是做出任何小小的改变都十分困难。卢曼由此从法律实证性概念中延伸出这样一个公式："法律不仅是被决定生产的，即被选定的，也是因为决定而有效的，即偶在的和可变的。"①

法律在其内部结构上的这种复杂性和偶在性的增加，对规范期望稳定化的三个意义维度都产生了重大影响，并且与社会的功能分化进程相适应。在时间维度上，法律的复杂性体现为过去的法律在今天或将来可能变得无效，良好的法律不是来自过去，而是来自开放的未来，法律的不断可修正性甚至必须以法律的形式预先加以规定；在事物维度上，随着社会生活的高度复杂化，各种社会主题雨后春笋般冒出来，社会规范的数量总是大大高于能够成为法律的数量，法律的数量本身也大大超过了专家能够掌握的范围，同时，法律在时间上的可变性导致了法律规范的高度细节化；在社会维度上，社会行动的复杂度的提高使得法律需要覆盖不同的个人和角色，因而必然迈向抽象化和普遍化，"只有通过个人利益的最小化，法律的这种迅速的、明显的变化和无法估计的扩张才能被制度化"②。在功能分化这一新的社会复杂性水平上，法律在三个意义维度上必然会提高自身的适应性，寻找新的一致性方式以便与社会的深层结构变化达成新的平衡——也就是变与不变之间的平衡。这是通过对规范期望和认知期望这两种期望结构加以新的综合而实现的。在现代功能分化社会，法律面临着为维持期望稳定而采取规范性的不学习态度和为适

① ［德］尼克拉斯·卢曼：《法社会学》，宾凯、赵春燕译，上海人民出版社2013年版，第263页。

② 同上书，第266页。

应变化而采取认知性的学习态度的矛盾处境。“法律的实证化能够在系统区分的基础上对结构进行矛盾的处理。”①“在法律实证化之后，偶在性的问题必须被重新定义为学习和不学习的分配问题。”②化解这一矛盾的社会新技术，就在于把法律的普遍性提高到更高的漠视层次：在时间维度上，对之前有效、之后无效的法律矛盾的容忍；在事实维度上，对各个部门法之间发生冲突的容忍，同时也减低对于体系融贯性的要求；在社会维度上，对于偏离社会常态标准的行为的容忍，这将导致法律对于道德的敏感性下降。③卢曼引用帕森斯的表述，把法律的内在结构所发生的这些新变化称为“适应性升级”④。

在功能分化社会，为了克服由于法律的变和不变之间的紧张关系所造成的规范期望与认知期望之间的矛盾，为了实现三个意义维度上的一致性，法律必须迈向功能特定化和实证化。对此，我们也可以看到卢曼的法社会学与哈特的法哲学的呼应关系。哈特认为从传统社会的法向现代社会的法的转变，就是从静态的、不确定的、缺乏社会压力的法向动态的、确定的、具有集中的社会压力的法的转变，其中承认规则、改变规则和裁判规则的出现，是传统法与现代法的界标。⑤承认规则可以看成对规则（第一性规则）加以调整的规则（第二

① Niklas Luhmann, *Ausdifferenzierung des Rechts*, Frankfurt: Suhrkamp, 1999, S.128.

② Niklas Luhmann, *Kontingenz und Recht*, Berlin: Suhrkamp, 2013, S.101.

③ ［德］尼克拉斯·卢曼：《法社会学》，宾凯、赵春燕译，上海人民出版社 2013 年版，第 267 页。

④ Niklas Luhmann, *Kontingenz und Recht*, Berlin: Suhrkamp, 2013, S.101. 亦可参见 Talcott Parsons, *The System of Modern Societies*, NJ: Prentice-Hall, 1971, pp.27, 69 f.。

⑤ ［英］哈特：《法律的概念》，许家馨、李冠宜译，法律出版社 2006 年版，第五章：法律作为初级规则和次级规则的结合。

性规则)，这对应于卢曼所谓的规范的反身性的实证法特征；改变规则意味着借助第二性规则可以对第一性规则加以改变，这对应于卢曼通过法律改变法律自身这一实证法特征；裁判规则授权个人或机关对于是否违反第一性规则以及应如何制裁做出权威性决定，这对应于卢曼关于司法决定的程序性分化这一实证法特征。不过，与哈特的法哲学视角相较，卢曼对现代法的实证化特征的社会学观察，无论是方法上还是结论上，都更加深刻和清澈。①出于本章的撰写目的，本章仅特别强调卢曼与哈特在描述现代法的特征上的关联性。在下文关于卢曼对实证法的初始条件的发掘中，我们能够更清晰地理出这条关联线索。

卢曼认为，欧洲社会能够迈入法律实证化的进程，就是因为满足了一些关键性的初始条件。这些初始条件随后也就成为法律实证性的主要特征。这些初始条件包括但不限于：规范生成的反身性、条件程式化、立法决定程序与司法决定程序的分化。

规范生成的反身性。所谓反身性，是指“一个过程被运用于自身”②。反身性作为一种意义处理机制，无论对于心理系统还是社会系统，在适用上都呈现出一种普遍性。上文在阐述法律的功能时，就涉及期望的期望的反身性问题。一旦社会互动发展到较高的复杂性程度，就会涌现大量的反身性现象。③比如，用语言研究语言，演化出

① 宾凯：《法律系统的运作封闭——从“功能”到“代码”》，载《荆楚法学》2022 年第 3 期，第 63—64 页。

② [德]尼克拉斯・卢曼：《法社会学》，宾凯、赵春燕译，上海人民出版社 2013 年版，第 267 页。

③ 关于反身性机制的理论，参见 Niklas Luhmann, “Reflexive Mechanismen”, in *Soziologische Aufklärung 1: Aufsätze zur Theorie sozialer Systeme*, Köln: Opladen, 1970, S.92—112。

语言学；对计划加以计划，演化出科层制；对权力施加权力，演化出现代政治系统；对交易进行交易，演化出经济系统中的货币媒介和金融工具；对学习加以学习，对教育者进行教育，演化出现代教育系统；对价值加以价值评价，演化出意识形态；对决定加以决定，演化出组织程序；等等。对于现代法的实证化所需的初始条件而言，最为关键的还是“规范生成的规范化”[①]。卢曼认为，正是因为规范生成的反身性，带来了社会化约复杂性的选择性成就的巨大增长，促进了更多的可能性，也能够处理更为多元的互动情境。比如，类似我国《立法法》这样的规范性文件，规定了法律制定的程序和限制性条件，其作用在于“以极大的自由促进了在规范—制定和规范—变化中的安定性和可预见性的统一，即将规范结构提升到了一个高层次上但仍使其置于控制之中”[②]。这种规范生产的反身性机制，在结构上可以产生更大的复杂性和更高的偶在性，当然也会带来更多的风险。法律的反身性机制在人类社会中成功演化出来之后，法律的结构变化能够容纳更大的自由度。反身性机制引导法律的再生产指向自身，而不是指向外部。于是，自然法与实证法之间，实证法与道德之间发生了分离。因为，低级复杂性的自然法和道德，无法控制法律内部的高级复杂性。[③]“法律的社会表现不能以其作为法律最大限度地实现道德目标的程度来衡量（就像判断行动一样），也不能以其是否履行了道德规范来衡量。”[④]规范生成的反身性因而也成为法律系统迈向功能分

---

① ［德］尼克拉斯·卢曼：《法社会学》，宾凯、赵春燕译，上海人民出版社 2013 年版，第 268 页。

② 同上。

③ 同上书，第 270 页。

④ Niklas Luhmann, *Kontingenz und Recht*, Berlin: Suhrkamp, 2013, S.137.

化的初始条件。从反身性机制所具有的增加系统复杂性以化约环境复杂性的功能来看，其在经济系统、政治系统、教育系统、亲密关系系统等中所起的作用，与法律系统中的作用并没有什么不同——各个子系统对于全社会的贡献是功能等效的。

条件程式化。所谓条件程式，就是法律科学中所言及的规范或规则，其基本公式可展开为“如果……那么……”的语句。在卢曼之前，几乎还没有人以社会学的方法分析过条件程式的成因和功能。卢曼认为：“把法律重构为决定程式的形式，一般被看作是法律实证化的一个重要特征。”[①]条件程式是在法官从事案件裁判时为解决手边问题而寻找正确答案的决策条件。如果特定条件被满足，那么就必须做出一个确定的决定。“他的方案采取‘如果……那么……’的形式，他的任务是找出触发‘那么’的‘如果’条件是否得到满足。”[②]法官必须受到条件程式的控制，因而司法裁判就与道德互动、宗教活动等划出一道界限。在处理复杂性上，条件程式把行为的偶在性与奖惩的偶在性限制在一个选择性的“如果……那么……”的闭合关系中，因而使得社会结构可以承受更高的不确定性。由此，作为构成要件的行动情境与法律后果之间的联系变得松弛，可以容纳更加开放的变化可能性——更多的自由。卢曼在评价韦伯所谓的法理权威统治类型时就这样说：“这是最具理性化的形式，因为最有弹性”，“它以服从为一种手段，以实现任意的目的”。[③]条件程式除了提供从固化

---

① [德]尼克拉斯·卢曼：《法社会学》，宾凯、赵春燕译，上海人民出版社 2013 年版，第 279 页。

② Niklas Luhmann, *Ausdifferenzierung des Rechts*, Frankfurt: Suhrkamp, 1999, S.275.

③ Niklas Luhmann, *The Differentiation of Society*, New York: Columbia University Press, 1982, p.45.

的关系中松解出来的变化可能性，其在技术上也更具有可应用性："条件程式在极端情况下是算法系统，并具有自动处理的能力。"①从信息控制的角度说，条件程式保证了法律执行效果"有点像机器"②。这对于从司法系统外部检查执行效果来说非常便利，因而有助于保障法官做出裁判决定的独立性。这也是司法系统不同于行政系统的原因。行政系统是以"目的程式"为运转基础，上级对下级之间是委托代理的科层式监督关系，需要不间断地严密控制。虽然在立法决定与司法决定之间也需要保持上下位阶关系，但在司法系统内部却无须对个案加以等级控制，即便司法内部的上诉关系也并非首长负责制式的领导监督关系。对于法律迈向实证化而言，条件程式还有一个优越的属性，即法官在制定司法决定时可以从后果和责任的顾虑中解脱出来。法官无须检查裁判所导致的所有后果，只需要忠实执行条件程式，就可以免除责任。只有这样，才能极大简化社会关系上过多的复杂性，司法自主性和法律面前人人平等也才是可欲的。

立法决定程序与司法决定程序的分化。法律实证化所要处理的核心问题之一，就是在功能分化社会的更高复杂性水平上综合学习与不学习的矛盾关系。体现在法律决定程序的演化上，就是司法决定程序与立法决定程序的分化。司法决定是对条件程式的适用和解释，无须考虑目的与后果，因而法官持有一种规范期望的不学习态度。"对适用法律的表述，对规范性期望的坚持和认可，对不向违法

① [德]尼克拉斯·卢曼：《法社会学》，宾凯、赵春燕译，上海人民出版社 2013 年版，第 281 页。

② 同上书，第 282 页。

者学习的决心的表达，都是在程序化决策领域，特别是在司法部门培养出来的。”①立法决定则是制作条件程式，必须考虑条件程式所涉及的目的与后果，因而立法者持有一种认知期望的学习态度。对于立法者而言，可以“平静地注意到规范的实际效果、被违反率、功能障碍，以及规范所导致的行为冲突及其所引发的替代行动。他可能表现出愿意纠正自己的期望”②。立法者需要不断向失望学习。法官与立法者的一个重大差异在于“法官必须要做出判决并受到与此相关的决定生成条件的约束，而立法者却并不受这样的约束”③。法官必须遵循同案同判的平等原则，立法者却不受此原则约束。在处理学习与不学习的问题上，司法是保守的，往后看的，必须兼顾法律的一致性与融贯性；而立法则是开放的，面向将来的，可以做出与之前断然相反或矛盾的决定，可以以新法废除旧法。司法程序与立法程序的分离“主要源于一个需要被克服的相当大的复杂性差异”④，二者在组织条件上面临不同的框架性要求。司法决定与立法决定需要处理不同的问题意识和环境敏感性。相比于司法，立法面对着更高的环境复杂性，即更多的突发事件和偶然事件。立法者不能按照条件程式制作决定，而是需要把全社会的公共利益纳入视野中，因此必须按照目的程式来行动。正如后期卢曼所言，在功能分化社会中，法律系统内部发生了司法与立法之间的功能分化，司法的个案裁判机

---

① Niklas Luhmann, *Ausdifferenzierung des Rechts*, Frankfurt: Suhrkamp, 1999, S.136.

② Ibid., S.136.

③ ［德］尼克拉斯·卢曼：《法社会学》，宾凯、赵春燕译，上海人民出版社 2013 年版，第 286 页。

④ 同上书，第 290 页。

制成为法律的中心，而立法则处在法律的外缘。[1]中心/外缘之分，并非重要和不重要之分，而是表明司法与立法在化约复杂性上所扮演的不同角色。由于法官无需为后果负责，立法者就必须补充这个负责的角色，把某种“政治性”责任挑起来。卢曼把立法看成是法律与其社会环境发生“结构耦合”的中介装置，法官由此才可能摆脱直接与环境发生短路连接的政治责任，他只需埋头于条件程式的法律解释和司法推理就够了。“处理失望的机制和学习机制的功能分离，在不断适应社会发展的意义上，利用了实证法的高度灵活性，这是一个不可或缺的先决条件。”[2]立法与司法的分离，既是法律迈向实证化进程的初始条件，也是实证法成熟以后的核心特征之一。

---

① Niklas Luhmann, *Das Recht der Gesellschaft*, Frankfurt: Suhrkamp, 1995, S.297.

② Niklas Luhmann, *Ausdifferenzierung des Rechts*, Frankfurt: Suhrkamp, 1999, S.137.

第 5 章　法律系统的运作封闭：从“功能”到“编码”

本章摘要：一旦把法律的基本单位重新界定为“法律运作”，必将引发法律基础理论的范式转变。系统论法学从法律系统“运作封闭”的核心论断出发，以“系统/环境”这个主导性差异为引擎，展开了从功能到编码的双层社会技术分析，描绘了法律系统在功能上运用“规范性期望/认知性期望”区分，在编码上运用“合法/非法”区分的立体交叉、动态复杂的运作过程。法律系统“既开放又封闭，开放以封闭为条件”这样一种在悖论和去悖论中不断递归性运作的自我再生产机制为回答“法律是什么”这一法理学根本问题提供了新颖的解题思路。

一、前　　言

在我国法学界，一般把“法律的基本单位”称为“法律的要素”。如何选取“法律的要素”，对于回答“法律是什么”这个法理学的根本问题而言，具有奠基性。在我国的权威法理学教科书中，法律的要素被概括为三类:法律概念、法律规则和法律原则。[①]本章认为,权威教科书的这一概括,貌似合理,实则值得商榷。“法律概念、法律规则和法律原则”的三元论,明显与20世纪世界法哲学领域的旗手人物的认定不一致。哈特(Herbert Hart)认为法律的基本单位是规则,凯尔森(Hans Kelsen)认为是规范,而德沃金(Ronald Dworkin)则认为是规则加上原则。这几位法哲学大家对于法律基本单位的不同选择,并不是恣意的,而是基于深思熟虑所做出的理论判断。本章的任务并不在于揭示诸位法哲学大家的“深思熟虑”,而是希望学界能由此注意到,德国社会系统论大师卢曼把法律的基本单位界定为法律系统的“运作”(Operation)的深意,以及这一界定在法律基础理论上可能引发的范式转变。

卢曼的社会系统论,是在科学系统内对法律系统展开的外部观察;但同时,它又断定法律系统这个被观察对象的自足性:“系统存在着(Es gibt Systeme)。”[②]也就是说,法律系统自身真实地存在着,而不是被理论观察者分析性建构起来的。[③]在解决“法律是什么”的问

---

① 张文显、信春鹰主编:《法理学(马克思主义理论研究和建设工程重点教材)》,人民出版社2018年版,第36—45页。

② Niklas Luhmann, *Soziale Systeme. Grundriß einer allgemeinen Theorie*, Frankfurt: Suhrkamp, 1984, S.30. 卢曼《社会(诸)系统》一书的第一章第一段第一句,就是“诸系统存在着”。这个断言初看起来颇具实在论色彩,然而,卢曼后期理论是基于二阶观察的认识论建构主义对社会理论加以升级和扩展,是坚决反实在论的。鉴于本章宗旨,关于卢曼“诸系统存在着”这个开篇所具有的认识论深意,此处无法详细探讨。读者可参见卢曼讨论认识论和知识论的一系列著述:Niklas Luhmann, *Erkenntnis als Konstruktion*, Bern: Benteli, 1988; Niklas Luhmann, “The Cognitive Program of Constructivism and a Reality that Remains Unknown”, in W. Krohn ed., *Self-organization: Portrait of a Scientific Revolution*, Dordrecht: Kluwer, 1990, pp.64—85; Niklas Luhmann, *Die Wissenschaft der Gesellschaft*, Frankfurt: Suhrkamp, 1990。

③ 卢曼对帕森斯“分析性实在论”(analytic realism)的批评,参见Niklas Luhmann, *Introduction to Systems Theory*, Cambridge and Maiden: Polity Press, 2013, p.8。

题上，这个真实存在的法律系统，既不是借助自然法学派那样的高级法判准，也不是像法社会学那样施展以因果分析调包、架空规范分析的障眼法，而是“法律自己决定了什么是法律，什么不是法律”①——无疑，这是一个由自我指涉所形成的套套逻辑。表面上，与分析法学、纯粹法学等法律实证主义的主张相比，系统论法学似乎并没有什么高见。但是，系统论法学独具慧眼的地方在于，其认为“法律就是法律”这个套套逻辑凭借一套绵密复杂的社会技术展开为真实的社会运作。

本章的任务就在于：揭示系统理论如何把法律系统的基本单位界定为“法律运作”，进而在法律系统的功能（Funktion）和编码（Code）两个层次上，抽丝剥茧地解析法律系统展开“法律运作”之套套逻辑的社会技术，以回答“法律的封闭性与开放性”这一法理学根本问题。

法律实证主义认为法律是规范（规则）封闭的。与此不同，系统论法学主张，法律系统是“运作封闭”的。②悖论的是，法律系统在运作封闭的前提下，又呈现出“规范封闭与认知开放”并行的状态。为了把这个论断发展成为一套融贯、坚实的理论，本文基于系统理论的第四代范式，以“系统/环境”这个主导性差异（Leitdifferenzen）为引擎，以法律系统的“运作封闭”为核心论断（本章第一部分），从功能上的“规范性期望/认知性期望”（本章第二部分）和编码上的“合法/非法”（本章第三部分）这两个区分出发，借助一系列复杂交织的概念装置，精细描述法律系统“既开放又封闭，开放以封闭为条件”③这样一个在悖论和去悖论中不断递归性运动的自我再生产机制。

---

① ［德］鲁曼：《社会中的法》，李君韬译，五南图书出版公司 2009 年版，第 227 页。该书德文原著为 Niklas Luhmann, *Das Recht der Gesellschaft*, Frankfurt, Suhrkamp, 1993。

② 同上书，第 66 页。

③ 同上书，第 100 页。

二、法律系统的基本单位：法律运作

基于“自创生”(autopoiesis)理论，系统论法学发展出一个核心观点：法律系统的基本单位是法律运作，法律运作递归性地、自我指涉地指向自身，因而是系统封闭的；同时，又对环境开放，并且，开放以封闭为条件。如果想要理解法律系统的复杂动力机制，就需要详尽回答以下问题：什么是系统？什么是系统的“自创生”？什么是系统的运作？

为此，首先需要了解卢曼所说的系统理论的范式转型。在西方思想史上，系统论经历过四个代际的演化：①

1. 封闭系统的思想。早期系统思想，从亚里士多德开始，运用“整体/部分”这个区分，认为系统是由元素构成的，元素的性质，元素之间的关系，则是由整体决定的。基于“整体/部分”的系统论思想，整体与部分的关系产生于系统内部，其核心理念是系统的封闭性。直到黑格尔，其理论仍然持有这种封闭的系统观。在他的《精神现象学》中有一句著名格言：“真理是全体，但全体只是通过自身发展而达到完满的那种本质。”②全体，整体，或者又被黑格尔称为系统的东西，就是世界的“一”，就是“绝对”。所谓绝对的，即是封闭的。

2. 开放系统理论。人类社会进入现代，开始运用“系统/环境”这

---

① 卢曼对四代系统论的概述，参见 Niklas Luhmann, *Soziale Systeme. Grundriß einer allgemeinen Theorie*, Frankfurt: Suhrkamp, 1984, S.22—25。

② 黑格尔在其《精神现象学》一书序言中的第一句话：“真理之为科学的体系。”[德]黑格尔：《精神现象学》，贺麟、王玖兴译，商务印书馆1981年版，第1页。黑格尔所言的“体系”“全体”，虽然是辩证运动的，但是没有外部环境。“真理是全体。而全体只是通过自身发展达到完满的那种本质。”(《精神现象学》，第12页)所谓的真理的发展，也只是封闭体系内部的历史过程，否则无法达到“绝对”和“一”。

个区分观察世界。卢曼断言：“环境”是现代的发明。[①]近代物理学，尤其是热力学第二定律，认为系统要维持自身存在，就必须和环境交换物质和能量，这样，系统才能处于负熵的有序状态。系统因而必须向环境开放，通过一个输入输出的“转换函数（Transformationsfunktion）”[②]，维持系统与环境之间的复杂性落差，不至于使系统因为负熵的耗散而归于与环境无法区分的热寂状态。贝塔郎菲的《一般系统论》[③]，就是开放系统理论的集大成之作。

3. 自组织理论。自组织理论区分了系统的结构与组织，认为系统的结构可以不断发生变化，而组织却仍然维持系统的统一性。结构变化意味着系统与环境之间发生着物质和能量的交换，而组织维持则意味着系统的自我再生产过程遵循着不受环境直接影响的内部逻辑——也就是说，系统具有处理内部信息的自主性。当外部条件达到某个阈值后，系统内部就开始从无序转为有序，系统在结构上的开放性和组织上的封闭性同时并存。自组织理论基于系统/环境这个区分，把系统与环境的关系推进到一个新高度。普里高津（Ilya Prigogine）与尼科利斯的耗散结构理论[④]和哈肯（Hermann Haken）的协同学[⑤]，就是在化学和物理领域对于非平衡态系统自组织现象

---

① 卢曼认为：“‘环境’这个词，德文为‘Umwelt’，是 19 世纪的发明。”参见 Niklas Luhmann, “Technology, Environment and Social Risk: A Systems Perspective”, in *Industrial Crisis Quarterly* 4, 2013, p.227。

② [德]鲁曼：《社会中的法》，李君韬译，五南图书出版公司 2009 年版，第 67 页。

③ Ludwig von Bertalanffy, *General System Theory: Foundations, Development, Applications*, New York: George Braziller, 1968.

④ I. Prigogine and G. Nicolis, *Self-Organization in Non-Equilibrium Systems*, New York: Wiley, 1977.

⑤ H. Haken, *The Science of Structure: Synergetics*, New York: Van Nostrand Reinhold, 1981.

的理论揭示。

4. 自创生理论(the theory of autopoiesis)。智利生物科学家马图拉纳(Humberto Maturana)和瓦瑞拉(Francisco Varela)基于生物学上的发现,尤其是对细胞活动和神经组织的实验观察和理论提炼,重新阐释了有机体在维持生命系统的动态平衡时的特殊机理,认为有机体遵循着"运作封闭和认知开放"的悖论逻辑,不断再生产自身。运作封闭,是指系统维持自身动态稳定的系统同一性;而认知开放,则是系统不断处理来自环境的刺激。尤其重要的是,认知开放是在系统的运作封闭内部实施的运作,认知开放以运作封闭为其前提条件,这样,系统才能维持自身与环境的边界。①

四代系统论的发展可以做如下关系小结:从封闭系统思想到开放系统理论,最重要的发展是在系统理论中引入了环境的概念,启用了"系统/环境"这个差异;从开放系统理论到自组织理论,系统的自身同一性,或者说系统自我再生产的内在信息反馈机制得到了承认,系统与环境不再是直接短路连接,系统/环境的差异关系获得了进一步区分,系统实现了结构上的自主性;从自组织理论到自创生理论,最大的思想飞跃在于,从自组织理论所认为的异生产系统(allopoietic system)迈向了自创生系统(autopoietic system)。

那么,什么是"自创生"?智利生物和认知科学家马图拉纳与瓦瑞拉经过对细胞生理机制的多年研究,对生物"自创生"概念给出一个著名定义:"一个自创生机器,就是一个被组织起来的机器(被界定为一个统一体),这是一个生产(改变和摧毁)要素之过程的网络:

① Niklas Luhmann, *Soziale Systeme. Grundriß einer allgemeinen Theorie*, Frankfurt: Suhrkamp, 1984, S.22—25.

(1)通过要素之间持续的相互作用和改变，再生产着、实现着过程(关系)的网络。同时，由这一网络，又生产出要素。(2)把这个机器在空间中构成为具体的统一性。在这个统一性中，这些要素借助这一机器在现实化为网络的具体拓扑域时而存在。”①因此，自创生系统的基本特征可归纳为三点：(1)一些成分(components)生产(合成和分解)的加工网络。(2)这些成分连续地再生成，并实现生产它们的加工网络。(3)把这个网络构成为一个在其生存领域中的可分辨的个体(unity)。系统的自创生本质上是一个运作闭圈，即一个反身(reflexive)连结的循环过程：首要作用就是系统自己的生产；这个操作闭环造成了一个无需“中央控制器”的涌现的或全局的一致性，即该系统的同一性。②

自创生理论最重要的发现在于：系统不仅在规则上是自我生产和自我指涉的，而且在要素上也是自我生产和自我指涉的。正如卢曼总结的那样：“‘结构主义’从来没有表明过结构是如何产生事件(events)的。”③所谓结构，就是指规则，而事件，则是指要素生产。如果说自组织理论认为，系统是通过结构性的“规则”的自我再生产来维持系统自身同一性和自我指涉(self-reference)的，那么，自创生理论则认为，系统是通过不断从一个要素到下一个要素的自我指涉，在实现系统“要素”再生产的同时，维持着系统网络的自我再生产。系统通过每一个要素的生产，在系统与环境之间不断做出区分，以维持

① Humberto Maturana and Francisco Varela, *Autopoiesis and Cognition*, Boston: Reidel, 1980, p.78.

② 李恒威：《意向性的起源：同一性，自创生和意义》，载《哲学研究》2007年第10期。

③ Niklas Luhmann, “The Autopoiesis of Social Systems”, In F. Geyer & J. van der Zouwen eds., *Sociocybernetic paradoxes*, London: Sage, 1986, p.174.

系统的边界。用卢曼本人的话来说则是："自创生系统，不只是自组织的系统。它们不仅生产和改变自身的结构，它们的自我指涉也运用于系统其他要素的生产。这是具有决定性意义的概念革命。这个理论为自我指涉机制已经非常强大的引擎又添加了一部涡轮发动机。"①

卢曼的社会自创生理论，整合了多个学科的最新成就。生物学领域发展起来的自创生理论，是社会系统论范式转换的灵感来源。卢曼正是受到生物自创生理论的启发，并突破了马图拉纳和瓦瑞拉所设定的自创生机制仅仅适用于生物有机体的教条，把自创生理论从"生命"系统审慎地扩展到"意义"系统——意义系统包括意识系统和社会系统。②卢曼以自创生理论为方法论和认识论框架，在消化吸收了冯·福斯特(Heinz von Foerster)的观察理论③和斯宾塞-布朗(George Spencer-Brown)的区分理论④的基础上，改造了"自创生"这个概念，⑤铸造了具有很高解释力的社会系统论，实现了20世纪后期西方社会理论的升华。卢曼认为，社会系统就是一个自创生系统，所谓社会自创生系统的要素，就是构成系统的每一个"运作"。所以，社会系统的基本单位不是行动，也不是行动的规则，而是运作——即社会性的"沟通"(Kommunikation)。作为沟通的社会运作，没有时间上的延绵性，一旦生产出来，就会马上消失。因此，与生物系统要

---

① Niklas Luhmann, "The Autopoiesis of Social Systems", In F. Geyer & J. van der Zouwen eds., *Sociocybernetic paradoxes*, London: Sage, 1986, pp.173—174. 重点号为本书作者所加。

② Ibid., pp.172—192.

③ Heinz von Foerster, *Observing Systems*, CA: Intersystems Pulication, 1984.

④ George Spencer-Brown, *Laws of Form*, New York: Dutton, 1979.

⑤ Michael Schiltz and Gert Verschraegen, "Spencer-Brown, Luhmann and Autology", *Cybernetics & Human Knowing* 9(3—4), 2002, pp.72—73.

“活”下去不同，社会系统的维持有赖于后一个沟通与前一个沟通的持续“衔接”。

沟通是社会系统的最小单位，是在社会系统内不可分解的最基本要素。每个沟通则由信息、告知和理解三个成分构成。沟通发生在两个人或两个组织之间，一方作为信息的告知者，另一方则对信息和告知之间的差异加以理解，借助双方共同的活动，涌现出一个社会要素——“沟通”。[①]社会并非由人构成，也不是由行动构成，人是社会沟通的环境。社会系统由沟通以及沟通所形成的网络所构成，系统的维持有赖于沟通的不断递归性延展。社会沟通网络生产出每个沟通，每个沟通又参与到社会网络的生产中，这就是社会系统的“运作封闭”。

卢曼认为，在现代社会中，全社会内部分化出了政治、经济、科学、宗教、教育等子系统，每一个社会子系统都有自己的编码和纲要，并以之不断生产自己独具特色的“沟通”。从认识论上说，社会系统论在处理“系统/环境”这个区分上，被认为是一种“操作性建构主义”(operativem Konstruktivismus)[②]。每个子系统通过沟通的递归循环不断把系统自身与外部环境区分开来，保持系统自身的封闭性；同时，系统的沟通又不断指向环境，并对环境的刺激加以筛选，通过系统自身内部的过滤机制，有条件地对环境复杂性进行选择，建构出属于系统自身的“环境”。因此，卢曼所贡献的社会系统论，被称为社会理论的“运作转向”或“沟通转向”。无疑，这是一场完全满足库恩

---

① 卢曼对于“沟通”概念的详尽阐释，参见 Niklas Luhmann, *Soziale Systeme. Grundriß einer allgemeinen Theorie*, Frankfurt: Suhrkamp, 1984, Kapitel 4: Kommunikation und Handlung。

② [德]鲁曼：《社会中的法》，李君韬译，五南图书出版公司2009年版，第66页。

(Thomas Kuhn)科学哲学所设定的范式转型标准的那种理论革命。

那么,法律系统作为全社会系统的一个子系统,是如何同时实现运作封闭和认知开放的呢?或者,它是如何运用“系统/环境”这个区分实现了系统的自我维持和动态变化的呢?另外,与传统自然法学、法律实证主义和法社会学相比,系统论法学对法学理论的发展提供了什么样的崭新刺激呢?

系统论法学是从功能和结构入手来回应这些问题的:从功能来说,对于全社会而言,法律系统以独特方式处理全社会在“时间维度”上的难题,集中承担了“一致性普遍化规范期望的稳定化”①的功能;从结构来说,法律系统运用紧密关联的“编码”和“纲要”作为自创生的要素。无论是功能角度,还是结构角度,都需要围绕“系统/环境”这个区分而在运作封闭和认知开放两个方向展开运作。

为此,首先要了解什么是法律的运作,法律运作和与法律规范是什么关系。系统论法学特别强调,法律系统的基本单位是法律运作。所谓法律运作,就是每一次的法律沟通,具体表现为立法决定、司法裁判或缔结契约等围绕“法/不法”进行的社会活动。这与法学家们对法律基本单位的看法明显不同。一般说来,法学家们把“规范”视为法律体系(legal system)的基本单位。在当代法律实证主义学说中,无论是纯粹法学的代表人物凯尔森眼里的“规范”,还是分析法学派巨擘哈特眼里的“规则”,都是他们所认定的法律基本单位。凯尔森动态体系中通过规范生产规范的过程,②哈特通过第二性规则来

① [德]尼克拉斯·卢曼:《法社会学》,宾凯、赵春燕译,上海人民出版社2013年版,第129—141页。

② [奥]凯尔森:《法与国家的一般理论》,中国大百科全书出版社1995年版,第128页。

识别第一性规则的过程，[①]都包含了对规范(规则)的自我再生产特性的深入描述，体现了规范(规则)的封闭性。但是，从系统论的代际关系来看，如果仅仅看到法律体系中规范(规则)之间的自我指涉性质，那么这样的理论还只是处于系统论的“自组织”范式。在进入以“自创生”范式观察法律的理论阶段之后，法律系统的基本单位就不再是规范，而是运作。

那么法律运作与法律规范的关系是怎样的呢？对于法律系统而言，可以这样说，运作之外无他物，而且，运作存在于每一个“当下”时刻。法律系统就是由不断涌现的每个“当下”的运作串联起来的动态平衡过程。每个当下的运作连接到过去和将来的运作。为了把当下的运作与过去以及将来的运作衔接起来，就需要对这一生产网络施加限制性条件。这个有助于运作衔接的限制性条件，被称为系统的结构。法律系统的结构就是规范，法律规范是衔接法律运作的选择机制。所以，没有离开规范的运作；同时，需要强调的是，也没有脱离运作单独存在的规范，规范就在运作之中，或者说，结构就在过程之中。[②]这就像语言学认为的那样：作为每个具体情境中的“言语”(parole)需要作为结构的“语言”(langue)来保证语言系统的可理解性；同时，作为结构的“语言”，也只有在每一次“言语”的具体应用中才会显示出自身的约束性功能。[③]作为类比，法律运作的每一个法律沟

① [英]哈特：《法律的概念》，许家馨、李冠宜译，法律出版社 2006 年版，第五章：法律作为初级规则和次级规则的结合。

② [德]鲁曼：《社会中的法》，李君韬译，五南图书出版公司 2009 年版，第 69 页。后文将会进一步讨论，规范作为法律的结构，其实又可区分为编码和纲要两个层次。

③ [瑞士]索绪尔：《普通语言学教程》，高名凯译，商务印书馆 2009 年版，第 29、35 页。

通，比如立法决定、司法裁判和合同缔结，都有赖于法律规范的衔接作用，而法律规范也只有在这些法律沟通中才能呈现出自身。

三、 法律系统在功能层次上的封闭与开放

那么，什么是法律系统的功能？法律系统又如何在功能层次上保证了自身运作的封闭性？

在社会活动中，人与人之间处于一种“双重偶在性”（Doppelte Kontingenz）的不确定状态。①之所以产生双重偶在性这个问题，是因为每个个体的意识都是一个黑箱，参与互动的双方都无法直接探知对方的意识状态，每个参与方的言语和行为随时都可能出乎对方的意料。对于沟通系统来说，双重偶在性意味着环境的复杂性，也意味着沟通前景的高度无序性和不确定性。如果无法克服双重偶在性为人际交往埋下的不可能性鸿沟，那么，任何社会沟通都是不可能的。与此相伴随，社会系统论另外还有一个深刻的见解，那就是，如果没有双重偶在性，或者说，如果我们每一个人都能直接看清对方大脑中的意识状态，那也就不需要沟通了，更不会涌现出法律这样复杂的社会子系统。②

---

① Niklas Luhmann, *Soziale Systeme. Grundriß einer allgemeinen Theorie*, Frankfurt: Suhrkamp, 1984, Kapitel 3: Doppelte Kontingenz. 国内介绍“双重偶在性”的论文，可参见泮伟江:《双重偶联性问题与法律系统的生成》，载《中外法学》2014 年第 2 期。

② 对此，科幻作家刘慈欣的《三体》提供了一个思想实验的反例。小说中写道，在离地球 4.5 光年的三体文明内，三体生命之间通过脑电波直接进入对方的意识。这意味着，对其他三体生命而言，每个三体生命在意识活动上都是透明的。由于不存在双重偶在性问题，他们之间没有谎言，没有欺骗。然而，意识的透明性也就意味着不会产生沟通。没有沟通，三体生物之间无法形成有组织的社会，更不会演化出法律、经济和政治系统，也就不存在三体高级文明。如果把三体社会看成是一个演化过程，《三体》中那种相互（转下页）

必须感谢“双重偶在性”这个机制！正是因为双重偶在性，人们才能组成社会。对于人的意识发展而言，社会本身是最为重要的外部环境。没有社会和意识之间的结构耦合，人类不可能同时发展出今天这样高度发达的意识活动水平和社会复杂性水平。所以，双重偶在性既是社会沟通需要克服的难题，又是搭建社会沟通的必要前提条件。那么，如何超越双重偶在性的意识黑箱难题以搭建社会沟通呢？答案就在于社会的期望结构。按照社会系统论的说法，经过从运作到运作的反复迭代，系统会在“运算的运算”的二阶信息控制过程中表达出一种稳定的本征值（eigenvalue）。①期望结构就是这种本征值之一。

所谓法律系统的功能，正在于对社会沟通的期望结构加以稳定。系统论法学是从“时间维度”②上来回答“法律的功能是什么”的问题。③所有的子系统，都需要处理当期望面临导致失望的事件时应该如何应对的问题。从时间维度来看，也就是如何处理面对“将来”这个时间取向所蕴含的不确定性的问题。期望结构的类型，会随着社会子系统的不同而不同。对此，科学系统是以“认知性期望”结构来处理失望，而法律系统则以“规范性期望”结构来处理失望。认知性

（接上页）透明的高级智慧生物，由于社会的缺位，其实是无法在宇宙中演化出来的。可以说，三体生命之间的透明意识，是刘慈欣留在《三体》小说上留下的一个社会科学硬伤。参见刘慈欣：《三体》（Ⅰ、Ⅱ、Ⅲ），重庆出版社2008年版。

① Heinz von Foerster, “Objects: Tokens for (eigen-)behaviors”, in B. Inhelder, R. Gracia, and J. Voneche ed., *Hommage a Jean Piaget: Epistemologie Genetique et Equilibration*, Delachaux et Niestel, 1977, p.280.

② 卢曼认为社会意义可以区分为时间、社会和事物等三个维度，参见［德］尼克拉斯·卢曼：《法社会学》，宾凯、赵春燕译，上海人民出版社2013年版，第71—140页。

③ 同上书，第129—140页；［德］鲁曼：《社会中的法》，李君韬译，五南图书出版公司2009年版，第三章：法律之功能。

期望意味着从所遭受的失望事件中学习，而规范性期望意味着拒绝学习，顽强地坚持期望的态度。在法学领域，一般把规范对人们行为所具有的指引能力称为“应当”。在法理学上，“应当”这个概念与价值问题联系起来，并以“事实与规范”这个区分为对照强调了“应当”的规范属性。卢曼认为，道德或法学语境中的应当与规范成了同义反复，并没有为理解规范提供什么有价值的经验信息。①与此不同，在系统论法学中，所谓的规范性期望，无非是处理失望时拒绝学习的态度，是对期望保持期望的态度，也就是卢曼所说的“期望的期望”(Erwartungen von Erwartungen)②。只有当社会发展到一定的复杂性程度，才会演化出以“期望的期望”这种处理时间维度上的复杂性的社会结构。期望的期望，以期望的方式对待期望自身，体现了一种反身性(Reflexivität)效果。所谓反身性，就是同一种活动或者属性再次运用于自身。③这种带有“二阶反馈循环”的控制方式，可以极大地增强社会系统应对环境复杂性的能力，同时，也会让某种社会沟通的连续运作从其他社会活动中分化出来。比如，只有出现了对学习本身展开学习这样的反身性活动，才能分化出科学；只有出现了以权力制衡权力的反身性机制，才能分化出专门性的政治，等等。以此类推，也只有出现了以期望的态度对待期望，才会出现法律。这种期望态度上的反身性效果，就是法律运作的自我指涉，并必然带来法律运作的封闭性和系统分化。“期望的期望”这种反身性运作，形成了社

---

① 卢曼对“应当”这个概念的批评，参见[德]尼克拉斯·卢曼：《法社会学》，宾凯、赵春燕译，上海人民出版社 2013 年版，第 68 页。

② 同上书，第 73 页。

③ Niklas Luhmann and Karl Eberhard Schorr, *Reflexionsprobleme im Erziehungssystem*, Stuttgart: Klett-Cotta, 1979.

会的规范性期望结构。规范构成了法律系统的结构。因而,法律运作的封闭性就体现为规范性封闭。凯尔森所谓的“规范就是规范”,这种句式上的同意反复,正是对法律所特有的这种规范封闭性结构的格言式强调。

法律系统在“系统/环境”这个主导型区分的引导下,不仅有指向系统的“自我指涉”(Selbstreferenz)一面,也有指向环境的“外部指涉”(Fremdreferenz)这一面。强调法律系统的规范性期望对于法律封闭运作的重要性,只是描述了法律系统保持自身同一性的一个侧面。由于法律系统总是在环境中运行的,而系统统一性的维持,必然是不断与环境区分开的活动。所以,描述系统的统一性,离不开对环境的指涉。也就是说,法律系统基于规范的同一性,还需要另一个差异(Differenz)[①]的增补[②]才能实现——这个差异就是“规范性期望/认知性期望”。社会诸系统一般理论认为,为了实现系统的封闭,“系统/环境”的区分必须“再入”(reentry)到这个区分自身之中,即再穿越到“系统/环境”这个区分中的“系统”这一面。因此,在系统内部,就出现了指向系统自身的自我指涉与指向环境的外部指涉。自我指涉/外部指涉这个区分,就是在“系统/环境”这个区分的“系统”这一面复制“系统/环境”这个区分的结果。这时,系统的运作虽然同时包含了自我指涉和外部指涉这两个取向,但是都是在系统内的运作。

---

① 卢曼对于系统与差异的详细讨论,参见 Niklas Luhmann, *Introduction to Systems Theory*, Cambridge and Maiden: Polity Press, 2013, pp.43—63。

② 增补(supplement)是德里达解构理论中的一个关键概念,参见 Jacques Derrida, *Of Grammatology*, Baltimore: John Hopkins University Press, 1976, p.167。关于卢曼的社会系统论与德里达的解构理论之间存在的关联,参见 Niklas Luhmann, “Deconstruction as Second-order Observing”, in *New Literary History* 24(4), 1993, pp.763—782。

因而，呈现出“既封闭又开放，开放是以封闭为条件”的悖论状态，这是“系统/环境”这个区分对自身进行观察的必然结果。法律系统要实现运作封闭，就必须完成“系统/环境”的二阶观察。①

在法律系统中，系统运用“规范性期望/认知性期望”这个区分，在系统的封闭性上体现为规范期望的自我指涉，而在针对环境的开放性上，则体现为认知性期望的外部指涉。规范性期望是指面对失望的不学习状态，而认知性期望则是面对失望的学习状态。这两种期望结构本身是相互对立和排斥的，但又如何能够统一到规范性期望之中以完成法律系统的运作封闭呢？

为了维持规范性期望的自我指涉，离不开法律系统指向外部环境的认知性期望。在社会演化的早期阶段，并不存在规范性期望与认知性期望的分叉，比如人类早期的神裁法，就是高度形式性的，无需向外部世界学习。②当全社会变得越来越复杂时，为了演化出具有稳定规范性期望功能的法律系统，首先需要把认知性期望从规范性期望中分离出来。在社会系统论看来，在面对失望的事件时，规范性期望和认知性期望都是解决失望问题的手段。也就是说，在化约失望所导致的社会复杂性上，虽然两种复杂性化约机制相互对立和排斥，但是二者又具有功能等效性(funktionales Äquivalent)。不过，从维护社会期望稳定的视角看，只有规范性期望而不是认知性期望才

---

① 对“系统/环境”这个区分如何借助“自我指涉/外部指涉”再进入到系统内部，卢曼的意大利女弟子埃琳娜·埃斯波西托有一个精彩的分析，参见 Elena Esposito, “From Self-reference to Autology: How to Operationalize a Circular Approach”, in *Social Science Information*, Vol.35, No.2, 1996, pp.269—281。

② 韦伯关于法律类型中的“形式非理性”这一分类，就对应于认知性期望尚未从规范性期望中分离出来的情形。

能够胜任为全社会提供持续运转的期望结构的功能。所以,法律系统只能基于规范性期望来组织自己的封闭运作。但是,如果法律系统仅仅包含自我指涉的规范性期望,那就只有从一个运作到另一个运作的套套逻辑式空转。这样的话,法律系统就成为自说自话、与社会环境无关的纯粹形式化系统。这种与外界彻底隔离的封闭性,只会导致系统的僵死,这也正是形式主义法学和概念法学所暴露出的理论死穴。所以,法律系统要维持自身统一性,反而要指涉外部环境。法律不仅要以不学习的态度反事实性(kontrafaktisch)地坚持规范性期望,也要向来自环境的刺激进行有条件的学习。比如,法官和律师都需要不断关注法条和判例的变化,这是指向系统内部环境的学习;同时,他们也要持续关注新型社会冲突、新的科学技术、气候变暖等刺激因素对于法律决定的影响,这是指向系统外部环境的学习。对此,后文在谈论法律的“纲要”时,将会进一步阐述系统如何展开向环境学习的机制。

那么,法律系统又如何防止这种指向环境的外部指涉不要走得太远,以免破坏法律系统基于规范性期望的运作封闭呢?

如前文所言,“自我指涉/外部指涉”这个区分,是“系统/环境”这个区分“再进入”到“系统/环境”这个区分之中的“系统”这一面的结果。所以,“自我指涉/外部指涉”这个区分其实是在系统内部做出的区分。也就是说,无论是指向系统自身的自我指涉,还是指向环境的外部指涉,都是系统内部的运作。在此,可以看出,基于“区分”“观察”“自创生”等理论的第四代系统论对于系统运作的描述,与德国哲学家胡塞尔的现象学对意识活动过程的分析是非常类似的。在胡塞尔的现象学还原中,对外部世界首先加以“悬搁”(Epoch),这使得人们能够从朴素的自然态度跳转到反思性的哲学态度，因而，不再是把外部世界加以理所当然地对象化和客体化，而是关注意识系统内部基于“内时间意识”的意义构造过程。胡塞尔从其老师布伦塔诺那里继承了“意向性”（Intentionalität）这个概念，经过改造后，成为现象学突破德国传统观念论（Idealismus）的关键入口。所谓“意向性”，如果借用斯宾塞-布朗的“区分”理论加以分析的话，正是“意向活动/意向相关项”（noesis/noema）这个区分 “再进入”到这个区分自身的“意向活动”这一面的意识活动过程。一方面，意向活动离不开意向相关项，所以，胡塞尔有“意识总是指向某个对象的意识”的著名断言；另一方面，意向相关项也离不开意向活动，针对意向对象的这种外部指涉总是发生在意识内部，受到意识活动内在结构性条件的限制。因而，所谓的意识对象，既不是意向活动完全主观的产物，但又不能脱离意识活动的主动构造——在这个悖论式的反传统逻辑表述中，传统的“主体/客体”二分法失灵了。现象学中的“意向活动/意向对象”这个区分，与系统论中的“自我指涉/外部指涉”这个区分，都具有这种悖论式的、自我指涉的、反传统的逻辑结构，因而都是对“主体/客体”这个区分的僵死性的克服。①

就法律系统而言，指向外部环境的认知性期望，总是受到指向系统内部的规范性期望的反馈控制。法律系统的认知期望对外部环境

---

① Knudsen Sven-Eric, *Luhmann und Husserl: Systemtheorie im Verhältnis zur Phänomenologie*, Würzburg: Königshausen & Neumann, 2006. 卢曼的社会系统论吸收了胡塞尔的现象学成果，因此，在某种意义上也可以被看作是一种现象学社会学。然而，卢曼与胡塞尔的学生舒茨（Alfred Schutz）所构建的现象学社会学有很大不同。卢曼突破了胡塞尔的意识现象学，发展出了沟通社会学，而舒茨的现象学社会学尚停留在胡塞尔的意识现象学阶段。

展开的探知活动,并非对纯粹客观世界的再现,而是受到法律系统内部的复杂性化约条件的限制,最后总是要转换为对规范性期望的维持。虽然系统内部对环境的认知性状态可以改变,但是系统的规范性取向却并不会改变。

对此,法律人类学家马克斯・格鲁克曼(Max Gluckman)提供了一个有趣的心理学事例可资借鉴:一位精神病医生对一位自认为是死人的患者提示他还活着,但是却无法动摇患者的信念。医生问:“死人不会流血,对吧?”“当然不会。”患者回答说。医生迅速扎破了患者的手指并挤压,直到一滴血流出来。“看,你不是死人,对吧?”医生大声说。患者看了自己的手指一会儿说:“看来死人也会流血!”患者对流血还是不流血的事实持有认知性的开放学习状态,但是在自己的思维系统中仍然坚持他自己的死亡这一信念。①在这个医学事例中,患者的意识系统为了维持系统的基本意义,即便面临事实性的硬证据,也没有改变反事实性的期望态度。从认知的取向来说,系统确实以新的信息为基础,更新了对事实的认知;但是,从期望的取向来说,系统解释并消化了对期望的偏离并让基本信念保持不变。

系统论法学认为,在每一个法律运作中,指向系统的规范性期望和指向环境的认知性期望同时并存着。联系到法律实务操作,这两方面都不难理解:一方面,律师或法官在办理具体案件时,必然会受到制定法和判例的限制,只能在现有规范性结构所留出的选择空间内做出判断——这就是法律系统的运作对于规范性期望的指涉;另

---

① 转引自[英]托马斯・D. 巴顿(Thomas D. Barton):《对尼克拉斯・卢曼〈法社会学〉的书评:期望、制度、意义》,宾凯译,载《北航法学》2015 年第 2 卷。

一方面，律师的举证活动、专家证人出庭、精神病医生出具鉴定报告等，都是法律系统基于认知期望的外部指涉。

同时，律师或法官对于环境刺激的处理，必然受到规范性期望的控制。比如，每个受过训练的法律人都明白，在诉讼过程中对证据的举证质证活动，无论是对证据资格还是证明能力的认定，在法律系统内部所生产出来的都只能是"法律真实"而非"事实真实"。所谓法律真实，无非就是经过法律系统的规范性期望加以转换的认知性期望，是认知性期望受到规范性期望控制的结果。法律的规范性期望就像国王的金手指，不管触碰之物为何，都会染上黄金的属性，这就是法律的运作封闭。当然，就像在法律事实上的新发现注定会改变司法裁判，甚至改变裁判规则那样，认知性期望对外部环境刺激的学习也会或多或少改变规范性期望的结构——然而，这仍然无法改变法律运作的规范封闭性本身。

传统法学理论中"规范/事实"这个区分，从法律实务和法律教义学的角度触碰到了系统论法学以"规范性期望/认知性期望"这个区分所揭示的问题。但是，即便在当代对此问题最为深思熟虑的法学家，比如德国法哲学家考夫曼（Arthur Kaufmann），也只能用规范和事实的"等置"，或者，以"事物的本质（Natur der Sache）"等模糊不清的表述来勉强回应这一理论难题。①系统论法学在法律系统"封闭运作"的大前提下，深刻描绘了规范性期望和认知性期望的悖论性结构，极大地推进了对法律运作模式的认知水平，应该说是理论上的重大突破。

---

① 参见[德]亚图·考夫曼：《类推与事物的本质》，吴从周译，学林文化事业出版社1999年版。

四、法律系统在编码和纲要层次上的封闭与开放

系统论法学认为，仅仅从稳定社会规范期望这个功能的角度，还不足以充分解释法律系统的运作封闭性以及法律系统从全社会分出的现象。[①]只有把合法/非法这个编码（Code）以及与之匹配的纲要（Programm）所共同形成的法律系统的结构纳入考虑，才能完整解释法律的自我生产和自我观察的双层自创生机制。在法律系统的结构层次上，编码指向了系统的封闭性，而纲要作为必要的增补，指向了系统的开放性。与法律系统在功能层次上的“既封闭又开放，开放以封闭为条件”相同，在法律系统的结构层次上，纲要的开放性最终也要受到指向系统内部逻辑的编码的控制，因而进一步以自我观察的方式在法律系统的结构层次上实现系统的运作封闭。

前文已经讨论过，法律的功能是稳定化社会期望，而这个功能在社会系统中演化出来，需要“期望的期望”的反身性结构。作为处理失望机制的规范性期望，如果只是零星地出现在个别人之间或小团体内部的互动过程中，那就会遭遇持有不同规范性期望的他人或团体的否定，因而无法扩展为整个社会的期望结构。零星的或者小团体内部的规范性期望如要在更大范围得到支持，就需要更多的他人（第三方）对这个规范性期望本身持有一种规范性期望的态度，也就是演化出“规范性期望的规范性期望”的反身性结构。卢曼认为，这种“规范性期望的规范性期望”的结构，最重要的形式就是“程序”。尤其是当社会演化出由第三方参与解决纠纷的程序时，零星的规范

---

① ［德］鲁曼：《社会中的法》，李君韬译，五南图书出版公司 2009 年版，第 196 页。

性期望就扩展到了更大的范围，甚至在整个社群中获得了以规范性期望态度对这些规范期望加以支持的力量。[①]卢曼不同意哈贝马斯基于“众人之事”应由众人参与和同意的商谈伦理之上的程序设想。[②]卢曼认为，所谓程序的规范性力量，并不是来源于所有利害相关人的同意，因为这样的设想对于程序性制度来说将要负担过于沉重的复杂性载荷。如果说程序体现了众人的同意，那也不过是一种社会“拟制”。那些担任程序裁判者的角色，是把无数匿名的第三方以社会虚构的方式带到了程序之中。

但是基于“规范性期望的规范性期望”的程序，并不能提供法律系统从社会中完全分化出来的动力机制。在前现代社会中，无论西方的教会、村落共同体、城市共同体还是绝对国家，都已经演化出依靠程序解决纠纷的法庭。在中国古代社会中，从传说中的上古人物皋陶，到秦朝的廷尉制度，再到隋唐时期的大理寺、刑部和御史台，直到明清时期的大理寺、刑部和督察院，逐渐演化出一套绵密复杂的依靠法庭解决纠纷的制度体系。[③]但是，由于程序所遵循的裁判规则还没有从其他社会领域中分化出来，弥漫于整个社会的“整体/部分”以及“上/下”区分仍然是社会的主导性区分，法律的实施过程往往被功利性的、道德性的、情感性的等因素所影响。这种依靠法庭解决纠纷的方式，在韦伯的法律类型学中，也被归为“实质理性的”法律类型。卢曼举例说，在工商力量逐渐上升的社会变革时期，法国皇帝为了赋

① 卢曼关于程序的演化及其功能的讨论，参见[德]卢曼：《法社会学》，宾凯、赵春燕译，上海人民出版社 2013 年版，第 100—115、217—223 页。

② [德]卢曼：《关乎众人之事：评哈贝马斯的法律理论》，陆宇峰译，载《清华法治论衡》2014 年第 1 期。

③ 陈光中：《中国古代司法制度》，北京大学出版社 2017 年版。

予一个商人对抗贵族的法律权利，特意授予这个商人贵族头衔。[①]但是，这些处分方式只是皇帝基于特别理由给出的例外处置，商人并不能获得参与法律沟通的普遍性权利。法律系统的运作尚未演化出让所有人都有机会参与的沟通系统，因而不能从社会的其他规范性结构中分离出来——换句话说，法律系统还缺乏实现运作封闭的全部条件。

另外，系统论法学认为，仅仅从稳定规范性期望的功能来看待法律，无法把法律与道德、宗教区分开。从稳定规范性期望以化约社会复杂性的功能这个“问题及其解决方式”[②]的角度来看，法律并非实现这一功能的唯一机制。比如，道德、宗教等社会机制，也具有化约社会复杂性以稳定规范性期望的功能。在发挥稳定规范性期望的功能上，道德、宗教、法律都发挥着降低社会过度复杂性的选择功能，因而都是解决同一个社会问题的功能等效项。

所以，卢曼认为，只有社会同时演化出以下两项制度性成就，才能让法律系统与全社会的其他社会子系统分离开，以实现法律系统的运作封闭和自主性。这两项必备的成就是：

1. 法律的功能特定化。也就是说，法律系统聚焦于一个特定的社会问题——稳定规范性期望。

2. 出现法律系统的编码。合法/非法这个编码作为一个基本框

---

① ［德］鲁曼：《社会中的法》，李君韬译，五南图书出版公司 2009 年版，第 135 页注 35。

② 卢曼的“功能—结构主义”颠倒了帕森斯的“结构—功能主义”，在社会系统论发展史上具有方法论革命的重要意义。卢曼对功能的界定，是指“问题及其解决方式”之间的这种关系性。参见 Niklas Luhmann, *Soziale Systeme. Grundriß einer allgemeinen Theorie*, Frankfurt: Suhrkamp, 1984, Kapitel 1: System und Funktion。

架，可以赋予某个社会沟通以正值或负值的评价。①

如果社会中仅仅存在着各种各样的规范，还不足以为全社会提供稳定的社会期望。而且，如上文所言，即便演化出具有“规范性期望的规范性期望”的反身性结构的程序，也无法避免法庭在选择适用于个案的裁判规范时显得恣意。在日常生活的社会沟通中，存在着大量多元异质的规范。一旦发生纠纷，这些异质的规范之间就会发生抵触和排斥。如果事前没有演化出一个对规范本身加以选择的机制，涉诉各方必然以自己所认可的规范对抗另一方所认可的规范。此时，法律活动要么体现为法官的偏见，要么被某种社会强势力量所左右。当然，在规范之间的事前选择机制缺位的情况下，还可能出现这样一种情形，那就是双方不是基于事前的规范而是基于现实考虑，采取退后一步自然宽的妥协，这就是所谓“和稀泥”式的纠纷解决方式。

关于“和稀泥”的情形，卢曼曾从另一个角度提供了一个故事，据说这个故事引发了犹太教口传律法汇编《塔木德》的诞生：

在一个课堂上，学生们对某个问题发生了争论，学生请老师评判对错。第一个学生阐述了自己的观点，老师稍加思考后说：“你是对的。”第二个学生，此前沉默不语，紧接着反驳了第一个学生的观点，并提出了反驳理由。老师对第二个学生的观点给出评价：“你是对的。”这时，第三个学生插话说，由于前面两个学生的观点相互矛盾，

① ［德］鲁曼：《社会中的法》，李君韬译，五南图书出版公司 2009 年版，第 81 页。需要说明的是，正如本书副标题“从功能到编码”所揭示的，卢曼系统论法学研究重心曾发生过显著变化：从早期《法社会学》阶段以“功能”为重心向后期《社会中的法》阶段以“编码”为重心的移动。

他本人不会采信其中任何一个观点。经过一段长时间的郑重思考，老师再次回答说：“你是对的。”①

这个故事想要说明的是，仅仅有“对/错”这个区分在一阶观察上的运用，虽然也会形成对事物的规范性评价，但是，这些规范评价可能是多元异质甚至互相抵触的，无法形成内在统一的法律系统。只有当社会能够运用“合法/非法”的编码对日常生活中运用“对/错”区分进行的一阶观察展开进一步的二阶观察时，才能形成运作封闭的法律系统。“合法/非法这个编码，只能在二阶观察层次上发挥作用，也就是说，只能通过观察观察者。”②如果在日常生活中仅仅出现了对行为是“对”还是“错”加以评价的各种规范，那还无法形成贯穿整个社会的规范统一性。只有对于运用“对/错”这个区分的运作本身进一步施加是“对”还是“错”的评价，才能形成一个辐射全社会的、封闭的法律系统——这正是“合法/非法”这个编码所起到的作用。当日常生活中各个领域的一阶规范评价发生冲突时，运用“合法/非法”编码，对发生冲突的各种规范展开二阶规范评价，并把合法的评价分配给法律系统所支持的规范，把非法的评价分配给法律系统所否定的规范，才能形成法律系统的运作闭合。这方面，最极端的情形是，只有演化出能够针对国家机关的“对/错”判断权加以“对/错”评价的二阶机制，整个社会才能出现现代意义上的法律。③这进一步说明，对于法律系统的分出而言，仅仅是法律的功能特定化尚不充分，

---

① Niklas Luhmann, “The Third Question: The Creative Use of Paradoxes in Law and Legal History”, in *Journal of Law and Society*, Vol.15, No.2, 1988, p.153.

② [德]鲁曼：《社会中的法》，李君韬译，五南图书出版公司2009年版，第89页。

③ 这与富勒所谓的程序自然法中“官方行动与公布的规则之间的一致性”是同一个道理。参见[美]富勒：《法律的道德性》，郑戈译，商务印书馆2009年版，第96—106页。

还需要补充上编码这个结构。

就此而言,科学系统与法律系统在运作封闭的形成上具有同理性。仅仅使用"正/误"这个区分,可以产生知识,但并不能产生科学知识。在近代之前,人类社会已经积累了各种各样的知识,但是,这些知识还只是属于运用"正/误"(richtig/falsch)这个区分所展开的一阶观察,各种知识之间并没形成融贯性与一致性。只有当对"正/误"这个区分的使用本身施加是"正"还是"误"的评价时,也就是运用"真/假"(wahr/unwahr)这个编码对基于"正/误"区分的知识展开二阶观察,科学系统才能从日常知识中分化出来,并形成封闭运作的自创生系统。知识对于人类来说虽是古已有之,但以"真/假"编码展开二阶观察所形成的科学知识,则是近现代社会才出现的演化成就。①

另外,编码在处理信息上具有无差异性。②也就是说,无论社会生活的其他领域发生了任何事件,经过"合法/非法"的法律编码的处理之后,都必然转化为法律系统内部的事件。法律系统的环境对法律运作所产生的刺激,都被"合法/非法"这个编码无差异地转换为法律系统所能识别和处理的信息。在法律系统内部,不再有经济沟通、政治沟通、宗教沟通、科学沟通,所有的沟通都只能是法律沟通。正如冯·福斯特在对青蛙的神经系统进行研究时所发现的那样,对于青蛙的视神经而言,所有的环境刺激都必然转换为神经系统能够识别的电脉冲信号。在青蛙的神经系统内部,并不存在颜色、大小、远近的刺激,所有的外部刺激都无差异地转换为只有神经系统才能加

① Niklas Luhmann, *Die Wissenschaft der Gesellschaft*, Frankfurt, Suhrkamp, 1990.

② [德]鲁曼:《社会中的法》,李君韬译,五南图书出版公司2009年版,第88页。

工的电脉冲。青蛙神经系统内部发生的事件，无一例外都只能是生物电信号之间的关系，而且，也只有神经系统内部的生物电信号，才能对另一种生物电信号发生作用。因此，在神经系统内部，不存在来自环境的直接输入，神经系统已经通过电信号把这种输入/输出关系内部化了，由此形成了神经系统的运作边界。①与此相似，在法律系统内，“合法/非法”把来自环境的刺激转换成无差异的法律运作，而且，只有法律运作才能影响法律运作，法律系统的分出由此得以可能。

“合法/非法”这个编码并不是一个规范。法律系统的运作从来不会以“合法/非法”这个编码作为规范来裁判案件。“合法/非法”是斯宾塞-布朗《形式的法则》(*Laws of Form*)中所说的那种“形式”(form)。②形式也是一个区分，有两个面，即外面和里面。对于“合法/非法”这个区分而言，“合法”与“非法”这两个面是不对称的，合法是里面，非法是外面。每一次运用“合法/非法”的法律运作，“合法”这一面都具有更高的衔接可能性。即便法官在司法活动中判决某个当事人败诉，对于其行为赋予“非法”的否定性评价，但做出这个否定性评价的裁判活动本身，却一定是在“合法”这一面。如果把“合法/非法”这个编码运用于其自身，那么就会导致悖论。当追问法律系统运用“合法/非法”的编码这一活动本身是合法还是非法的时候，就会导致这样两种不同的结果：1.“合法的就是合法的就是合法的……”这样的套套逻辑；2.“合法的是非法的是合法的是非法的……”的无穷摆荡。举例来说，就合法与非法之间的摆荡而言，可导致这样的悖论状态：如果说法官的裁判活

---

① Heinz von Foerster, “Erkenntnistheorien und Selbstorganisation”, in Siegfried J. Schmidt ed., *Der Diskurs des Radikalen Konstruktivismus*, Frankfurt, 1987, S.137.

② George Spencer-Brown, *Laws of Form*, New York: Dutton, 1979, pp.1—4.

动是合法的，那么就是非法的；如果法官的裁判活动是非法的，那么就是合法的。法院系统通过发展出规范层级和审级制度来掩盖这个悖论。在全社会系统中，要隐藏"合法/非法"的自我运用的悖论，还必须借助政治系统的运作——即运用逻辑学上的"哥德尔化"(gödelisiert)①，把悖论转移到法律系统自身所看不到的地方。

合法与非法，作为同一个区分的两个面，构成了"形式"意义上的差异，但这种差异又统一于一个单一的编码。法律系统如要维持自身的统一性，必须演化出一个边界。就像细胞要存活，必须有一个划分细胞与其环境的细胞膜那样。"合法/非法"这个编码，就是法律系统的那层膜，或者说，维持系统统一性的边界。这里，悖论的是，法律系统的统一性，居然是通过"合法/非法"这个具有差异性的两面来维持的。②法律系统运用"合法/非法"这个编码对自身的运作加以衔接，通过"合法/非法"编码的两边实现了差异中的统一。

"合法/非法"这个编码，从结构层次上保证了法律系统运作的封闭性。不过，仅仅以"合法/非法"编码引导法律系统的递归性运作，只能维持系统自我指涉的套套逻辑，保证系统的封闭性。法律系统要持续运作，还必须指向系统的环境，而这就需要在"合法/非法"编码之外补充上法律的"纲要"。③法律系统的基本纲要是条件触发式

---

① [德]鲁曼：《社会中的法》，李君韬译，五南图书出版公司2009年版，第115页。

② 卢曼认为，基于因果分析的法社会学，根本没有思考过法律的统一性问题。参见 Niklas Luhmann, "The Unity of Legal System", in Teubner, Gunther ed., *Autopoietic Law—A New Approach to Law and Society*, European University Institute, 1990, p.13。

③ 卢曼对于法律系统对于环境的开放性的充分讨论，可进一步参见 Niklas Luhmann, "Closure and Openness: On Reality in the World of Law", in Teubner, Gunther ed., *Autopoietic Law—A New Approach to Law and Society*, European University Institute, 1990, pp.335—348。

的,也就是“如果……那么……”的格式化表达。条件纲要(konditional programm)对环境信息加以识别,并把环境的刺激转化为能够维持系统运作前后衔接的信息。信息并非来自系统外部,外部环境只能提供刺激,这些刺激需要经过系统内部的识别机制过滤,才能转化为可以改变系统运作状态的信息。系统论认为,所谓信息,就是贝特森(Gregory Bateson)声称的“产生差异的差异”①。比如,一枚硬币放在我的手心,这就产生了一个差异。但是如果这个差异没有被我感知,就不是信息。只有当这个差异在我的神经系统中引发了一个差异,也就是导致我的神经系统发生状态改变,这才是一个对于我的神经系统而言的“信息”。贝特森对于“信息”概念的理解的独特之处在于:他认为,神经系统内部的信息,与外部的刺激没有直接关系。大脑中并没有硬币和手心之间的压力或温差关系,而只有生物电脉冲与电脉冲的关系。放在手心上的硬币,可以激活大脑中的一个电脉冲。然而,一个电脉冲要变成有“意义”的信息,不是要与外界的刺激保持同一性,而是必须获得整个内部神经网络的融贯性解读。法律系统的条件纲要,正是法律系统感知外部环境的差异并把其转换为内部差异(信息)的机制。

在法律系统的结构中,“合法/非法”编码与“条件纲要”,分别对应着系统的自我指涉和外部指涉。条件纲要对环境的变化保持敏感,体现了法律系统的认知开放;“合法/非法”编码这个差异的统一性结构,确保了法律沟通要么是合法的,要么是非法的,而且合法与非法的评价性运作前后相继,维持了法律系统内运作的规范封闭性。

---

① Gregory Bateson, *Steps to an Ecology of Mind*, New York: Ballantine Books, 1972, p.459.

条件纲要对于法律系统持续运作的作用就在于,在具体的法律沟通中为某个行为分配合法还是非法的评价提供判准。究竟某个活动是合法的还是非法的,需要满足条件纲要的判准才能决定。条件纲要可以看成是合法与非法两个前进方向之间的转换器。如果没有条件纲要为“合法/非法”编码提供判准,那么“合法/非法”编码就会陷于空转;如果没有“合法/非法”编码把条件纲要转化为法律内部的结构,那么法律纲要与社会其他系统的纲要就无法区分。所以,似乎可以这样套用康德的名言:“没有纲要的编码是空洞的,没有编码的纲要是盲目的。”

最后,系统论法学认为,法律与道德是不同的社会沟通形式——这与法律实证主义的“分离命题”相似。在卢曼看来,法律与道德的区别,并不在于法律人类学所认为的外在强制和内在强制的区别。[①]法律与道德的区分,既体现为编码上的不同,也体现在纲要上。在法律系统内部,为分配“合法/非法”编码的二值所提供的判准(纲要),需要保持前后相继的融贯性和一致性。道德虽然演化出了“善/恶”的编码,而且在全社会都使用这个相同的道德编码,但是却并没有形成前后融贯的纲要。在一个民族国家内部,每个民族、宗教团体,亚文化群体等等,都会运用“善/恶”这个编码对社会现象加以评价。然而,为分配这个编码的二值所提供的判准(纲要),却是五花八门的,难以形成共识。[②]道德虽然演化出自己的编码,由于没有递归性运作的纲要的支持,不能作为一个系统从社会其他领域中分化出来。法律系统在演化出稳定规范性期望的功能和“合法/非法”编码两项成

① [德]鲁曼:《社会中的法》,李君韬译,五南图书出版公司2009年版,第96页。
② 同上书,第95页。

就以后，尤其是在系统结构上出现了编码和纲要的分化后，就具备了规范封闭和认知开放的所有条件，法律系统的运作封闭和系统分化也就成为现实。由此，系统论法学以其独辟蹊径的方式回答了“法律是什么”的问题。

五、结　　语

本章从法律系统的功能和编码两个层次上，全景解析了法律系统在展开“法律就是法律”这个套套逻辑上所采用的社会技术。以“自创生”的系统论第四代范式为导航器，以“系统/环境”这个主导性差异为引擎，从法律系统的“运作封闭”出发，借助一系列复杂交织的区分和概念装置，详尽描绘了法律系统在功能上运用“规范性期望/认知性期望”区分以及在编码上运用“合法/非法”区分所形成的立体交叉、动态复杂的运作过程，揭示了法律系统“既开放又封闭，开放是以封闭为条件”这样一个在悖论和去悖论中不断递归性运动的自我再生产机制。

本章提供了一张时间上循序渐进但是在概念和逻辑上循环往复的网状路线图，以富有竞争力的方式更新了“法律是什么”这个法理学根本问题的答案，同时，也例示了德国社会学家卢曼创立的社会系统论的强大解释力。系统论法学既是社会诸系统的“一般理论”①在法律这个重要的社会子系统上的应用性研究，也是 20 世纪后期西方

① 在卢曼的著述生涯中，1984 年是具有特殊意义的年份。这一年，卢曼出版了代表自己“自创生转向”的关键著作《社会（诸）系统》（*Soziale Systeme*），这本著作的副标题即为“一般理论大纲”（Grundriß einer allgemeinen Theorie）。

法社会学研究的集大成，并且还隐含着卢曼与哈特、德沃金以及哈贝马斯[①]等人在关于“法律是什么”这个问题上的巅峰对话，对于我们重新界定法律的基本要素也有颠覆性的启示。

① 哈贝马斯论述法律理论的集大成之作《事实性与有效性》(*Faktizität und Geltung*)(中译版为[德]哈贝马斯：《在事实与规范之间》，童世骏译，生活·读书·新知三联书店2003年版)，与卢曼的《社会中的法》(*Das Recht der Gesellschaft*)一书，都出版于1993年，这当然不是巧合。

第 6 章　社会系统论对于法学和法社会学的二阶观察

本章摘要：运用社会系统论的“二阶观察”理论考察法学和法社会学的知识生产机制，可以发现，法学和法社会学一方面是被研究的对象，即被观察者，另一方面，法学和法社会学这些研究对象又被处理为活生生的观察者，并同时对外部环境和自身的内部结构展开双向观察。这种崭新的知识观不同于从前那些把研究对象处理为僵死客体的研究进路，克服了西方传统知识论的困境，为我们带来了关于法律系统“既开放又封闭”的新颖启发。

一、前　言

20 世纪 80 年代以后，德国著名社会学家尼克拉斯 · 卢曼受到马图拉纳和瓦瑞拉的自创生(autopoiesis)理论①，冯 · 福斯特的二阶观

① H. Maturana and F. Varela, “Autopoiesis and Cognition: The Realization of the Living,” Boston: D. Reidel Publishing Co., Dordrecht, 1980.

察(second-order observation)理论①,以及斯宾塞-布朗(Spencer-Brown)的区分(distinction)理论②的影响,把“观察者”问题摆放到其理论构造的核心位置。这个概念深刻影响到卢曼后续的社会学,正是通过“观察者的观察者”这一社会学棱镜,卢曼对政治、经济、法律、科学、宗教、教育、媒介等社会子系统展开了长达30多年的学术观察。卢曼认为自己原创的社会系统论是第一个能够自洽处理观察者问题的社会学理论。卢曼在比勒菲尔德大学(Universität Bielefeld)社会学系的告别演讲中认为,在他之前的社会学或社会理论,无论是贯彻实证主义路线的经验社会学还是以反对实证主义著称的社会批判理论,都没有认真对待“观察者”这个问题。③

观察者理论来自“梅西会议”时期萌发的二阶控制论。④二阶控制论里面包含了一个深刻的思想,即任何对外部环境的观察,都是观察者的观察。控制论大家贝特森曾在梅西会议期间画过两幅图。一幅图是在维纳的机器反馈机制外面,加上了一个“工程师”。机器反馈机制本身是围绕着一个目标工作的平衡系统,但是这个系统的目标是由系统之外的工程师设定的。贝特森认为,维纳的机器反馈机制是一阶控制环,加上工程师后,构成了一个二阶控制环。这个工程师,本来是一个外部观察者,现在变成二阶反馈环的内部观察者。另一幅图,则是在机器反馈机制的外面,加上了“维纳、贝特森和米德”。

---

① Heinz von Foerster, *Observing Systems*, Salinas, CA: Intersystems Publishers, 1981.

② Spencer-Brown George, *Laws of Form*, London: Allen & Unwin, 1969.

③ Niklas Luhmann, "'What is the Case?' and 'What Lies Behind It?' The Two Sociologies and the Theory of Society", in *Sociological Theory*, 12(2), 1994, pp.126—139.

④ Claus Pias, ed., *Cybernetics: the Macy Conferences 1946—1953*, Zürich-Berlin: Diaphanes, 2016.

这里，“维纳、贝特森、米德”都是梅西会议的参会人员，他们共同组成了一个作为“社会”观察者的网络。这个由多人组成的“社会观察者”，与“一阶控制论”意义上的机器反馈机制一道，共同构成了“二阶控制论”意义上的反馈循环系统。二阶控制论最重要的发现，就是把“观察者”包含进反馈系统的大圆环中。对于二阶控制系统而言，系统自己为自己设定目标，自己观察自己。就此，贝特森想要澄清的是：根本没有什么独立于观察者之外的被观察者。后来，神经生物学家和控制论大师冯·福斯特以“二阶观察”替换了“二阶控制论”。[①]所谓“二阶观察”，就是观察观察者。

卢曼说，观察意味着运用一个区分(distinction)，这个区分包括两边，观察者只能指示出区分的一边(而不是另一边)。根据卢曼的建构主义知识论，没有差异(Differenzen)，或者说没有区分，就无法进行观察。所以，观察者在进行观察操作时，必须根据“形式”和“区分”把世界划分为两边，比如善/恶，真/假，存在/非存在，合法/非法，等等。但是观察者不能同时看到区分的两边。卢曼说，每个观察者为了指示一边或另一边的目的而运用区分；从一边跨越到另一边需要花费时间，因此观察者不能同时观察两边。而且，当观察者正在运用区分时，观察者不能观察到区分的统一。对此，卢曼有一个简洁的表述：观察不能观察自身。如果要观察这个区分的统一性，观察者必须给出一个与一阶区分不同的区分。

本章分为两大部分，分别运用卢曼基于系统论的“二阶观察”理论考察法学和法社会学的知识生产机制。在本章中，法学和法社会

---

① Heinz von Foerster, *Understanding Understanding: Essays on Cybernetics and Cognition*, New York: Springer, 2003.

学一方面是被研究的对象，即被观察者，另一方面，通过运用卢曼关于“二阶观察”的知识论范式，法学和法社会学这些研究对象又必然被处理为活生生的观察者。这种崭新的知识观超越了西方知识论传统中的主/客二分模式，而不同于从前那些把研究对象处理为僵死的被观察客体的研究进路（比如，当下盛行于美国的经验研究），因此可以带给我们一些新颖的启发。

二、 对法学的观察

在德国文化背景中，法律系统针对自身所展开的观察，最早呈现出法学（Jurisprudenz）或法律科学（Rechtswissenschaft）（二者在德语中含义相当）的知识形态，那是为了满足实践和教学的需求；随后出现了抽象度更高的法哲学（Rechtsphilosophie），法哲学依然属于法律职业家们的自我理解，即便在比较超脱的教学领域的法哲学研究，也仍然与法律实务、法律改革保持着千丝万缕的联系。在 20 世纪后半叶，出现了视野更为开阔的法律自我观察和自我描述，包括解释学、制度理论、修辞理论和论证理论等，一般被学者们统称为法学理论（Rechtstheorie）。①

本章标题所说的法学是指广义上的法学知识，包括以上提及的法律科学（法教义学）、法哲学以及其他形态的法学理论。为了深入理解法学知识发展的内在逻辑，本章要用到卢曼理论的一个重要区分：自我

① Niklas Luhmann, *Law as a Social System*, Oxford: Oxford University Press, 2004: Chapter 11: The Self-description of the Legal System. 中译本参见[德]鲁曼:《社会中的法》，李君韬译，五南图书出版公司 2009 年版：第 11 章：法律系统的自我描述。

观察(Selbstbeobachtung)与自我描述(Selbstbeschreibung)。

所谓法律的自我观察，是运用法律系统自己的结构和操作——包括先例、原则、概念、法条、学说等——把单个的立法、司法或订立合同等等法律操作活动协调起来，这必然涉及运用合法/非法这个法律二元编码(Code)以对法律沟通做出要么合法、要么非法的评价。司法裁判是一种法律自我观察的活动，而法律自我观察的最高形式则是法律教义学。

司法裁判属于法律的自我观察，因而也是一种二阶观察。这种二阶观察是对观察者自身进行观察，因此具有反身性。审案法官需要对争讼双方所据理力争的已经内含合法/非法评价的对立规范给予二次评价，必然要排除其中一方规范的合法律性而肯定另一方规范的合法律性，这也就是为中国法律人所熟悉的"一裁两断"。走向法庭的双方当事人都会援引对自己有利的规范，这些规范既包括立法文件或司法判例，还可以包括习惯、行业规范、学说等。争议双方都会理直气壮地认为自己站在了"合法"的一边，而把对方则置于"非法"一边。在此，双方都运用合法/非法这个法律编码对已经发生的争议事项给予观察。就卢曼的法律系统论而言，这类观察也可称为"一阶观察"。值得注意的是，法官的二次评价所运用的二阶观察框架与作为讼争当事人的一阶观察者所运用的观察框架是完全相同的，即仍然是合法/非法这个编码或区分。所以，法官的裁判不但处于卢曼所谓的观察观察者的二阶观察位置，而且属于法律系统的自我观察。由于自我观察是法律系统把同一个观察区分再次运用于自身的沟通活动，在逻辑上必然出现自我指涉(Selbstreferenz)，因而也会产生悖论。

当事人之间在法庭上的唇枪舌剑，在社会系统论看来，其实是社会各子系统从经济、政治、科学、艺术等等领域不断向法律系统提交各种竞争性规范的过程。各个社会子系统提交的各种竞争性规范，呈现的是各种社会规范之间在横向上的冲突关系，这被卢曼称为规范的“社会维度”。法院要在之前的沟通（法条、先例、学说等）与当下的沟通（对诉争案件的裁判）之间保持联接性，呈现的是法律系统内部各种规范之间的纵向关系，这被卢曼成为规范的“时间维度”。法律规范以程式（Programme）的形式从人格、角色和价值中分化出来，并呈现出“如果……那么……”的条件形式，这被卢曼称为规范的“事实维度”。在法律系统的进化过程中，需要不断经历一个“变化—选择—稳定”的循环过程，社会维度上所呈现的规范之间的横向冲突提供了规范“变化”的契机，然后经过法庭程序这个处理“时间维度”的装置对竞争性的各种异质规范进行“选择”，最后会以重新设置的条件程式的“事实维度”形式“稳定”下来——这个过程不断循环前进，就是实现“规范性行为期望的一致性普遍化”（kongruent generalisierten normative Verhalterserwartungen）这一法律功能的法律演化进程。[①]

法学者所从事的教义学（法律科学）的观察，是法律系统中另一种类型的自我观察和二阶观察。法教义学相对于立法、司法或订立合同这些同属二阶观察的法律沟通而言，具有更高的反思性，其社会功能是为了提高前一个法律沟通与后一个法律沟通的可联接性。法

---

① Niklas Luhmann, *A Sociological Theory of Law*, Elizabeth King and Martin Albrow trans., London: Routledge, 1985, pp.40—82. 中译本为[德]尼克拉斯·卢曼:《法社会学》，宾凯、赵春燕译，上海人民出版社 2013 年版，第 71—129 页。

学者们让自己处于一个虚拟的法官视角来观察法官的观察，与法官并肩思考，以其不受裁判过程的程序性条件限制的时间优势为已决案件提供更具正当性的理由，并供将来的司法活动所用。

法哲学(Rechtsphilosophie)是法律系统内一种具有更高抽象性的沟通形式，在法律系统中反思系统自身的统一性(Einheit)。法哲学所借助的是正义、自由、正当性等这些概念装置，属于法律系统的自我描述(Selbstbeschreibung)，与法律教义学在于维持诸法律沟通之间的可联接性的自我观察不同。卢曼认为自我描述是创造文本的过程(Vertextung)，即为法律系统的连续沟通过程生产出沟通前提。自我描述作为法律系统的一种沟通类型，其自身就是法律系统的一个“部分”，但是又要对法律系统的“整体”给予描述。也就是说，自我描述的沟通活动既要在系统之外展开观察，但是又要处于被观察对象的系统之内，既要把法律系统“论题化”，自身又是论题的一部分，这就是自我观察所面临的悖论。立法、司法或法教义学这些法律系统自我观察活动的任务是衔接每一个立法或裁判沟通，把这些沟通归结到法律系统内部而不是环境之中，以保证每个沟通操作的“有效性”。这类“二阶观察”活动虽然也存在着自我指涉的悖论，具有反身性，但还不具有高度的反思性，因此与法哲学所面临的部分/整体这个层次的自我指涉悖论存在着差异。法哲学几乎不会介入法官的个案裁判活动，而是一种反思性活动，也就是把自身包含在自己描述的对象之中，这与语言学中自己包含自己的自我套用词(autological word)现象类似。[①]当然，作为法律系统的自我描述，法哲学仍然属于

① Elena Esposito, “From Self-reference to Autology: How to Operationalize a Circular Approach”, in *Social Science Information*, Vol.35, pp.269—281.

法律系统的“内部”视角，仍然承认法律系统内部沟通的有效性，承认合法/非法分配二元值的效力，并为系统成功的持续沟通制作前提（而不只是生产来自系统外部环境的信息或刺激）。

在欧洲的法哲学史中，相应于卢曼所谓的分层分化社会和功能分化社会，法律的自我描述分别是自然法和法律实证主义。[①]自然法对法律统一性的描述经历了“自然”和“理性”两个阶段。近代之前，并没有在“规范期望”与“认知期望”之间做出严格区分，宗教、政治、法律与科学之间没有发生知识领域的分化，人间法与自然世界统一于共同的自然规则，人法的正当性来自天道或自然。随着近代以来的社会变迁，在霍布斯、洛克、卢梭等思想家对法律的自我描述中，“自然正当”转换为“自然权利”。社会契约论背后的假设是人间法不同于自然律：人法是意志法，属于应然范围；自然律呈现为因果性，属于实然范围。社会契约论肯定了社会自身的选择能力，但是这种选择性并非恣意，而是以人人共享的理性作为奠基石。人法的统一性不再指向神道或者天道，而是指向人皆有之的理性，自然法转换为理性法。在德国，普芬道夫、沃尔夫、康德都持有同样的信念。

随着功能分化时代的到来，政治从宗教中分离出来，经济从家政中分离出来，法律也从其他社会领域分化出来，资本主义市场成为经济运行的主导方式，法治国成为主导的政治法律形态。法律领域最显著的变化是法律决定不再需要终极意义上的理由，法律正当性的基础不再依赖于实质性的标准。法律可以任意变更，法律的内容是恣意的，这尤其体现在奠基于民主制度的立法活动上。当然，这种恣

① 沈宗灵：《现代西方法理学》，北京大学出版社1997年版，第13页。

意并不会走向卡尔·施米特(Carl Schmitt)所谓的决断主义,而是要受到法律系统自身那些沟通前提的限制。这就是法律的实证化。外部的统一性支点消失之后,那么,法律的统一性还能立足何处呢?法律实证主义作为对法律实证化的自我描述,认为法律的有效性基础不能外假他处,而是在于法律自身,法律自己为自己奠基。德国概念法学就是这种把法律自我指涉的实证性推向极端的表达。

法哲学家为了解决 19 世纪末期就已经初露头角的福利国家问题,必然要突破与放任自由主义相对应的法治国框架,软化与早起资本主义相对应的法律形式化特征,也就是迈向韦伯所谓的法律实质化。德国的自由法学和利益法学登上法学知识创新的舞台,就是法学家们面临社会结构变迁后在法学语义上所做出的回应。耶林(Rudolph von Jhering)在《为权利而斗争》①中发展出来的目的法学夺自由法学之先声,开始尝试摆脱概念法学的绝对封闭性。他认为解释法律必须结合实际社会生活,由此发展出了向法律外部寻求正当性的法律自我描述。康特罗维茨(Herrmann Kantorowicz)继耶林自由主义之后,于 1906 年出版了戏仿耶林书名的《为法学而斗争》②一书,批判概念法学的法典万能观,主张法官有权在法律出现漏洞时自由发现社会生活中的活法加以补充。法国科学学派的代表人物惹尼(Francois Geny)主张科学的自由探究(librerecherche scientifique),在处理法律外部指涉与内部指涉的关系问题上,与德国同时期的自由法学有着近似的诉求。

---

① [德]耶林:《为权利而斗争》,郑永流译,法律出版社 2007 年版。

② [德]赫尔曼·康特洛维茨:《为法学而斗争:法的定义》,中国法制出版社 2011 年版。

如果耶林和康特罗维茨还是希望法律系统通过外部指涉再返回到法律内部，因而仍然属于法律系统的自我描述，那么，随后的埃利希（Eugen Ehrlich）则在外部指涉中一去不回头，他希望在社会组织的规范中找到真正可以与国家法并列甚至取代国家法的多元法律世界。虽然有人把研究法律与地理、人口、习惯之间相关性的法国思想家孟德斯鸠推崇为法社会学的鼻祖，但是，孟德斯鸠的研究方法中大量借助思辨和松散的推理，还没有严格的经验科学取向。埃利希是欧洲最早自觉借助经验科学的逻辑和观察力介入社会规范研究的学者之一，因而被尊称为法社会学的创始人。但是，埃利希的法律多元主义观认为国家法是派生性的，其主要研究焦点集中在社会生活规范自身及其变迁上，并没有对法律实证化这一重大的现代性主题做出回应。因而，卢曼在评价埃利希的自由法学时，认为其对法律与社会的关系这个最重要的法社会学问题的回答“仍然是不充分的，相对而言没有什么产出”①。

为了克服自由法学向法律外部寻求正当性资源的努力走过头的倾向，赫克（Philipp Heck）倡导的利益法学把“利益”重新拉回到法律内部。他认为法律就是法共同体内部互相对抗的物质的、民族的、宗教的、伦理的诸种利益之合力，法律漏洞不能以自由发现活法的方式加以补充，而应详细考察现行实证法，探求立法者所重视的利益，并加以衡量判断。因此，利益法学一方面承袭了自由法学在法律自我观察上的外部指涉，但又对自由法学过于强调外部指涉而或多或少

① Niklas Luhmann, *A Sociological Theory of Law*, Elizabeth King and Martin Albrow trans., London: Routledge, 1985, p.18. [德]尼克拉斯·卢曼:《法社会学》,宾凯、赵春燕译,上海人民出版社 2013 年版,第 61 页。

忽视法律指向自身的缺陷有所纠正，可以说是对自由主义某些激进取向的矫正。与欧洲自由法学和利益法学运动几乎同步的是，20 世纪初的美国法学家庞德（Roscoe Pound）、卢埃林（Karl Llewellyn）和霍姆斯（Oliver Wendell Holmes）等人掀起了法律现实主义（legal realism）思潮，成为法律系统在自我描述上摆脱兰德尔（Christopher Columbus Langdell）形式主义法律观的肇始。

德国的自由主义法学、利益法学以及美国的法律现实主义（以及当代的法律经济分析和法律政治分析）的一个共同的特征是在法律系统外部寻找法律统一性的象征物，探究影响法律正当性的社会因素，它们在时间性上都呈现为制作法律决定时于当下考量将来的“后果主义”。在传统法哲学中，为了识别“有效法”，像英国奥斯丁这样的法律实证主义者一度诉诸国家（主权者），德国的胡果（Gustav Hugo）和费尔巴哈（Paul Johannes Anselm von Feuerbach）诉诸理性，英国的柯克爵士和德国的萨维尼则向历史求助。这些法哲学共享的特征是，在想象法律的统一性时，把时间箭头都拨向了过去，过去具有正当化当下的权威力量。伴随着社会福利国家到来的是法律不确定性的增加，法条崇拜丧失了社会结构的基础，后果主义作为法律论证方法和裁判方法代替了法律形式主义的垄断地位，法律系统开始通过虚构将来的后果而正当化当下的法律决定。但是，属于法律系统外部指涉策略的后果主义，可能面临过度实质化的危险，并让法律决定陷入不确定状态。为了重新掩盖这个瑕疵，呼吁限制法官自由裁量权的声音随之高涨，法律系统相应创造了一个新的自我描述方式：通过程序性过程正当化实质决定。哈特、富勒、德沃金、哈贝马斯都殊途同归走向了程序主义，在这种达成集体共识的知识生产活动背后，其实都是对来自社会结构变迁的敏锐回应。

程序主义的精髓在法律实证主义中获得了忠实的贯彻。但是，在卢曼看来，法律实证主义的程序主义在描述现代实证法上并不完全成功，这尤其体现在处理法律的封闭性与开放性的关系问题上所表现出来的理论纠结。

一方面，法律实证主义窥视到了程序主义法制观中的自我指涉，并把这种自我指涉与法律的绝对封闭性等置，其最高形式就是凯尔森(Hans Kelsen)的纯粹法学。凯尔森纯粹法学隔断了法律系统与其他社会子系统的联系，否定法律指涉政治、经济、宗教的可能性，当然也更没有为这种外部指涉指出可能的实现路径。[①]凯尔森临终前仍然固执地念叨着的"规范就是规范"，就是对功能分化时代充盈着程序主义精神的法律实证化特征的准确概括。在英国，哈特(H. L. Hart)的分析法学是20世纪中叶英语世界法律自我描述的最高成就。哈特的《法律的概念》一书同时在哲学系和法学院讲授，并被分别称为法哲学(Philosophy of law)和法理学(Jurisprudence)。哈特坚持了法律实证主义"分离命题"这一核心观点，即法律与其他社会领域(道德)的分离，这被哈特自己表述为"法律与道德之间只存在偶然的关系"——这也是法律自我指涉最经典的表述之一。[②]

另一方面，凯尔森与哈特由于理论构造上的缺陷，都无法把法律实证主义的逻辑坚持到底。他们无法承受把法律统一性建立在法律

---

① Hans Kelsen, *Pure Theory of Law*, M. Knight trans., Berkeley: University of California Press Kelsen, 1967.

② H. L. A. Hart, *The Concept of Law*, Oxford: Clarendon Press, 1994: chapter 8. 中译本为[英]哈特:《法律的概念》(第二版)，许家馨、李冠宜译，法律出版社2011年版：第八章：正义与道德。

的自我指涉之上的心理负担，无法正视由于自我指涉所造成的逻辑悖论。凯尔森努力通过“基本规范”(Grundnorm)来消除“规范决定规范”的法律悖论，为法律的统一性寻找到一个哪怕是虚拟的基础。基础规范的作用在功能上与奥斯丁(John Austin)的主权者相似，试图在法律系统之外为法律统一性找到一个稳固的支点。即便哈特曾在回应罗斯(Alf Ross)的观点时专门讨论过自我指涉的问题，但其对悖论问题的深层逻辑几乎毫无触及。[①]哈特的承认规则(rule of recognition)本身也并不是一套法律规范，而是处于法律有效性之外。用哈特自己的话说：构造和识别哪些规则属于法律的承认规则本身并非法律规则。承认规则仅是一种社会事实，即官员针对什么是法律所展示出来的态度。虽然哈特的法哲学被称为具有描述社会学的特征，但是，就哈特处理法律与社会的关系来看，他基本上没有能力也没有兴趣深究法律的自我指涉与外部指涉的相互关系。这个问题对于脱胎于思辨哲学的分析法学而言可能显得过于复杂了，对于挖掘这个深邃的矿藏而言，哈特工具箱中的边沁功利主义和维特根斯坦语言哲学显得力不从心。

作为哈特论战对手的美国法学家富勒(Lon L. Fuller)和德沃金(Ronald Dworkin)，都由于其对法律奠基于道德之上的泛泛主张，往往被划归为新自然法学派阵营。然而，细察富勒所谓作为法律内在道德的八条程序自然法，其实非常类似哈特的承认规则，也同样是识别法律规则的有效性的筛子，是选择规则的规则。富勒与哈特一样，都放弃了把法律的统一性描述为一套实质标准的自然法思想，而是

---

① H. L. A. Hart, “Self-Referring Laws”, in *Essays in Jurisprudence and Philosophy*, Oxford: Oxford University Press, 1983, pp.145—158.

转向了程序性的标准，他们都发现了现代实证法的一个秘密：即法律自己观察自己的自我指涉（或二阶观察）特征。[①]但是，与哈特相比，富勒的论证质量明显逊色很多。富勒的八条自然法过于刚性，他在自觉转向程序性规则（或原则）这些二阶规则时，又不自觉地把这套二阶规则实质化，还原为类似自然法的一阶规则。哈特处理得要高明得多，他揭示了承认规则富于可变性，但无意于给出其具体内容，这种羚羊挂角的表达技术正好吻合了现代实证法的高度可变性特征。

至于德沃金的法律整全性（integrity）思想，早有敏锐的学者指出了其并非什么自然法，而是更为精致的实证法。德沃金关于司法推理所包含的"符合"（fit）与"正当化"（justify）两个关键步骤，其实就是对法律活动所固有的自我指涉与外部指涉之间的相互交织关系的含蓄表达。[②]德沃金的"权利论"表明了其意在克服法律实证主义过于封闭的法律自主性，试图把法律与法律之外的社会因素（尤其是政治道德）连接起来。但是，在其政治哲学与法哲学的衔接上，却暴露出了与罗尔斯、哈贝马斯近似的缺陷。在试图调和自由主义与社群主义的价值观上，他们都以高歌理性的方式完成了关于现代政治统一性的描述。当然，这些理论家们主张的不再是自然法或理性法意义上的实质理性，而是推崇现代民主制下的程序理性。但是，当他们把这种理性推崇到无以复加的至上地位时，其理论自身所隐含的悖论

---

① Lon L. Fuller, *The Morality of Law*, New Haven: Yale University Press, 1969: chapter 2: The morality that makes law possible. 中译本为[美]富勒，《法律的道德性》，郑戈译，商务印书馆 2005 年版：第二章：道德使法律成为可能。

② Ronald Dworkin, *Law's Empire*, Cambridge: Harvard University Press, 1986, pp.243—250.

却无法得到揭示。德沃金综合吸收了法律实证主义、哲学解释学、新古典经济学和社群主义哲学等等最新成果，形成了超越哈特分析法学的理论气势，并尝试着手处理法律自我指涉与外部指涉之间的相互关系。但是，由于分析工具的迟钝以及理论构造上的先天缺陷，德沃金最终只能摇摆于法律封闭性和开放性的精神分裂之中，无力进入卢曼所谓“法律系统既封闭又开放的，开放性以封闭性为前提条件”的复杂性观察。

与法哲学相比，20 世纪后半叶先后出现的法律理论（Rechtstheorie），最主要的贡献是与社会科学结盟，对法律系统的自我描述更加精细，因而也具有更为自觉的内部分工意识。法学理论法试图引进法律之外的区分（框架）来观察法律，为法律系统的统一性寻找新的支点，包括律解释学、法律论证理论、法律系统论、法律修辞学等等法律自我描述形式。

卢曼认为，法律理论虽然百花齐放，嫁接了其他社会科学领域的最新成果，但是，其所运用的基本区分是“事实/规范”，而不是社会科学的“事实/概念”，因而仍然属于法律系统自己对自己的反思。例如，在欧洲法学界具有广泛影响力的托依布纳（Gunther Teubner），曾经是卢曼的挂名弟子，他把卢曼发展出来的自创生理论运用于法律分析，但并没有因此迈上法社会学之路，而是把属于社会学的法律自创生理论内插到法学中，成为社会系统论在法学界的代言人。托依布纳有着清醒的学科归属意识，曾对自己的学术身份明确表态，认为自己终究是一个法学家，而不是社会学家。[①]托依布纳讨论的主题

① ［德］贡塔·托依布纳、顾祝轩：《私法的社会学启蒙：对谈当代著名法学家托依布纳》，载《交大法学》2013 年第 1 期。

是私法和宪法等部门法问题，但其恢宏的学术抱负以及理论构造上的抽象性已经跳脱出部门法的具体性限制。他把社会系统论“再入”(re-entry)到法学内部之中，对法律系统的自我描述给出了相当杰出的表述。在处理法律系统的封闭性与开放性的关系问题上，托依布纳跻身于当代琳琅满目的法律理论市场，应该说对法律系统统一性提供了最为逻辑自洽的描述。值得强调的是，在托依布纳的法学取向与卢曼的社会学取向之间存在着学科上的分水岭：托依布纳虽然也会使用系统/环境、自我指涉/外部指涉等系统论特有的区分，但是其展开理论观察所运用的基本区分却是“合法/非法”，因而属于法律系统内部的自我观察和自我描述；而卢曼观察法律时也会使用“系统/环境”“自我指涉/外部指涉”等区分，但其展开观察的基本区分是科学系统中的“真/假”编码，在学科属性上则落入科学系统之中，属于对法学的外部观察。

三、 对法社会学的观察

卢曼认为，从法社会学登上现代学术舞台至今，法社会学的经验研究仍然没有摆脱这样三种进路：一种进路是研究法律人，即基于法律职业来研究法律人的角色。卢曼认为这种角色理论和职业社会学的研究进路完全可以被复制到医生、企业家、牧师、军人和建筑师等职业之上，因而与法社会学之间并没有什么必然的理论关联。第二种进路是把第一种方案推向纵深并加以精细化，研究作为承担法律裁判工作的司法主体的小群体行为。比如，通过问卷和访谈确认社会分层和意识形态偏见等等变量如何影响法庭上的判决创制过程。第三种进路则是运用现代传播理论把关于法律的舆论（而不是法律本身）变成核心课题。这种研究进路希望澄清公众对法律的流行态度或者公众对于立法机构、执法机构以及司法机构的流行态度。在卢曼看来，这三种法社会学的经验研究进路相互割裂，缺乏研究纲领上的融贯性，比如，法律职业或法律角色分析对于法律舆论研究不会有所助益，而法律舆论研究成果也不会为司法裁判过程铺设研究前提。①最为重要的是，这三种经验研究都无法处理像法律这样的具有高度复杂性的社会巨系统，与法律系统本身的复杂操作过程失之交臂，只能萎缩为以发现线性因果关系为乐趣的实证研究。

在前期卢曼的研究工作中，对于经验社会学的批评主要是基于他从系统论中摄取的复杂性（Komplexität）概念。就社会学研究而言，复杂性被理解为体验（Erleben）和行动（Handeln）的可能性总和，这些可能性一旦被现实化，就会构造出一个意义脉络——法律就是诸多意义脉络中的一种。卢曼区分了三类复杂性：第一种是非结构化的复杂性，其中，所有可能性都是随机的和均质的。对这种复杂性的研究主要采用处理大数据随机样本的统计方法。第二种是复杂性有限的结构化的小型系统，其中，可能性的数量相对有限，并且可能性之间的相互排斥或限制到达了某种程度。对这种复杂性的研究，典型的处理方式是把作为研究对象的小型系统从其他社会关系中分离出来，在满足“其他条件不变”（ceteris paribus）这个类似自然科学

---

① Niklas Luhmann, *A Sociological Theory of Law*, Elizabeth King and Martin Albrow trans., London: Routledge, 1985, pp.2—5. 中译本为[德]尼克拉斯·卢曼：《法社会学》，宾凯、赵春燕译，上海人民出版社 2013 年版，第 40—43 页。

实验的理想要求以后，通过问卷和访谈确认几个有限的变量，并尝试在这些数量有限的变量之间建立因果性的关联。第三种是高度复杂的结构化巨系统，其中，可能性数量巨大，某种特定可能性的实现可能阻止其他可能性，同时那种特定可能性的现实化需要过去已经建构出来的可能性作为前提条件。①

在上文提及的法社会学的三种经验研究进路中，无论是针对法律角色、法律职业的研究进路，还是针对司法主体的小群体研究进路，再或者是针对法律舆论的研究进路，其研究对象要么属于非结构化的复杂性，要么属于复杂性有限的结构化的小型系统。因此，在这三种经验研究中，通常所运用的研究方法无非就是问卷、访谈、参与式观察、统计等。然而，这些经验研究方法的一个致命缺陷是把法律排除在高度复杂的结构化巨系统之外，并成了对法律内在操作逻辑茫然无知的社会科学。卢曼甚至调侃说，经验研究的动力并非来自理论发展的内部逻辑，而是由于更容易争取到政府或其他社会机构所提供的研究经费和职位。

卢曼认为，法社会学的经验研究与法学的不同在于，虽然二者都把法律系统作为观察对象，然而，经验研究是在法律系统的外部进行观察，所使用的基本区分是“真/假”，法学是在法律系统内部进行观察，所使用的基本区分是“合法/非法”。按照卢曼的说法，法社会学的经验研究的兴趣是主要是通过统计方法得到满足的，其对个案不加关注；法学则是从单个案件的裁判入手以提炼出一般性规则，或者

---

① Niklas Luhmann, *A Sociological Theory of Law*, Elizabeth King and Martin Albrow trans., London: Routledge, 1985, pp.5—6. 中译本为[德]尼克拉斯·卢曼:《法社会学》,宾凯、赵春燕译,上海人民出版社 2013 年版,第 44—45 页。

把规则适用于个案。[①]在把经验研究的统计方法运用得如鱼得水的法社会学学者中，布莱克(Donald Black)可算其中的佼佼者。布莱克认为法学与法社会学之间的差异表现在几个方面：1.在关注焦点上，是规则与社会结构的差异；2.在处理方式上，是逻辑与行为的差异；3.在运用范围上，是普适性与可变性的差异；4.在观察视角上，是参与者与观察者的差异；5.在研究宗旨上，是实践性和科学性的差异；6.在研究目标上，是裁判与解释的差异。[②]

布莱克的法社会学认为，社会学家不应被法律所声称的形式化程序所迷惑，而是要揭示身份、性别、贫富、亲疏等社会因素对于法律实践的影响。根据诉讼参与者之间的社会地位(或社会分层)是相同还是不同，关系是亲密还是疏远，是个人还是组织，法律的运用会有明显的差别。与法律人关注重心在于案件裁判是否做到了“同样情况同样处理，不同情况不同处理”的形式性标准不同，社会学家关注统计数据上的差异，并试图找到解释统计差异的原因。法律人的兴趣在于寻找能够支撑个案裁判的正当性理由，法社会学家却往往只对具有统计意义的能够产生预测力量的因果发现着迷。

法学家对于个案之间的差异异常敏感，而社会学家则会忽略掉个案之间过于精细的差异，尽可能抽象出数量充足的符合科学验证所需要的“相同”样本。正如卢曼所给出的示例那样，对于律师而言，此谋杀案不同于彼谋杀案，此强奸案不同于彼强奸案。律师们很清

① Niklas Luhmann, *Law as a Social System*, Oxford: Oxford University Press, 2004, p.457. 中译本为[德]鲁曼:《社会中的法》，李君韬译，五南图书出版公司 2009 年版，第 11 章:第 584 页。

② Donald Black, *Sociological Justice*, New York and Oxford: Oxford University Press, 1989, p.3.

楚黑人妇女遭到白人男子强奸的案子不同于白人妇女遭到黑人男子强奸的案子，但是他们往往并非径直以种族因素作为裁判理由，而是会给出一套法律内部演化出来的区分标准。人们可能会说法律人使用这些区分标准是为了掩盖自己的偏见。不过，卢曼认为，当社会学家把本来不同的案件视为相同的案件，并以此收集到足够数量的“相同”样本时，其筛选样本的标准其实也隐藏了偏见。因而，法社会学不会比法学更加价值中立、客观。①

法社会学有自己的观察盲点，就如卢曼所言，其无法看到自己无法看到的东西。比如，法社会学无法看到其展开观察所运用的区分本身，不然就会面临悖论：社会学不会追问自己所运用的“真/假”这个区分本身是真的还是假的，否则会落入与“说谎者悖论”相同的处境。社会学新功能主义代表人物亚历山大(Jeffrey C. Alexander)以不同的方式表达了类似的心得：社会学是一个科学连续统，其一端是假设、模式、概念、定义等非经验性的理论，另一端则是经验性的事实。②社会学运用“概念/事实”这个区分展开观察时，概念会因为新的事实刺激而改变内涵，事实也会由于概念的调整而发生透视变化——蒯因(Willard Van Orman Quine)对经验主义两个教条的批判以及其整体论哲学也得出了与此相同的结论。③比如，法社会学在研究“社会运动”时，“社会运动”就是理论与事实相互作用的化合

① Niklas Luhmann, *Law as a Social System*, Oxford: Oxford University Press, 2004, pp.457—458. 中译本为[德]鲁曼:《社会中的法》，李君韬译，五南图书出版公司2009年版，第584—585页。

② [美]杰弗里·亚历山大:《社会学二十讲》，贾春增等译，华夏出版社2000年版，第一讲:理论是什么。

③ Willard Quine, “Two Dogmas of Empiricism”, in *The Philosophical Review*, 60, 1951, pp.1—43.

物。研究者首先要给出“社会运动”的定义标准，然后筛选出符合这个标准的社会事实。对于不同的社会学研究纲领而言，由于判断标准并不相同，提炼出来的“社会运动”的事实当然也就不同。如果社会学研究者追问这套以证明或证伪为目的的研究活动所依托的理论纲领是真还是伪时，就会陷入要么套套逻辑要么自相矛盾的悖论之中。

除此之外，卢曼认为，还有一个更为要紧的问题，即信奉经验研究的法社会学并不能理解这样一个事实：法律系统是一个操作封闭的、自我再生产的、自我描述的系统。与法学的内在视角相比，法社会学的外部视角在对待法律规范上显得超脱，不再关注法律规范的有效性问题，而是把法律和社会各自操作为属于经验研究的独立变量。经验研究就是要在法律与社会的各种变量之间发现相互作用的因果性关系，而且，这种因果性知识在经验上还是可检验的。涂尔干曾说过，社会学并非旨在发现社会的道德实在，而是试图揭示人们构想道德实在的方式。与此类似，法社会学也并非意在发现具有约束力的法律规范，而是要么探求法律规范背后的社会因素，要么追踪法律规范引发的社会效果。正是这样的经验社会学，把法律处理为一种社会事实，或者说处理为一种僵死的对象（而非自我再生产的“活”的社会子系统），同时，也把“社会”处理为与此并列的僵死的社会事实。卢曼认为，作为法社会学的主流研究范式，这种经验研究致力于探究“法律与社会”的关系，但却无力发现“社会中的法”，即忽视法律系统自我再生产的内在逻辑，并因此必然导致某些研究质量上的遗憾：一方面，在这种经验社会学之中，法律自身缺席了；另一方面，与法律的缺席相关，各种法社会学的经验研究之间缺乏内在的融贯性。①卢曼对此所做出的明快反应是，把其理论创作后期最重要的法社会学著作命名为《社会中的法》(*Das Recht der Gesellschaft*)②。

在法社会学的经验研究之外，还有一种介于法社会学和法学之间的研究范式：批判法学。对法律的批判古已有之，即便无需认祖归宗到柏拉图，至少从现代社会理论的鼻祖圣西门开始，就对资本主义社会展开了激烈的抨击和揭露，并期望以美好的"实业制度"代替这个"黑白颠倒的世界"。由此，混合了描述与规范两种互为冲突成分的社会批判理论就登上了近现代知识生产的舞台。也正是出于这种社会批判情结，圣西门对为巩固资本主义制度而存在的法律表示出了憎恶。曾担任圣西门私人秘书的孔德也接过这个信念，在其社会发展三阶段论中，认为法律是从作为第二阶段的形而上学阶段中流溢出来的精神，必然会随着实证阶段的到来而消灭。

20 世纪 70 年代在美国兴起的批判法学，对现代西方法律制度以及相应的法学研究展开了激烈批评。按照卢曼的学科分类，批判法学运用的基本观察编码仍然是"合法/非法"，所以属于法律系统的自我观察和自我描述。但是，批判法学对法律概念的理解以及强调"行动中的法"的研究方法，都从社会学汲取了丰富的营养，因而被一些有名的法社会学教科书纳入到广义上的法社会学阵营。批判法学并非一个拥有统一纲领的严密流派，除了狭义上的批判法学，还包含了

---

① Niklas Luhmann, *A Sociological Theory of Law*, Elizabeth King and Martin Albrow trans., London: Routledge, 1985, pp.4—5. 中译本为[德]尼克拉斯・卢曼:《法社会学》,宾凯、赵春燕译,上海人民出版社 2013 年版,第 43—44 页。

② Niklas Luhmann, *Law as a Social System*, Oxford: Oxford University Press, 2004.中译本为[德]鲁曼:《社会中的法》, 李君韬译,五南图书出版公司 2009 年版。

后马克思主义激进法学、女权主义法学、左派自由主义法学甚至后现代法学等复杂的思潮。但是，这些各具性格的思潮都有一个共同的特点，即对由法律所塑造的不平等性、压迫性展开揭露和批评。批判法学的旗手昂格尔(Roberto M. Unger)、肯尼迪(Duncan Kennedy)、楚贝克(David M. Trubek)以及亨特(Alan Hunt)都试图把资本主义法律制度的政治功能从其自由主义意识形态中剥离出来，认为表面上具有政治客观性和中立性的资本主义法律其实处处充满内在矛盾，并成为社会压迫的工具。由此，批判法学家们主张法律改革和政治改革，甚至有学者还倡导激进的社会革命。

批判法学希望借助社会学的研究工具为人们提供一个社会生活中真实的法律图像，以替代自由主义法学的虚假描述。对于批判法学而言，社会学研究工具不仅具有描述的价值，而且也是批判资本主义法律的道德载体，这种研究取向使得法学家们的批判法学与社会学家们的法社会学拉开了距离。楚贝克曾撰文批评了法社会学的经验研究，认为这种迷恋“数据”的研究进路其实是对既有政治价值观的非批判性默认，因而是对社会病态结构的巩固。楚贝克认为，批判法学与经验社会学相反，其理论任务在于揭露现存法律制度背后的世界观。他说：正是人们的世界观赋予了社会互动以意义，因此改变人们的意识就是改变世界本身——这就是批判法学的信条。[①]正因为如此，批发法学的意识形态批判也就成了一种拥有社会改造力量的行动社会学。

运用卢曼式的系统论框架来分析批判法学，可以发现，批判法学

① David M. Trubek, “Where the Action Is: Critical Legal Studies and Empiricism”, in *Stanford Law Review*(3), 1984.

透过有权力/没有权力这个政治操作的二元编码来观察法律系统内部的沟通，以政治系统内部生成的目的程式(Zweckprogramme)取代了法学内部的条件程式(Konditional Programme)。[①]批判法学与法律经济学、法律心理学有共同之处：都是运用法律之外的二元编码来观察法律系统的操作过程。卢曼认为，这些表面上的外部观察方式其实并非在社会之外，而是社会迈入功能分化阶段之后法律系统透过其他系统的二元编码对法律所做出的自我描述。批判法学、法律经济学或法律心理学表面上与法教义学的内部观察拉开了距离，但是，其所运用的基础性观察编码仍然是合法/非法这个编码，最终还是属于法律系统本身的沟通——它们不过是穿上了政治学概念、经济学概念以及心理学概念的外衣之后又重新返回到法学内部而已。在批判法学当中，法律/政治(或系统/环境)这个区分只不过是“再入”到了法律系统内部，真正的政治沟通仍然处于法律系统之外的环境中。因而，批判法学并不能实现其解构现代西方法律的初衷，反而是被法学有条件地加以过滤和吸收，最终被溶解为法律系统自我描述的一分子。批判法学期望站在社会之外，占据一个不为其他系统观察者所观察的特权位置，以“真理在握”的姿态对法律系统展开道德谴责和政治批评，但这只是批判法学误把他乡当故乡的幻觉。批判法学不过是观察者之一，最终也会被拉回到社会之内，并为其他理论系统所观察。不过，无论是批判法学还是法律经济学，在把法律/政治或法律/经济这些区分“再入”到法律系统内部之后，会以政治学

① Niklas Luhmann, *Law as a Social System*, Oxford: Oxford University Press, 2004, pp.196—203. 中译本为[德]鲁曼:《社会中的法》，李君韬译，五南图书出版公司 2009 年版，第 220—227 页。

和经济学的概念刺激法学概念的自我再生产，并因此增加法律系统回应外部环境的复杂性，这也正是他们的理论贡献所在。然而，卢曼特别强调，这种刺激所产生的后果是偶在性的，并不会使得系统对环境更加“适应”。因此，以政治平等的批判立场或者利益最大化的经济诉求改造法律系统，并不能真如社会改革家们所愿那样创造一个更为美好的社会。在卢曼看来，对于法律系统自身而言，正义不过是一个“偶在性公式”(kontingenzformel)。①

综上，基于二阶观察之上的知识论对于功能分化社会的真正贡献之一，就在于提供了观察各个社会子系统之间如何展开相互观察的理论框架。如此观察的一个重要结论是：每个社会子系统可以通过暴露作为“他者”的其他社会子系统的沟通偶在性，进而反思到自身的偶然存在条件。这无疑可以增加功能系统自我再生产的反思性，引导系统在制造系统/环境的差异上迈向更大程度的复杂性。无论是法社会学中的经验研究还是批判理论，都不过是系统之间的相互观察或自我观察(自我描述)。通过法学研究、立法决策、司法裁判等等法律系统内部的沟通活动对法社会学的观察展开进一步观察，法律系统可以吸收法社会学的研究成果。比如，托依布纳就借助“关系网络”这个社会学概念的刺激，在法律内部提炼出了“网络目的”(Netzzweck)、“契约网络”(Vertragsnetz)与“合同结合”(Vertragsverbindung)这些法学装置，为德国法院突破先前的学说和判例提供了新的正当性理由。②这样，法律之外的观察视角被折射到法律系统

① Niklas Luhmann, *Law as a Social System*, Oxford: Oxford University Press, 2004: Chapter 5: Justice, a Formula for Contingency. 中译本为[德]鲁曼:《社会中的法》，李君韬译，五南图书出版公司 2009 年版：第五章：正义作为偶在性公式。

② [德]贡塔・托依布纳、顾祝轩：《私法的社会学启蒙：对谈当代著名法学家托依布纳》，载《交大法学》2013 年第 1 期。

内部,法律系统之前那些被认为在正当性上确定无疑的概念、原则或理由可能因此遭到怀疑,并通过进一步的悖论展开过程产生出回应外部环境刺激的新的概念、原则或理由。当然,这种指向外部环境的指涉活动,仍然属于法律系统的内部沟通,即必然递归性地运用合法/非法的二元编码指向自身之前的沟通。如此,卢曼回应了在法学与社会科学之间如何展开跨学科研究的当代难题,其深刻性和融贯性应该说是前无古人的。

四、结　语

卢曼认为,理论家不可能在社会之外找到一个客观观察社会现象的优越位置。理论家的观察本身就是社会沟通的一部分,对社会的观察只能在社会内部进行,而每一次社会科学的观察,其实已经改变了观察对象本身。因此,卢曼拒绝了为社会研究寻找终极支点的主张,他认为不存在指引社会的元规则和评价社会的元价值。正是源于这种社会系统论的自觉反思,他对哈贝马斯的社会批判理论加以批判。对于哈贝马斯的启蒙理性中饱含的那种乌托邦情结,他认为需要一场"社会学启蒙"——这是他在明斯特获取教职时的演讲题目。①

本章运用了卢曼社会系统论的"二阶观察"理论,考察了法学和法社会学的知识生产机制,认为法学和法社会学既是被观察者,又是

① 卢曼以"社会学启蒙"(Soziologische Aufklärung)为题,从 1970 年第一卷开始,一共撰写了 6 卷本著作。参见 Niklas Luhmann, *Soziologische Aufklärung* (1—6), VS Verlag für Sozialwissenschaften。

观察者。法学和法社会学在对外部环境和自身的内部结构展开观察时,都有自己的观察盲点。系统论法学的优势正在于揭示它们各自的观察盲点,并在此基础上呈现法学和法社会学的知识再生产过程的可能性条件。同时,从法律系统的运作来看,“二阶观察”也为我们提供了一个观察系统与环境之间“既封闭又开放”①的复杂关系的视角。这种锐利的二阶观察视角,克服了西方传统知识论把研究对象处理为僵死客体的困境,为我们带来了别具一格的启发。

---

① Niklas Luhmann, *Law as a Social System*, Oxford: Oxford University Press, 2004, Chapter 2: The Operative Closure of the Legal System. 中译本为[德]鲁曼:《社会中的法》,李君韬译,五南图书出版公司 2009 年版:第 2 章:法律系统的运作封闭。

第 7 章　从决策的观点看司法裁判活动

本章摘要:本章运用德国社会学家卢曼的社会系统论研究司法裁判活动,把法院定位为一种决策组织,并以此崭新视角重新诠释司法开放与封闭、法官自由裁量权限制等法学理论的经典问题,寻求解决司法裁判确定性与不确定性难题的新方案,以克服司法裁判理论中决定论与决断论的二元对立。

一、前　言

社会系统论中的决策理论(The theory of decisions)吸收了组织社会学、系统科学和信息科学的最新成果,把司法裁判活动看成是在法院组织中系统性地处理一种与法律相关的特殊信息的决策过程。[①]德国社会学家卢曼倾注心血最多的两个专门领域是法律社会

① 裁判、决策和决定在德文中可用同一个词 Entscheidung 表达,在英文中也可用同一个单词 decision 表达。在当代中国法律语境中,"决定"具有立法和行政法上的不同含义,"裁判"则具有司法活动上的含义,而决策是政治学和社会学的概念,不属于法言法语。本章在组织社会学的意义上使用决策这个概念,用于分析司法裁判活动。

学和组织社会学,[①]而法院裁判活动恰好是这两个专门领域的研究交集。卢曼的社会系统论是本章的方法论支点,尤其是他在组织社会学中对决策理论的独特贡献,构成了本章的论证基础。

运用社会系统论的决策理论观察司法裁判活动,不同于法教义学、法律方法论、法律论证理论、法哲学等内在诠释视角的进路,而与法律经济学、法律心理学、法律政治学等同属于外部描述视角的研究。[②]同时,与法律经济学、法律心理学和法律政治学把司法裁判活动还原为经济问题、心理问题和政治问题的"问题场所转移"的进路相比,社会系统论拒绝了剥夺法院组织内在深度的还原论方法,而是尊重司法活动所特有的"法律属性",把法院看成是一类专门进行"法律"沟通和"法律"决策的组织。因而,与传统上研究法院组织以及司法裁判活动的各种内外视角相比,社会系统论的研究进路具有方法论上的独特优势。

一方面,与法教义学、法律方法论、法律论证理论、法哲学等内在

---

① 卢曼有着极为宏大的理论构筑,除了对一般社会系统论坚持不懈的阐述,他最为钟爱的两个专门领域就是组织社会学和法社会学,这可能根源于卢曼曾经接受过完整的法学教育和从事过国家行政管理工作,但更合理的解释是,卢曼认为组织和法律都是现代社会最为重要的社会现象之一。卢曼在组织社会学方面的代表性著作,参见 Niklas Luhmann, *Organisation und Entscheidung*, Opladen: Westdeutscher Verlag, 2000。

② 在司法过程的研究框架上,素有内/外视角之争,德沃金与哈特交火以来最重要的战场之一就是对诠释方法与描述方法之间的正当性争夺。这种方法论大战不只限于法律研究,从近代以来,诠释与描述之争一直就以精神科学与实证科学水火不容的对峙形式遍布于整个社会科学领域。直到维特根斯坦阐述了"生活形式"和"语言就是用法"等著名思想,以及继之而来的奥斯丁在回答"如何以言行事"这个问题后,在此基础上发展起来的语用学才在英语世界对这场争论给出了解决方向。从语用学的观点看,诠释与描述只是不同的语言用法或语言游戏,并无高下之分。所以,德沃金对哈特的指责是错误的,因为他所坚持的诠释学观点没有看到自己所使用的"诠释/描述"这个区分本身包含着自我指涉的悖论。参见[美]德沃金:《身披法袍的正义》,周林刚、翟志勇译,北京大学出版社2010年版,第六章:哈特的后记与政治哲学的要义。

诠释的视角相比，从社会系统论的决策理论入手研究司法裁判活动，具有一种功能主义的外部观察优势。内在视角是对法官司法裁判活动的同情或移情理解，比如，法教义学家在研究法院裁判时，是在与同属法律知识共同体的法官对话，加强或批评法官的论证，与法官并肩解决办案的疑难，一起寻找正确的、符合法律正义的答案，这是在回答“什么”（what）问题层次上的一阶观察（first-order observation）。社会系统论的决策理论则不对裁判结果的正当性本身做判断，而是观察形成这种裁判的社会条件和社会后果，即回答“司法裁判如何可能”的问题，这是一种功能主义的方法，[①]也就是说，决策理论不再追问应该做出“什么”（what）决策的问题，而是追问“如何”（how）做出决策的问题，属于对司法裁判活动的功能观察。[②]

另一方面，从社会系统论的决策理论出发研究司法裁判活动，不同于法律政治学、法律经济学和法律心理学等等通过把司法裁决活动客体化、对象化以寻找法律背后的政治原因、经济原因或心理原因的自然科学式的实证分析方法，而是尊重具有法律属性的司法沟通的自组织属性，致力于回答支撑司法决策自我指涉（self-reference）、自我观察（self-observation）的**可能性条件**（conditions of possibility），是对观察者的观察，因而具有二阶观察（second order observation）的反思优势。在社会系统论的观察框架下，法院之所以被称为组织（organization），是因为法院系统的所有司法裁判形成了一个分配“合法/非法”（legal/illegal）编码（code）的决策之网，每个裁判都

---

① 二阶观察是指对观察者的观察，具体参见宾凯：《法律如何可能：通过二阶观察的系统建构——进入卢曼法律社会理论的核心》，载《北大法律评论》，法律出版社 2006 年第一卷第 2 辑。

② 同上。

不断再生产着新的具有法律属性的司法决策（系统操作），同时也再生产着整个决策网络（系统结构），并且形成了操作封闭（operational closure）的系统边界以及与环境发生作用的结构耦合（structure coupling）。在社会系统论的自创生理论（the theory of autopoesis）看来，法院系统内这种"自我指涉"的能力，与生物细胞内部通过自我指涉生产自身元素和结构的生命活动相似。社会系统论认为，法院具有与生物学的组织特征相似的自我组织、自我生产的能力，也就是说，是"活"的——而法律政治学、法律经济学和法律心理学等等客体化视角恰好对法院组织这一自组织特征视而不见。

除了方法选择上的优势，本章对国内的司法裁判理论可能提供的知识增量还包括：通过把法院定位为一种决策组织并以社会系统论研究司法裁判活动，重新诠释司法开放与封闭、法官自由裁量权限制等法学理论问题，寻求解决司法裁判确定性与不确定性难题的新方案，以克服司法裁判理论中决定论与决断论的二元对立。

二、 作为司法决策组织的法院

卢曼认为，全社会系统（whole social system）只有一个，即世界社会（world society），全社会系统内部又有三种系统类型：社会诸子系统（subsystems）、组织（organizations）以及互动（interactions）。什么是组织？卢曼认为组织就是"由决策构成的系统，这些系统生产着构成了这些系统但又由这些系统所生产的决策"①。司法组织进行

---

① 组织不是由大楼构成，也不是由人员构成，组织系统是沟通系统，组织决策就是系统内部最基本的沟通单位。参见 Niklas Luhmann，*Social Systems*，Stanford：Stanford University Press，1995，chap.4。

沟通的基本单位是决策，在司法系统中，决策不断自我复制，形成了一个延绵不绝的自创生系统（autopoietic system）。那么，什么是决策？大家通常认为，决策就是“选择”（choice）。选择往往被理解为“在诸多可能性（alternatives）中挑选一个”，但是卢曼认为，选择本身就暗含了诸多可能性这个前提，而诸多可能性也意味着选择必须做出，所以，用诸多可能性来定义选择和决策必然会落入重复定义的套套逻辑。

卢曼扬弃了这种通说，而认为决策是一种社会沟通（social communication），是一种对选择偶在性（selection contingency）的沟通进行沟通的沟通（注意：这里有两个沟通）。偶在性的含义是，总是存在着其他可能性。通常我们谈到决策时，是指挑选出了某种特定的内容，比如，“我今晚将陪你看电影”。但是，卢曼认为，决策作为对偶在性进行沟通的沟通，总是或明或暗地显示存在其他替代选择项的可能性，比如“我今晚将陪你看电影”之所以成为决策，是因为有另一个可能选项“我本来今晚要写论文”作为背景衬托。决策总是意味着我要从A和B（甚至还有C、D、E等）中选出一个来，但是这里存在一个悖论：如果被挑选出来的可能项越具有充分的辩护理由，那么其他选项作为竞争者的力量就越弱，“决策”的意味就越淡，因为这无法体现“决策”所具有的紧张感和艰巨性。但是，如果已选项与其他背景选项相比并不具有明显的被选优势，那么，我们也很难说这是一个决策，而更可能把这种选择看成是恣意的举动，类似于掷硬币式的赌博或者抓阄。[①]这里存在着两个沟通环节，即做出决策的沟通和对这个

① 本章区分了作为个人选择的掷硬币与作为集体选择的抓阄之间的不同。本章所指的掷硬币，是指个人面对未来所采取的消除不确定性的手段，几乎不受任何决策前提的约束，因而纯粹恣意。与此相比，抓阄一旦作为公共选择的方案，就不是纯粹的恣意，而是成为一种提炼共识的决策程序，虽然这种决策方式因为缺少足够的决策前提也显得单薄和恣意。关于“决策前提”，参见后文。

沟通的决策性质进行认定的沟通，用贝特森的话说，分别是“报道”(report)的沟通和“认定”(command)的沟通。[①]如果在第一个沟通中，决策越是被认为在诸多可能性中做出了理由充分的选择(报道沟通)，那么，在后一个沟通中，就越难以被看成是一个真正的决策(认定沟通)。这种情形也被哈贝马斯称为践言冲突(performative contradiction)。[②]

针对这个具有破坏力的决策悖论，卢曼认为组织内的决策沟通过程并不会因之而崩溃，他的理由有两个：1.从组织自创生理论来看，即便后一个沟通对前一个沟通进行破坏和否定，那也是发生在组织内部，这种封闭性使得每一个系统操作只能指涉系统自身的其他操作，而不会溢出组织；2.一个决策沟通总是需要指向作为系统结构的“决策前提”(decision premises)，而这些已经成熟的决策前提可以稳定决策过程的秩序。[③]

卢曼把法院看成一种司法决策组织。[④]下面，我们运用卢曼组织社会学中的决策理论来重构法院作为一个司法决策组织的肖像，并由此对法院的功能进行定位。

当我们说法院作为司法决策组织时，至少法院应该具有以下两个特征：1.法院的核心工作是不断地决策，每个决策产生新的决策，

---

① D. H. Olson, “Empirically Unbinding the Double Bind: A Review of Research and Conceptual Formulations”, in *Family Process*, 11, 1972, pp.69—94.

② Jürgen Habermas, “Discourse Ethics: Notes on a Program of Philosophical Justification”, in Habermas, *Moral Consciousness and Communicative Action*, trans. C. Lenhardt and S. W. Nicholsen, Cambridge, Mass.: MIT Press, 1990.

③ 这也是后文将会详述的组织双重封闭(double closure)。

④ Niklas Luhmann, *Law as a Social System*, Cambridge: Oxford University Press, 2004, chap.7.

而且后面的决策又会反馈(feedback)控制前面的决策,所有决策形成递归循环的决策网络;2.法院做出的是司法决策,即,不是政治决策,不是经济决策,不是伦理决策,而必须是法律系统内部的沟通,是以合法/非法为基本编码的沟通。①

法院是一个被迫不断选择的决策组织。与任何决策一样,法院的司法判决也必须要在诸多替代可能性选项中做出抉择。不管案情有多复杂,不管对法律规范和判例的理解有多少分歧,也不管法学理论对案件给出多少种可能的解法,法官最后都必须收敛到在合法/非法的二值之间进行选择。这种选择是强迫性的:这一方面是由于法院系统内在时间节奏的强制,为了不让法院决策之流中断,法院必须在一定的时限内做出裁决,而且最终答案只能是合法或非法,不能拖泥带水;更为重要的是,即便过去的信息不充分,未来也充满不确定性,法院仍然必须做出决策,法院不得以事实不清或法律不足为由拒绝裁断案件,这就是著名的"禁止拒绝审理"原则——卢曼称之为双重否定。②对法院的这种约束直接表达在《法国民法典》第四条:"法官借口法律无规定、规定不明确或不完备而拒绝审判者,得以拒绝审判罪追诉之。"③

从法院不得拒绝裁判的视角,可以帮助我们深刻理解法院作为

① 因此,本章的研究范围集中于司法裁判过程的决策活动,而不关心法院内部的财政决策、人事决策、管理决策等等——在社会系统论看来,这些决策都不属于法律系统内部的沟通,而属于经济系统或政治系统中的沟通。本章这种研究方法显然不同于以法律政治学、法律经济学、经验社会学或法心理学为方法依托的国内司法改革研究的主导性进路。

② Niklas Luhmann, *Law as a Social System*, Cambridge: Oxford University Press, 2004, chap.7.

③ 《法国民法典》,罗结珍译,中国法制出版社1999年版,第1页。

决策组织的属性，同时也有助于认清法院在现代法律生产诸领域中的龙头地位。卢曼认为，现代法律的生产方式有三种：立法、司法和订立契约。在现代法律生产诸领域中，立法部门可以搁置立法提案，或者通过无限期辩论架空立法提案所针对的议题；缔约双方如果觉得时机不成熟，也可以主动中止或终结缔约过程；只有法院在面对案件时不得消极不作为，而必须一鼓作气地对诉争双方给出答案。正是因为法院的这种特殊处境，卢曼把现代法律系统内部出现的分化描述为中心/外围结构，法院处于中心，而立法活动和缔约活动则处于外围。[①]法院之所以处于中心，是因为只有法院才有义务（被强迫）在信息不全、充满不确定性的条件下仍然必须做出裁决。如前所述，正是在信息不足、决策条件不成熟甚至是无法决策的情形下才需要决策，这是一个悖论（参见本章第六部分）。在现代社会，法院正是担纲处理法律决策悖论的主角，所以，法院是名副其实的决策组织。作为决策组织，法院每到案件审理的最后都免不了那临门一脚：必须给出要么合法要么非法的裁断。裁断，就是一裁两断，不得和稀泥，不得藕断丝连。如果仅仅是调解结案，那就并非是真正的“审理”和“裁判”，所以，调解不是法院的功能。[②]

为什么法院不得拒绝审理？要理解法院的这种属性，就必须搞清楚法院作为决策组织的社会功能。通说认为，法院的功能是解决纠纷。但是，卢曼区分了法院的功能（function）和效能（performance）。按照卢曼的理解，法院的功能主要是实现“普遍性规范期望的一致性

---

① Niklas Luhmann, *Law as a Social System*, Cambridge: Oxford University Press, 2004, chap.7.

② 关于法院和法律的功能，参见 *Law as a Social System*, chap.3。

稳定化”[①]，换句话说，法院要为整个社会提供普遍化的、稳定的期望结构，而这是通过不断再生产决策来实现的。解决冲突并非法院的核心任务，解决纠纷只是法院的效能，是法院生产期望结构时的副产品。托依布纳也赞成卢曼的这个论断，他认为，法院通过对当事人之间的个案冲突进行征用(exploiting)，不断丰富和复杂化了自己的内部系统，同时也不断加工出令社会其他子系统保持融贯的期望结构。[②]当事人引发的个案只是法律系统对其他社会子系统——如政治、经济、教育、科学等系统——中的变化做出回应的一个契机、一个触发点。表面上，法官是在为个案的解决苦苦思索，但是从系统论的观点看，每个司法决策所引发的后果其实是整个法律系统再次调整与其他系统之间的结构耦合关系。个案和系统是不同的分析层次，法律的社会功能只有从系统层次才能得到正确理解，所以，法院的社会功能是不断再生产普遍化的规范性期望，而不是解决个案纠纷。

如果法院的功能不是解决纠纷，那么，法院富有个性的肖像就可以从以前的混乱学说背景中凸显出来。法院是生产社会期望结构的决策组织，在处理案件所面对的各种相互竞争的解决方案中，法院必须在各种替代可能性选项中挑出一个来，并赋予其合法或非法的评价，因为整个社会都在翘盼从这个决策中诞生出来的新的期望结构。从法院主要任务不是解决纠纷这个观点看来，法院就不是各打五十

---

① 关于法院和法律的功能，参见 *Law as a Social System*，chap.3。

② Gunther Teubner，“Dealing with Paradoxes of Law：Derrida，Luhmann，Wiethölter”，in Oren Perez and Gunther Teubner eds.，*Paradoxes and Inconsistencies in the Law*. Oxford：Hart Publishing，chap.2.

板或者奉劝当事双方退后一步自然宽的和事佬。根据夏皮罗的著名研究，如果仅仅要解决纠纷，那么，古今中西的经验都告诉我们，法院裁决不是唯一的方式，甚至不是最好的方式。解决纠纷的方式可以沿着“单方妥协—双方谈判—第三人调解—仲裁—司法诉讼”的轴线选择，司法诉讼只是其中的一种手段，而且是最为费时费力的手段。[①]仅就美国法院受案的案件数量来看，大量的统计数据告诉我们，最终通过法院裁判获得解决的案件也只有 3%。之所以要把裁判结案的数量压缩到这么低，不是因为法院不重要，而是因为法院太重要了。法院是再生产这个社会的期望结构的顶层决策组织，必须把精锐的力量集中在少量案件的精雕细刻上，这样才能兑现整个社会对法院这个唯一能够处理法律决策悖论的司法组织的期望。所以，也只有那些真正具备裁判案件的专业知识，并且真正从事着司法判断并为整个社会生产着期望结构的人员，才是法官；法院系统内的其他人员，严格说来都不能称为法官，即便他们也穿上了法袍。

另外，如上文所述，法院作为决策组织还应具有另外一个特征：法院做出的决策必须是司法决策，即，这种决策必须是法律系统内部的沟通。法院判决文书的法律性质并非来自其上加盖的法院大印，也并非因为书写文书的主体身份是法官。而是，只有当法院的裁决体现为把制定法、判例和法学学说中的规则或原则“适用”到案件事实的过程，只有在法官决策所运用的区分编码是合法/非法时，我们才能说，这是具有法律属性的司法决策。也就是说，只有裁决结果传递出的信息是与过去的法律沟通相互关联，或者说，只有当下的裁决

---

① ［美］马丁·夏皮罗：《法院：比较法上和政治学上的分析》，张生、李彤译，中国政法大学出版社 2005 年版，第一章：法院的模型。

递归性地指涉先前的法律沟通，我们才能说这个裁决是法律系统内的操作。法院组织不可与政治组织、行政组织或经济组织混为一谈，法院不强调统一的意识形态，不实行首长负责制，也不追求利润最大化。现代法院的功能分化仅仅体现为：法院是操作合法/非法沟通的唯一决策机关。这种决策功能的分化是一种保护性隔离装置，是现代社会在高度不确定状况下为吸收风险而演化出来的适应机制。就像卢曼所说的那样，把火柴分装在不同盒子里的好处是，即便一个盒子着火了，也不会轰然一声全部灰飞烟灭。

三、司法裁判如何吸收不确定性

卢曼接受了管理学大师马奇（J. G. March）和西蒙（H. A. Simon）关于连续的决策过程就是吸收不确定性过程的著名思想。卢曼认为，组织之所以也是一种自我生产、自我指涉的自创生系统，是因为构成组织的每一个决策沟通总是一再被整合到连续的决策过程中。每一个决策都是前一个决策的产品，而且又引发了后续的决策，而这个过程不断产生不确定性，也不断吸收不确定性。正如马奇和西蒙所说的那样："当根据一些证据得出推论后，在后续推论中，前一个推论本身被作为沟通的起点，这样就吸收了不确定性。"①在这里，每一次决策不是孤立的活动，决策的意义不能从决策链中割裂出来理解。每一次决策都依赖前面的决策所固定下来的信息，前面的决策为后面的决策消除了不确定性，同时，前一个决策的信息也只有被后面的

① J. G. March, and H. A. Simon, *Organizations*, New York, NY: John Wiley, 1958, p.165.

决策所接受后才得以巩固。决策悖论所揭示的是，每次决策都无法避免不确定性的产生，也正是因为存在不确定性才需要决策，但是，通过不断指引到前面已经做出的决策，后续决策就不必总是从头开始，先前决策所提供的信息在某种程度上已经为后续决策消除了不确定性。

这里，有必要强调系统论的一个重要思想：一个决策只有嵌入由**之前**(before)的决策和**之后**(after)的决策所构成的决策链条中才能获得意义。这与索绪尔结构主义语言观类似，每一个词的含义必须由其前面和后面的词来揭示和限定，词语与词语之间的意义互相缠绕互相影响，这种语言现象被索绪尔称为语言的横聚合。与此相似，每一个决策的含义也是在决策链的横聚合(以及纵聚合)中得到理解的，[①]所以，决策活动就是在组织沟通网络内部不断自我指涉的操作，而自我指涉为决策活动减轻了不确定性的负担。

司法裁判的确定性与不确定性问题是一个古老而常新的法理学难题，通常体现为既要赋予法官独立思考的权力又要对其自由裁量权进行限制的紧张关系，其中，把分界线划在哪里的问题令历代法学家们伤透了脑筋。把决策过程就是吸收不确定性过程的结论用于观察法院的司法裁判，将会得出一些有意义的推论。

比如说，法官在对事实进行认定时，往往会感觉“事实不清，证据不够”，但是，举证规则可以让法官避免这个不确定性的尴尬，而举证

---

① 关于横聚合(Syntagmatic analysis)与纵聚合(Paradigmatic analysis)的思想，参见 Ferdinand de Saussure, *Course in General Linguistics*, trans. Wade Baskin, London: Fontana/Collins, 1974[1916], p.122。中译本参见[瑞士]索绪尔:《普通语言学教程》，高名凯译，商务印书馆 1980 年版，第 123 页。

规则本身是法院在该案之前的案件中所做出的一系列决策。[①]举证规则(尤其是证据分配责任)一旦稳定下来,就已经吸收了不确定性,后续的决策只需要直接适用就可以了。再比如,法官判案时对一个法条产生了分歧,这时,不确定性暴露出来,“许霆案”之所以是疑难案件(hard case),就是因为法律人针对《刑法》第二百六十四条关于“盗窃”与“金融机构”的含义发生分歧,出现了含义的不确定性。[②]但是,等到该案盖棺论定时,这种不确定性就被吸收了,一旦再有类似许霆案的情节出现,法官无需再回到之前的不确定状态,而可以把既有的许霆案判决作为一个吸收了不确定性的起点。不过,许霆案并不必然被后续裁决视为先例,也可能被绕过或者推翻,这样,许霆案作为决策所固定下来的信息,必须要经受后续决策的检测和反思,这就是英美判例法中“类推”“区别”“推翻”等技术所实现的功能。许霆案吸收了不确定性,固定了信息,但是这种个案的威力只有被后面的裁判所追认,才能真正实现消除不确定性的功能。在没有得到追认之前,法官的判断只能貌似成立。而且,即便在单个案件的审理过程中,也需要做出一系列的决策,前面的决策只有得到后面决策的追认,才巩固了其吸收不确定性的地位,否则,前面的决策算不上一个决策。比如,广州中院做出许霆案属于盗窃金融机构罪的一审判决,如果没有得到二审的支持,那么,一审就并没有吸收案件的确定性,而是必须重新启动审理程序。

---

① 从西方司法经验来看,证据规则基本上都是由法院在案例中不断积累起来的。中国的证据规则直接移植了西方的经验,并以立法的形式表达出来,但对证据规则的完善仍然需要法庭在“适用”过程中不断试错,证据规则也是法院内部的决策产品。

② 参见张明楷:《许霆案的刑法学分析》,载《中外法学》2009年第1期。

四、司法裁判的决策前提

西蒙是最先认识到决策前提(decision premises)与吸收不确定性之间的紧密关联的学者之一。[①]决策前提是指决策所依赖的结构性条件,或者说是决策情境(decision situation)。任何决策都不能开始于虚无,即便抓阄也要有抓阄的规则,而且还要事先制作抓阄器材,所以,决策都建立在事先给定的条件下。但是,如果把任何与决策相关的因素都看成是决策前提,那这个概念就几乎不具有理论生产力,比如抓阄器材是由塑料还是纸团做成的,写在纸团上面的字迹是用钢笔还是铅笔等等,这个链条可以无穷无尽。从法官裁判来说,如果这样无限追问法官决策的前提,那每一个决策的依据都可以从先例和制定法出发,但随后转向政治和经济因素,再从政治和经济因素转向国防安全和生态问题,从生态问题转向风能发电,以至于无穷。卢曼认为,司法决策内生于法律系统的封闭沟通之中,不会跳到法律沟通的边界之外,这个追问过程不可能向外无限发散。法官不是在维持政治稳定,也不是为经济增长服务,而是为整个社会提供稳定期望的规范。司法决策只能是法律决策,必然受到决策前提的限制,必须融入由法律系统所设定的决策情境之中。这样,决策前提在某种程度上锁定了司法决策所面临的选择可能性空间,吸收了那种因为漫无边际的说理或论证而可能造成的不确定性。

我们可以从法律人"伪善"的角度来理解决策前提消除司法裁决不确定性的功能。律师对法律字面含义的激烈争夺,法官对法律概

---

① H. A. Simon, *Administrative Behavior*, New York, NY: Macmillan, 1947.

念绞尽脑汁的斟酌，并非法律虚无主义所宣称的那样仅仅是一种徒劳无益的走过场，而是对决策前提约束力的一种自觉服从。通常，律师给人的印象是在冠冕堂皇的法律修辞背后隐藏着一套私利盘算，所以，律师这个职业以“伪善”闻名。但是，正如麦考密克（Neil McCormick）所说的那样：“伪善甚至比真诚更能说明问题”[①]，我们为什么不能认真对待律师的伪善呢？所谓律师的伪善，恰好表明了法律对律师思维的外在强制。即便律师的动机是追逐私利，但要想赢得诉讼，他也必须表里不一。在撰写法律文书和参加法庭辩论时，律师必须抛开对逐利动机的考虑，按捺住内心的趋利本性，娴熟地运用司法决策前提为自己的当事人争取有利的法律评价，以法律内的正义论胜负。[②]

决策前提为后续决策创造了决策情境，限定了后续决策的选择空间，这似乎印证了传统司法理论关于司法活动是演绎推理的看法，但是，卢曼系统论从决策递归循环（rescursion）的角度揭示了司法决策过程更为复杂的性质。从社会系统论看来，由于时间本身的悖论性结构，先前决策与后续决策的关系并非简单的前者决定后者，而是先前决策和后续决策处于相互限定的递归循环关系之中。也就是说，先前决策与后续决策的相互作用不是单向的，而是双向互动的，不是线性的，而是非线性的：一方面，决策组织的先前决策对后续决策构成了决策前提，对后续决策的选择空间进行了压缩或限制，如果没有先前的决策前提，也就没有后续的决策沟通。比如，如果前一个决策已经把选择范围限定在只能选 A 或 B，那么后续的决策就不能

---

① ［英］尼尔·麦考密克：《法律推理与法律理论》，姜峰译，法律出版社 2005 年版，第 13 页。

② 郑成良：《法律之内的正义——一个关于司法公正的法律实证主义解读》，法律出版社 2002 年版。

在 X 或 Y 之间进行选择。而且，某个决策所形成的决策前提不仅对紧随其后的决策形成决策情境，而且还对之后的其他决策形成决策情境。另一方面，决策前提具有一种**倒叙现象**。法官并不是把组织内部的每一个决策都先验地看成决策前提，非反思地认可先前决策对后续决策的约束力，相反，法官常常是“回溯性地往后看”，只有当下决策肯定了之前决策的约束力，之前的决策才能绽放出决策前提的力量，并创造出一种影响后续决策的决策情境。德沃金关于“符合”(fit)与“正当化”(justified)的审判二阶段论就是对这种司法决策递归性的出色论证。①换句话说，法官也有可能因为新的社会刺激而避开先前决策的约束，跳出 A 或 B 的选择范围，而进入 X 或 Y 的选择范围。当然，这种跳跃是有条件的，受到更高层次的决策前提的制约，而这些更高层次的决策前提(比如法律原则)也可能遭到后续决策在同一个层次上的挑战，在整个更高层次上，决策前提仍然体现为一种递归循环的现象。②

所以，法律系统论在承担肯定决策前提，消除不确定性和减轻决策负担的功能的同时，也否定了任何自然法意义上对绝对前提或者大写正义的迷信。法律系统论认为，正义总是小写的。任何决策前提的可靠性都是从系统时间中演化出来的，系统“正义”处于一种动态检验过程之中，这个过程只能发生在法律系统前后相继的决策递归循环网络内部。③

---

① Ronald Dworkin, *Law's Empire*, London: Fontana Press, 1986, pp.66—68.

② 关于法律原则在法律推理中所起的作用，参见[美]德沃金：《认真对待权利》，信春鹰、吴玉章译，中国大百科全书出版社 1998 年版，尤其是第四章：疑难案件。

③ 因此，卢曼认为对于法律系统而言，正义是“偶在性的公式”。参见 Niklas Luhmann, *Law as a Social System*, Cambridge: Oxford University Press, chap.5。

为了简化研究条件，卢曼把决策组织的决策前提分为三类：纲要（programmes）、沟通渠道（communication）和成员（personnel）。卢曼后期还提出了另外一种决策前提，即“不可决定的决策前提”（undecidable decision premise），这其实就是组织社会学经常提及的“组织文化”，组织文化与前面其他三类决策前提相对，因为文化并非由在先的决策有意生产出来，而只是在先决策无意识生产的副产品。

对于法院组织而言，**沟通渠道**分为垂直和水平的两个维度，也就是纵向与横向的司法管辖权划分，这关系到先例的约束力和说服力这个区分问题。**成员问题**又称为成员资格（membership）问题，这涉及法官任免、法官奖惩、法官升迁等准入标准和激励措施。**组织文化**是以潜规则的形式存在，若隐若现地影响着法官的决策方向。沟通渠道、成员和组织文化都限制了法官做出裁判的选择可能性空间。另外，卢曼认为，还有一种极为重要的决策前提：程序。①不过，对于本章的主题而言，我们更为关注的是**纲要**这类决策前提，因为纲要是法律系统中对决策过程更为直接的约束力量。

在组织社会学中，纲要通常又被称为“计划方案”。存在着两种纲要：条件纲要（conditional programmes）和目的纲要（goal programmes）。②条件纲要是指决策必须满足的事前给定条件，其通常的公式是“如果……那么……”。目的纲要是指决策必须实现的某个未来目标。条件纲要在时间上指向过去，而目的纲要在时间上则指向

---

① 对此，季卫东教授在多年前已经有深刻研究，本章不再赘述。参见季卫东：《法律程序的意义》，载《中国社会科学》1993年第1期。

② Niklas Luhmann, *Law as a Social System*, Cambridge: Oxford University Press, chap.4.

将来。无论哪种纲要，都是系统操作所依赖的期望结构，都给决策活动提供了吸收不确定性的支撑，限定了进行决策选择的范围。但是，从社会系统论关于决策悖论的理论来看，纲要又不可能完全决定后续的选择方向，否则，后续的选择就不再是决策，因此，纲要不能完全消除不确定性。对条件纲要而言，条件是否得到满足，总是存在着解释空间，因而不确定性会在条件是否达成的分歧中产生；对目的纲要而言，现有的哪个选项会满足面向将来设定的目标，在做决策的那个时刻，其间的因果联系是不确定的。卢曼的时间社会学认为，我们只能在此刻想象未来，也就是“现在的将来”，这与真正的将来之间存在着差异，不确定性由此嵌入。而且，除了这两种不确定性外，决策是否应该受到之前形成的纲要的约束，也经常会遇到质疑，比如，以“例外”作为避开纲要的理由总是有可能的。

卢曼认为，法律决策运用条件纲要吸收不确定性，而政治决策则运用目的纲要吸收不确定性。不过，法律决策也会涉及目的纲要，但是目的纲要必须嵌入条件纲要的背景中才能对法律决策起作用，不然就不再是法律系统内部的沟通。正是通过条件纲要的“如果……那么……”的开放结构，法律可以感知来自外部环境的刺激，从而对环境变化做出反应。在司法裁判中，“如果……”这个部分就是构成要件，无论这个构成要件是通过立法事先确定的，还是通过先前司法裁判而稳定下来的，在每一个案件中，案件事实都需要不断与这些构成要件进行比对。这种比对工作无法用传统的涵摄(subsumption)模式来解释，那是早已过时的机械法学观点。根据德国法哲学家考夫曼(Arthur Kaufmann)的理解，案件事实和法律构成要件之间的比对其实是一种广义的“类推”，这是德国法学家在成文法背景中观察到的与普通法司法推理属性具有同构性的裁判特征。[1]在美国，根据著名学者伯顿(S. J. Burton)的理解，虽然他认为所谓的类推是把当下案件中的事实与先例中的事实进行比较，但先例中的案件事实，其实已经升华为构成要件，即属于规则的“如果……”这个部分。[2]所以，不应夸大英美法系与大陆法系在法律推理方式上的差异，二者其实没有本质区别，至少在提供决策前提的意义上是功能等价的。无论是生效的制定法，还是先前的权威判例，都是对当下案件进行司法裁判的决策前提，都能给司法裁判吸收不确定性提供支撑。

为什么条件纲要作为决策前提为司法裁决打开了通向外部环境的窗户？这里，必须看到法庭上控辩双方对法律的贡献。在个案中，处于诉讼战争状态下的双方当事人向法庭提供了案件事实，这些事实以及事实所承载的争议，把发生在法律之外的社会冲突，包括政治的、经济的、信仰的、教育的等等冲突，带入了法庭。尤其是，经过律师的包装加工后，这些事实和争端直接与法庭内部的决策前提发生联系，双方律师唇枪舌剑的卖力表演不仅仅是为了让诉讼当事人觉得律师费价有所值，那种为了赢得诉讼战争而在案件事实与法律构成要件之间进行抽丝剥茧、纤毫毕露的类推与区别的活动，从法律系统的内部沟通看来，正是把社会冲突以最细腻、最激烈的形式暴露出来，从而给法律系统敏感捕捉环境变化打开了窗口。百多年前，耶林看到法律对社会环境的开放性后，曾一言道破天机：从道德上来说，

---

① 考夫曼甚至认为，刑法并不遵循罪刑法定的教条，其推理过程的深层技术也无非是类推。参见[德]考夫曼：《类推与“事物本质”》，吴从周译，台湾文化事业有限公司 1999 年版。

② [美]伯顿：《法律和法律推理导论》，张志铭、解兴权译，中国政法大学出版社 1998 年版。

为权利而斗争并非纯粹追逐私人利益，而是贡献了一种巨大的公益。[①]所以，不只是以一元钱为诉讼标的而状告国家铁路主管部门的“刁民”才是公益性诉讼，[②]即便那些对簿公堂的私人主体在伦理动机上可能并不高尚，但他们发起的诉讼也为法院生产全社会的期望结构提供了素材，所以也具有正外部性和公益性。

卢曼社会系统论认为，司法裁决对环境做出了反应，但这种指涉外部世界的活动又只能在司法决策系统的边界内发生。也就是说，司法决策的开放性被包裹在封闭性中。如何理解这种司法开放与封闭的悖论呢？在社会系统论看来，司法裁判的封闭性是指每一个司法决策只有指涉系统内部的决策前提时才能往下操作，通过这种递归性的内部指涉，外部环境的刺激必须被重新翻译成法律系统自己能够处理的信息。这就像柯日布斯基（Alfred Korzybski）在其符号学中的著名断言那样：“地图不是实际的地形。”（Map is not territory.）[③]推而广之，概念不是内容，能指（signifier）不是指涉物（reference）。就像胡塞尔所言，一个意识虽然意向性地指向了外部世界，但其含义只能在与其他意识的内部连接中才能获得意义。[④]这种意识系统中的开放与封闭的悖论关系，也正是司法决策系统内的决策

---

① ［德］耶林：《为权利而斗争》，郑永流译，法律出版社 2007 年版。

② 《人民日报》，2005 年 4 月 13 日第十六版：《郝劲松：我不是“刁民”》。

③ A. Korzybski, “A Non-Aristotelian System and Its necessity for Rigour in Mathematics and Physics”, in *Science and Sanity*, 1, 1933, pp.747—761.

④ 卢曼的社会系统论之所以被认为具有现象学社会学的属性，其中一个原因就是他在其社会系统论中改造和运用了胡塞尔关于意识的意向性（Intentionalität）概念。参见 Niklas Luhmann, “The Modern Sciences and Phenomenology”, in *Theories of Distinction: Redescribing the Descriptions of Modernity*, William Rasch eds., Stanford: Stanford University Press, 2002。

悖论所面临的逻辑条件。比如，当法院对许霆案做出裁决时，法院并不是把许霆案所意味着的银行与储户之间的商业冲突，弱势群体与强势利益集团的政治对抗等社会关系直接复写在法院的判决文书中，而是需要不断指引到法律内部那些既有的决策前提，从而判断这个案件的"法律"含义。

另外，法律概念也起到了决策前提的作用。法律概念的重要性就在于，其作为决策前提，不断从相似案件中提炼信息并凝结成相对固定的法律内涵，而且，每吸收一个新的裁判结果，这些概念的含义都会发生或急或缓的变化。法律概念绝非拥有概念法学家所理解的那种静态特征，而是在吸收环境信息的递归封闭决策链条中动态更新内容；另一方面，法律概念也并非法律现实主义学者所认为的那样空洞，是掩饰法官个人偏见的道具。每一个概念都嵌入了法律系统自我生产过程的海量历史信息，对于当下待决的案件而言，通过法律概念这种决策前提就可以回溯到这些历史信息，所以，法律概念具有常人方法学所谓的那种索引性（indexing）。①比如，许霆案中一审结束后，就许霆利用银行系统错误提取远远超过卡上存款的巨额金钱的行为，究竟属于无因管理、保管关系、诈骗罪还是盗窃金融机构罪，学者之间展开了激烈的争论。这种争论给人的印象是，许霆案似乎充满了完全的不确定性，甚至有学者认为广州中院对许霆案重审不过是对社会舆论压力做出的政治性回应。②当法官们在无因管理、保管关系、诈骗罪和盗窃金融机构中间踯躅不前的时候，虽然不可避免

---

① 李猛："常人方法学"，载杨善华主编：《当代西方社会学理论》，北京大学出版社1999年版。

② 苏力：《法条主义、民意与难办案件》，载《中外法学》2009年第1期。

地带入了对于社会反响的考虑，但从技术上说，他们真正焦虑的是如何回到这些法律概念所指引的决策前提上来。

五、 法院系统在组织上的双重封闭

卢曼认为，任何组织都是双重封闭的：操作层次上的封闭与结构层次上的封闭。操作封闭是指组织系统内部的任何决策都是在其他决策的基础上生产出来的，任何组织自身的决策都会包裹在系统运行边界之内，而系统外部的决策无法直接入侵到系统决策网络的内部。换句话说，唯一重要的是决策生产决策，至于决策的内容是什么，则并非这个层次上所要处理的问题，这个层次要处理的问题是：系统操作如何持续自我生产。停止操作，就意味着系统的死亡了。

法院组织系统除了与经济组织和政治组织一样需要不断生产自身的单个决策和决策网络，其自创生决策过程还必须使用“合法/非法”的编码。比如，如果法院系统不再根据制定法、先例或法学理论裁判案件，而是根据效益原则，那么作为法院组织的决策系统就死亡了，因为决策编码不再是“合法/非法”，而是诞生了一个营利性经济组织，这个新组织使用了经济系统内的货币媒介和“拥有/不拥有”编码。法院也可能从法律操作组织变为政治操作（行政操作）组织，如果法院不再参照制定法、先例和法学理论判案，而是考虑地方保护主义，或者考虑政党意志，那么，法院就抛开了“合法/非法”的决策编码，从而转换到政治系统的权力媒介和“执政/在野”的决策编码，法院由此变成了一个政治组织或者一个行政机关。

组织在操作上的封闭必须以作为决策前提的组织结构为补充。

无论是决策纲要、沟通渠道抑或成员资格，它们作为决策前提都在某种程度上决定了什么决策可以被生产出来。比如，一个在法律上确定了盗窃罪构成要件的条件纲要决定了法官在被告的某个行为满足了相关构成要件时，不能裁判其为无罪或是以其他罪名定性。因此，决策条件作为组织结构限定了后续的决策范围，因而体现出封闭性。需要强调的是，结构封闭具有不同于操作封闭的特征。操作封闭运用“法律内/法律外”(law/non-law)的区分不断观察司法裁判是否还维持在法律系统的边界之内，即后续的司法裁判不断观察前面司法裁判是否使用了“合法/非法”的编码：如果是，那就是法律内的决策，如果不是，那就跑到法律系统边界之外了。这时，组织在操作层次上对法律决策的具体内容并不关注。这体现在西方对于法官职业安全的保障，只要法官是依法判案，就是在法院系统的决策网络内，也就不存在错案，除非法官受贿或品性不端。对裁决具体内容的评价则留给组织结构层次去观察，这有一个好处，即可以通过决策前提把环境因素带入系统内部。比如，法律采用的条件纲要“如果……那么……”，其中如果所确立的法律规则的构成要件，其实是通过立法或个案审理吸收了环境中的刺激，比如，银行与储户之间的通过ATM机形成的某些法律关系在许霆案发生之前并没有得到法院的识别，而只是处于法律系统之外的沟通，通过许霆案这个事件，刺激了法律系统做出反应，而法院做出决策的依据一方面是以前的成文法、判例和法学学说，另一方面，许霆案的具体案情也激发了法官对之前的成文法、判例和法学学说的反思，并在新的判决中补充和修正了之前的盗窃金融机构罪的构成要件，这样，环境信息就被吸纳到法律决策中，而这个判决又会成为下一个类似案件的判例，起到决策前提吸收不确定性的作用。总之，组织结构的功能是在对周围环境开放的同时，又重新折回到法律沟通网络内部，这样，就满足了法律在封闭操作下的开放，而开放性又成为封闭性的前提。

六、 司法裁判的决策悖论

常识中，人们把决策结果等同于决策本身。卢曼认为，当我们在 A 和 B 两个替代选项中选出了 A 时，A 只是决策结果，并不是决策本身。决策既不是能归结为 A，也不是归结为 B，而是第三值（third value）——这个第三值本身包含着悖论。[①]当卢曼在后期著作中重新阐释其组织社会学时，尤其重视对决策悖论的研究。为了说明决策悖论的普遍性，卢曼引用系统论大师冯・福斯特（Heinz von Foerster）的话说：只有针对那些从原则上说不可决定的问题，我们才能做出决定。[②]不然的话，在福斯特看来，那就只剩下计算了。在真正称得上决策的情境中，决策者所面对的是诸多等价的替代选择项。各选择项之间不应存在更好或更差的比较，否则，各种选择项之间就够不上真正的替代关系。如果各种选择项之间存在着清楚的价值位阶，那么就无需在它们之间做出决策，因为这个决策情境已经是被决定（decided）的了，剩下的工作不过是一些计算价值高低的刻板步骤罢了。

决策的不可决策性，或者说，当无法决定时才需要决策，这个理

---

① Niklas Luhmann, *Law as a Social System*, Cambridge: Oxford University Press, p.183.

② H. von Foerster, "Ethics and Second-Order Cybernetics", in *Cybernetics and Human Knowing* 1, 1992, p.14.

论对于我们理解司法裁判的处境很有价值,也可以帮助我们剥离许多包围着司法理论问题的虚假答案。

司法裁判在遇到疑难案件时,一个通行的说法是可以通过利益衡量来解决。利益衡量方面的著述汗牛充栋,各种利益衡量学说之间也存在着分歧,但它们却拥有一个最大公约数:当法律或先例没有对诉争案件所涉及的各种相互冲突的利益给出评价时,法官可以通过对各种利益进行称量(weight),进而为诸利益排出一个价值高低的位阶,这样,案件迎刃而解。这个最大公约数背后所暗含的假设是,当法律不足的时候,我们可以借助社会科学的手段来进行理性计算,并依据计算结果来正确判案。在近代政治哲学的传统中,理性计算的思想起源于霍布斯,发达于边沁,功利主义是其哲学基础,而科学万能则是其终极信念。在当代,这种思想通过以美国学者贝克(Gary Becker)和波斯纳(Richard Posner)为代表的经济学学科帝国主义渗透到法学内部,经过许多学者的加工和推广,形成了法经济学。法经济学卓越的论证力量有目共睹,但是,我们必须对法经济学的过度使用保持警惕,尤其应注意到,法律问题是发生在与经济过程完全不同的系统中,是贝特森所说的特殊的"逻辑类型"(the logical categories)①。当泸州遗赠案摆在法官面前时,尊重遗嘱人的意志,维护契约自由的效用大些呢,还是维护传统婚姻价值观的效用大些呢?法官手里并没有掌握一种能够对其进行称量的工具,法律系统内也没有一个市场可以让这两种"利益"通过交易和竞争显示价格信号。所以,法官必须做出决策,而且必然会遭遇决策悖论。就是说,

① G. Bateson, "Toward a Theory of Schizophrenia", in *Behavioral Science*, 1, 1956, pp.251—264.

法官经常要在无法通约的两类价值或利益之间做出选择，这种选择背后其实是没有理由和理性的（英文中理由和理性都是 reason）。难怪有法官说，遇到疑难案件时，只有躲到没人的地方掷硬币。裁判不可裁判性，这是司法裁判最深的痛，也是司法裁判最大的光荣。

法律经济学家为了证明经济学在法律中取得的计算成功，经常会在教科书里提到“汉德公式”及相关案例。[①]在判断是否侵权时，汉德法官认为，如果“$P \times L > B$”（P 是指发生事故的概率，L 是指事故造成的损失，B 是指被告避免事故所需要花费的成本），那么就可以认定被告没有尽到合理注意（reasonable care）义务，因而要承担侵权责任。然而，在这个貌似理性、优美的解决方案中，其实暗藏着大量非理性的假设。一个知名的批评是，在处理涉及事故的侵权案件中，P、L 和 B 都很难测定，所以，汉德公式无法绕开不确定性问题。这种对汉德公式的批评，其实没有击中要害，因为这种批评承认了汉德公式中包含的司法判决可以通过计算来求解的思路，所谓的不确定性只不过是指测量困难而已。测量困难可以通过发展更先进的技术来解决，只要科学足够昌明。这里，批评者与被批评的汉德公式其实共享了一个科学主义的前提。汉德公式的真正困难其实在于其包含了不可计算的悖论。有学者把这个悖论以一种极端的证明方式暴露出来：[②]如果裁判侵权案件的法官想要运用汉德公式的计算方案来实现完美归责，那么，他必须要把自己在计算汉德公式时的成本考虑进

---

① 汉德公式（The Learned Hand Formula）由美国联邦上诉法院第二巡回庭著名法官勒·汉德在 1947 年 United States vs. Carroll Towing Co.一案中正式提出，也被称作卡洛尔原则或卡洛尔公式（The Carroll Towing Doctrine or Carroll Towing Formula）。

② *Paradoxes and Inconsistencies in the Law*, Oren Perez, Gunther Teubner, eds., Oxford: Hart Publishing, 2005, chap.1.

去，一旦这个成本被加总到计算成本中，这时，计算成本的成本却仍然没有被计算进去，一旦这后一个成本被计算进去后，又会产生一个新的计算成本，而这个在此刻无法计算，如此以至于无穷。换句话说，总有计算之外的东西无法纳入计算中。法官做出司法裁判时总是无法完全避开非理性的、非计算的，甚至反计算的暗影，所以，司法裁判就是一种不可决策的决策。所以，司法裁判不是逻辑周延的计算，而是需要某种程度的“信仰的跳跃”(leap of faith)。①

但是，司法决策理论又不同于倡导法律虚无主义的决断论(decisionism)。

卢曼所在的德国，决断论的传统经历了从克尔凯郭尔到尼采再到海德格尔的时间观，并被错误地用于解释社会和政治现象，把处置人类事务的决断处境极端化。19 世纪后半叶到 20 世纪初，欧洲哲学界流行一种对“瞬间”的崇拜，在对魏玛最后时代的分析中，思想家们不是去连续性中寻找历史事件的意义，而是强调真理存在于断裂中，社会历史和个人生命只能在“当下瞬间”绽放。②热爱瞬间就是热爱自由，因为，把“瞬间”从连续的时间中切取出来就意味着没有过去的历史包袱，也没有面向将来的压抑。没有过去的牵绊，也没有未来的阻碍，所以，每一个瞬间事件的处置，都是一次决断。

决断意味着从虚无中诞生出有，意味着行动无需任何理由。如果把决断论挪用到司法裁决中，那么，每个裁判案件的法官都处于一

① 参见[丹麦]克尔凯郭尔：《恐惧与颤栗》，一谌、肖聿、王才勇译，华夏出版社 1999 年版。

② 参见[德]吕迪格尔·萨弗兰斯基：《来自德国的大师——海德格尔和他的时代》，靳希平译，商务印书馆 1999 年版，第十章。

种施米特意义上的“非常状态”，[①]而司法裁判就是划分合法/非法的决断。司法决断论不同于中世纪教会内部的决疑论(casuistry)，也不同于韦伯所谓的卡迪司法(Khadi justice)。因为，决疑论和卡迪司法虽然不遵守事先制定的规则，被韦伯归类为既非实质理性也非形式理性的、充满恣意的裁判活动，但是，无论是中世纪的教会决疑还是伊斯兰的卡迪司法，其实都不是完全恣意，不是诞生于虚无，而是需要天理、人情、宗教教义等等类似的根基(ground)。与此不同，司法决断论直面司法决策的悖论，坦率承认司法决策的完全非理性，完全没有根基。司法决断论会导致“怎么都行”(Anything goes)的司法相对主义和裁判怀疑主义，在这种观念下，法官变得无拘无束、无法无天。在社会变迁迅速，疑难案件层出不穷时，司法相对主义和司法怀疑主义的观念就会开始流行，并摧毁人们对法院和法官的信任，如果再加上法官本身不争气，不断卷入司法腐败丑闻，那么，弱化甚至取消司法的民意和政策就会滚滚而来。

不可否认，法院的司法决策确实具有一定程度的决断成分。尤其是西方国家中那些从事违宪审查的最高法院或宪法法院，正因为背负了这种决断的悲情，才更显出其在现代社会中无可替代的崇高地位。前文已经论证过(参见第二节)，法院就是处理司法悖论的组织，立法者、签约者都可以以时机不成熟，前途看不清为由拒绝做出决定，但是法院的伦理责任就是要承担不可决定的决定这个悖论。

---

① 感谢匿名评审专家在评阅时指出：德国公法学家卡尔·施米特并不认为每一个司法裁判就是一次决断；而且，决断也绝非无需任何理由。施米特的决断论主要是针对最高的政治决策而言，而不是针对司法过程。参见[德]施米特：“政治的神学：主权学说四论”，刘宗坤译，载《政治的概念》，上海人民出版社 2004 年版。

但是，决策并不等于决断，决策理论所谓处理“不可决策的决策”悖论，并非等同于决断论宣称的无中生有。波斯纳曾这样讲，所谓实用主义的司法态度就是指法官在处理案件时应该“头脑清醒地把事情糊弄过去”①。如果用卢曼的决策理论来重新解读，波斯纳的这个说法还是很有道理的。之所以说“糊弄过去”，那是因为司法决策包含着不可决策的悖论，任何司法决策都会多少沾染一些非理性的成分；之所以说需要“头脑清醒地把事情糊弄过去”，那是因为，司法裁决必须要凭借一种解除悖论或隐藏悖论的技术去限制法官的自由裁量权。

卢曼认为，为了阻止决策情境陷于瘫痪，决策悖论必须被去悖论(deparadoxified)。卢曼决策理论“去悖论”的关键就在于：1.每一个决策的瞬间都与其他决策递归关联；2.每一个决策都是在消除“决策的不可能性”悖论，并把这个悖论移到看不见的地方。去悖论并非传统逻辑学上的消除悖论(比如罗素的类型学和凯尔森的基本规范)，而是把悖论移动到别处隐藏起来，让悖论不在视线中。比如说，决策的不可决定性可以转移到对决策规则的选择中。当一个苹果必须被分配给群体中的某个人，而群体中的每个人都有同样的资格获得这个苹果时，就出现了不可决策的决策悖论，但是这个悖论可以转移给决策规则，大家通过抽签决定苹果归属，最初的悖论就这样被赶出了视线。但是，悖论并没有消除，只是苹果归属的悖论问题转移为规则选择的悖论问题。为什么抽签就一定比通过拳击比赛的结果来分配苹果更好呢？这里，不可决定性又再次冒出头来。当然，可以挑选进

---

① 参见[美]R. A. 波斯纳：《法理学问题》，苏力译，中国政法大学出版社 2002 年版，总译序第 4 页。

一步消除悖论的办法，比如采用德沃金所谓的尊重与关怀的人权原则，但是这也不过是暂时隐藏了悖论而已。是否存在一个终结这个无限后退过程的元规则？没有，悖论只能在其没有被注意到的时候才暂时被去悖论。所以，组织社会学的所有现象都直接或间接与这个决策悖论相关，司决策活动的各种操作和结构都不过是去悖论的工具。

七、结　语

本章的结论有两个：一方面，我们必须认识到法官在司法决策中处理"不可决策的决策"这个悖论所面临的艰巨性，坦然承认司法决策中的非理性和不可计算的因素，并因此尊重法官的自由裁量权，尊重司法的自主性，为司法从其他系统中彻底分化出来铺设充足的前置条件；另一方面，我们也要看到司法决策自我生产的自组织过程中所形成的隐藏悖论的机制，这种机制让法官在对当下案件进行判断时不断被迫回溯到过去的决策前提中，这种作茧自缚的机制极大地限制了法官的自由裁量权。

所以，一个现代民族国家应该为自主的司法判断创造制度环境，并据此培育司法裁断的权威和公信力。司法组织并不会因为程序正义的冰冷价值浇灭了熊熊燃烧的生活之火，也不会因为司法自主的理念注定包含了背离民心的先天缺陷而失去其权威或公信力。在现代复杂社会中，司法组织如果信用不昌，主要还是由于司法系统没有兑现自身对于社会的功能承诺，而这往往又是因为司法组织的自身运行逻辑被经济力量或政治力量击穿，导致司法与社会生活直接的短路连接。因此，不能因为司法的脆弱而变本加厉地矮化司法，并试图以其他社会系统的运作逻辑（比如政治逻辑、经济和科学逻辑）取代司法逻辑。就此而言，卢曼在反思纳粹时期的德国法院组织丧失自主性时所创造的一个生动隐喻，对我们应该有所启发：

> 就法律系统的自主性而言，政治在这些连接点上可能产生毁灭性的作用，但这样说无助于澄清自主性概念的内涵。（当人们将盐而不是糖倒入咖啡时，之所以味道怪怪的，原因并非在咖啡本身。）问题还在于，自主性究竟是什么以及可以用什么样的方式使其免受损害，或者必须要用什么样的方式加以保障。（在我们所举的咖啡的例子中，也许可以将糖和盐分别放置于标识清楚的器皿内。）①

---

① Niklas Luhmann, *Law as a Social System*, Cambridge: Oxford University Press, p.96.

第 8 章　社会系统论对“法律论证”的二阶观察

本章摘要:从卢曼的社会系统论出发,对法律论证进行二阶观察,跳出了传统法律论证理论中绝对主义/相对主义的二元对立陷阱,揭示了法律系统借助“理由”选择回应环境刺激并建构系统封闭的独特逻辑。通过对法律论证所涉及的好理由/不好的理由、冗余/多样性、概念/利益等形式的分析,本章刻画了法律论证的社会功能及其可能性条件,这给法律推理研究带来了另一种视角的启发。

一、前　　言

哈贝马斯(Jürgen Habermas)①和阿列克西(Robert Alexy)②的法律论证理论试图为法律人的争论找到最好的评判标准,所回答的是“什么”(what)层次上的问题,属于法律论证理论脉络中的内在视

---

①　[德]哈贝马斯:《在事实与规范之间》,童世骏译,生活·读书·新知三联书店 2003 年版,尤其是第五章:法律的不确定性和司法和合理性。

②　[德]阿列克西:《法律论证理论》,舒国滢译,中国法制出版社 2002 年版。

角。与之不同的是，德国社会学家卢曼（Niklas Luhmann）的法律系统论对法律论证活动的形式和框架进行观察，所回答的是“如何”（how）层次上的问题，属于法律论证理论脉络中的外部视角。法律系统论并不试图建立一套鉴别“好理由/不好的理由”的标准或普遍化规则，而是站在社会学外部立场上进行“形式分析”或“功能分析”，体现了法律系统论的“二阶观察”特征。①本章借助法律系统论的二阶观察，对法律论证所涉及的“好理由/不好的理由”“冗余/多样性”“概念/利益”等等形式进行分析，试图刻画法律论证的社会功能和可能性条件，这对于法律推理研究具有重要的启示价值。

二、法律论证中的文本与解释

法律论证是一种法律系统自我观察（self-observation）的特殊操作模式。在进行法律论证时，法律系统把自己看成是一堆相互指涉的文本，所以，文本是法律沟通的媒介。文本包括制定法，也包括先例裁决，还可以指生效的合同文书。当进行法律论证时，论证过程总是围绕着这些文本展开，这些文本之间又形成错综复杂、交互指涉的“互文本”（intertexture）关系。

① 20世纪80年代之后，卢曼的社会系统论思想受到了英国哲学家斯宾塞-布朗（Spencer-Brown）的“形式”逻辑学和美国系统论大师冯·福斯特（Heinz von Foerster）的“二阶观察”的深刻影响。无论有机生命系统、意识系统还是社会系统，当运用“区分”和“形式”进行操作时，那就是“观察”（observation）。“操作/观察”这个区分（distinction）是自我包含和自我指涉的（self-reference），因此具有反身性（reflexivity）的理解，即观察的观察，或者二阶观察。参见Spencer-Brown, *Laws of Form*, London: Allen & Unwin, 1969以及Heinz von Foerster, “Ethics and Second-Order Cybernetics”, in *Cybernetics and Human Knowing*, 1992(1)。

在欧洲论题学(topics)的传统中,法律家专业手艺的高低就体现在能否在辩论时发现有利于己方的文本。在印刷术这种大规模复制媒介替代了传统社会中以小众传播为目的的书写(writting)媒介以后,文本查找工作在律师业务中的地位逐渐下降了。虽然如此,直到今天,无论是大陆法系还是英美法系,能否在疑难案件中找到支持己方论证立场的文本,还是检验一个律师是否优秀的试金石。

自从出现了书写媒介,尤其是出现了作为大众传播技术的印刷媒介后,以文本解释为基础的法律论证活动促使法律系统的内部复杂性获得了急剧发展。在口语文明中,不会出现解释问题。口头文化是面对面的沟通,一旦受话人对发话人的言辞有误解或歧义,都可以当面得到澄清。更为重要的是,口头沟通是瞬间产生又瞬间消灭的,口头文化的记忆方式无法依赖于固定的文本。在没有可供指涉的固定文本的帮助时,社会整体记忆只能依赖特定拥有权威的个人的记忆,比如老人、酋长等。这时,挑战权威的争议很少发生,自然也就没有针对权威记忆进行解释的需要。在书写文本出现之后,社会记忆被固定下来并可回溯性地查阅,社会记忆不再被少数人垄断。这时,面对相同的"文本",可能会出现不同的理解,这就给争议和解释提供了空间。

在法律系统论中,解释的含义比较狭窄,是指解释者面对文本时直接理解文本的含义,而没有对文本的含义发生怀疑的阅读活动。当面对一个文本出现不同的解释观点时,[1]法律系统必须应对这个麻烦,法律系统由此进入了"二阶观察",即启动了法律论证。法律论

① 这正是卢曼所谓的社会维度(social dimension)。

证是指对观察文本的活动进行再次观察，即，观察文本的读者“如何”进行观察。

对法律家而言，有约束力的法律是以文本形式存在的，而手头案件的争点则决定了要引证哪些文本。法律文本是以书写方式固定下来的，只有当案件争点出现以后，有关的法律文本之间才会建立起联系。所以，在法律系统论看来，案件争点其实就是文本选择器(selector)。

正因为存在着文本与解释之间的张力，或者，存在着一般文义与具体情境的含义，法律论证才会产生。即便解释可能被认为是发生在单个读者头中的意识活动，属于意识系统内的操作，论证却无论如何是发生在多个(至少两人以上)行动者之间的沟通行动，属于社会学系统内的操作。文本、案件、争点、解释等，产生了法律论证过程的同一性，参与论证的人士在共同面对印刷复制文本的基础上，假定了被谈论的是**同一个**对象，因此，文本可以反思、启动、指导、控制法律论证过程的自我观察。法律论证在文本与案件争点之间的张力推动下，对“什么相关，什么不相关”进行区分，法律沟通由此可以持续衔接。

通常，当文本解释发生争论时，我们只看到理由/谬误这个区分，其实这是不充分的。在从事法律论证时，最常用到的区分是理由/谬误：当支持一种论证时，我们就说这是有理由的，当反对一种论证时，就说这是谬误的。然而，理由/谬误的区分不能化约为一种对称交换关系，区分的两边并不是相互排斥和相互限制的，相互之间不构成卢曼所谓的反省值，所以，不足以成为分析法律论证的形式。如果要精细分析法律论证，必须把这个区分重新展开为“好理由/坏理由”和“有谬误/没有谬误”两个区分。理由是“好理由/坏理由(或不太好的理由)”这个形式的正面的名称(name);谬误是“有谬误/没有谬误”这个形式的负面的名称。

理由这个形式包含着两边:好理由/坏理由,或者,更准确地说,好理由/不太好的理由。在法律系统论看来,理由不是藏在某个地方的高级实体,也不是我们沿着某条“正确”道路就可以达到的终极目标,理由总是与语境相关的。“存在的是一类与论证有关的二元编码,这些二元编码迫使系统以说服力作为论证理由是否胜出的度量工具,并在存在争议的情境中介入这种二元编码,由此,在某些情境下(实际上也许是各方所偏好的情境),在双方尖锐对立的争辩中进行论证。”①当进行辩论时,列举“理由”的举动无处不在,而理由被赋予正值(好理由)还是负值(坏理由)会随着情境改变而改变。这正是问题的真正要害所在,法律论证就是在规则指引下受到特殊情境限制的说理活动。

与理由相对,谬误这个形式包含的两边是:有谬误/无谬误。一旦在论证中发现了谬误,那么整个论证就彻底摧毁了——谬误既可能是指逻辑上的,也可能是指可验证的经验事实上的。所以,只有在排除了论证谬误之后,搜寻理由才有继续进行下去的价值,并且,争论也才得以在不同的偏好之间展开。

三、 理由的“无底棋盘”:好理由/不好的理由

“理由”问题是法律论证的灵魂。哈贝马斯、阿列克西以及德沃

① Luhmann, Niklas, “Legal Argumentation: An Analysis of its Form”, in *Modern Law Review* 58:288, 1995.

金(Ronard Dworkin)等学者的法律论证理论认为,法律人之间的论证活动就是寻找“更好的理由”,甚至是“唯一正确”的理由。他们的法律论证理论从内在视角出发,试图为法律论证的理由竞赛设置评判标准。无论是德沃金主张“平等的尊重和关怀”的“原则派”,还是哈贝马斯和阿列克西主张“真实、真诚和正当”的“程序派”,都试图给出一套评价论证理由高下的标准(理由)。正因为他们的学说本身也参与到了比较理由高下的竞赛之中(内在视角),因此可以被称为追求“理由的理由”的理论。这后一种竞赛是对前一种竞赛的二阶观察,但同时又与前一种竞赛使用着相同的区分,即“好理由/不好的理由”。然而,为理由找理由的进程可以无限后退,在“理由的理由的理由……”的延长线上,无法找到一个“元理由”来终结这个“恶无穷”,这就是理由的悖论。所以,法律系统论不再使用“好理由/不好的理由”这个区分,而是使用“冗余/多样性”这个区分去观察“好理由/不好的理由”的区分,进而分析“好理由/不好的理由”以及“有谬误/无谬误”这两个区分在处理“系统/环境”关系以及连接系统沟通上的功能。

从法律系统的二阶观察的位置来看(即用“冗余/多样性”这个区分来观察),“好理由/不太好的理由”这个区分是为了在保存系统冗余时,又尽可能引入环境变迁的信息,以适当丰富多样性。换句话说,理由这个形式,在“好理由/不太好的理由”这个区分不断“再入”(re-entry)到这个区分内部时,一方面保持了法律沟通的前后一致性,即同样情况同样处理的形式正义,另一方面又使得法律系统对环境的变化保持开放性,即纳入了个案事实中的新的合理因素,并对法律进行价值补充或者漏洞补充。所谓“再入”是指,“好理由/不太好的理由”这个区分会再次进入自身之中，使得法律论证的结构越来越复杂，以适应环境增长的复杂性。①

在法律系统论看来，面向未来的论证沟通过程是偶在的（contingency），论证理由是否得到支持，并不能由论证过程本身来给予最终裁决。无论是认定某个理由是好的，还是认定这个理由是坏的，只要参与法律论证的对方还可以继续举出进一步的理由来支持或反对，那么，这个“游戏”过程就可以一直持续下去。所以，论证的功能只是尽可能在法律系统的历史能够容忍的范围内不断举出“更好”的理由，以把来自环境的信息反映出来。真正让法律结果一锤定音的不是法律论证，而是那些赋予法律沟通有效性（validity）属性的活动（在司法过程中，就是指法官的裁决）。

所以，法律论证的“理由”既受到法律系统历史的约束，又对未来和环境开放，因而是确定性与不确定性的统一，也就是处于图尔敏（Stephen Toulmin）所说的绝对主义与相对主义之间。②但是，这个地带并非晦涩不明，而是通过“再入”机制不断使法律论证的“理由”获得积累和细化，同时增加了法律的冗余与多样性，即，同时增加了形式正义和实质正义（二者并非此消彼长的对立关系）。

为了进一步分析法律论证中理由所具有的悖论性质及其偶在性，我们可以从一个卢曼自己挑选的故事出发，这个故事出现在卢曼

① Luhmann, Niklas, “Legal Argumentation: An Analysis of its Form”, in *Modern Law Review* 58, 1995, p.296.

② 图尔敏对绝对主义和相对主义的批评，体现在其关于“场域依赖”（field-dependent）和“场域恒定”（field-invariant）的论述中。参见 Stephen E. Toulmin, *The Uses of Argument*, Cambridge: Cambridge University Press, 1958, Chap.1: Fields of Arguments and Modals。

一篇文章的开头,这篇文章的题目是:《第三个问题:悖论在法律和法律史中的创造性运用》①。

这个著名的故事据说与《塔木德》的起源有关:一位教师在阐述了一个论断以后,在学生中发生了争论。第一个学生发表了观点后,教师略作思考,然后说:"你说得对。"第二个学生立即站起来对第一个学生的立场表示反对,并给出了自己的理由。教师随后同样说道:"你说得对。"立刻,第三个学生加入进来,他说,如果前两个学生的观点互相矛盾的话,那么,这两个观点就不可能同时都是对的。这次,教师沉思了一段时间,然后再次说:"你说得对。"总之,第三个问题也得到了教师友善的肯定。

第三个学生观点的锋利性正在于其揭示了"对/错"这个区分本身是对还是错的悖论。那个老师对三个学生三种立场都给予了同样的肯定答复,其实就是和稀泥,这种现象在传统社会解决纠纷的调解制度中普遍存在。但是,法官却不能和稀泥,走上法庭参与辩论以赢得官司的代理律师也不能和稀泥,法官每天面对的就是"谁对?谁错?"而律师每天的工作就是要论证己方对,对方错。法官不能像那个教师一样回避对和错的判断,他的学识、教养和职业纪律都是为这个判断而存在的。但是,当我们回到上面那个"第三个问题"时,一个深层次的可能性马上接踵而至:可能存在一个更佳的理由同时接受争论双方的理由,即"对/错"两边都是对的。卢曼随之提出了一个关键问题:"当法官拒绝了这些理由,并似乎把这些理由看成无效时,是什么以及是谁赋予了法官正当性?"②(重点号为引者添加)把这个问

① Niklas Luhmann, "The Third Question: the Creative Use of Paradoxes in Law and Legal History", in *Journal of Law and Society*, 1988, Vol.15 No.2, p.153.

② Ibid.

题转换一下，就变成这样：法律在对某个事件或行为做出合法/非法的评价时，谁在做出评价，凭什么做出这样的评价，即，法律权威的阿基米德支点奠基在哪里？在法律系统论的理论语境中，这个问题中的“谁”指的是观察者（observer），“什么”指的是所使用的区分（distinction）。

法律对某个事件和行为进行合法/非法评价时，这个合法/非法的编码的使用本身是合法的吗？这样的追问在每一个现代法治国家都会出现，美国的批判法学就持有这个理论进路，当然，这也是安提戈涅与克瑞翁之间那场古老争辩的精髓。不难看出，这也正是《塔木德》故事中的第三个问题，也是德里达所谓的“法律的神秘基础”的问题，或者说正义在场还是不在场的问题。[①]卢曼认为，哈贝马斯那种期望通过保证商谈的程序正义以达成消除差异的共识乌托邦无法给法律提供坚实的基础。因为，如果对程序正义的标准出现了争议，那么又需要更高级的程序正义来提供担保，这个过程可以无限后退，直到掉入“恶无限”的深渊。在卢曼看来，哈贝马斯仍然在试图寻找为法律奠基的大写正义。卢曼反对大写的正义，并给出了“正义是偶在性的公式”[②]这个论断。

德里达是另外一个对法律以及法律理由的偶在性问题有过关键表述的西方思想家。在一篇已经被西方法哲学界反复解读并获得新经典盛誉的论文《法律的力量》中，德里达认为，法律是一种在“无底

---

① Jacques Derrida, “Force of Law: The ‘Mystical Foundation of Authority’”, in *Cardozo Law Review*: *Deconstruction and the Possibility of Justice*, Vol.11 No.5—6, 1990, pp.920—1045.

② Niklas Luhmann, *Law as a Social System*, Cambridge: Oxford University Press, 2004, Chap.5: Justice, a Formula for Contingency.

棋盘”上不断“延异”(la différance)、“替补”(le supplément)、“撒播”(la dissémination)的游戏，不断更新的法律理由是法律不断自我解构所留下的“踪迹”(la trace)。“无底棋盘”是德里达针对从康德、帕斯卡、蒙田到本雅明一直寻求“法律的神秘基础”的思想史接力的一种回应。德里达认为，法律的基础不在宗教(比如托马斯的永恒法)、不在政治(比如霍布斯和博丹的主权)，也不在经济(比如马克思的经济基础)等等，而是在法律自身，法律是自我指涉的——这是一个悖论，但是法律就是在这个悖论式的“无底棋盘”上的自我解构与绽放。①

德里达的法律自我解构理论与卢曼关于法律系统偶在性的描述有惊人的相似之处，不过，二人的法律观又存在着清晰的差异。德里达的“解构即正义”始终认为正义是不可抵达的不在场者，是对现实法律的反思批判性力量，绝对的正义就像上帝的末日审判一样只有在世界终结才会降临。由此也可以看出，德里达在处理法律与正义关系时为其染上了一层列维纳斯(Emmanuel Levinas)式的犹太神学。与德里达不同，卢曼鲜明地指出，正义并不在法律的外面。卢曼关于“正义是偶在性的公式”这个论断包含了这样两层意思：1.法律系统的正义不在法律外部，正义就在法律的毛细血管中运行，是在法律系统沟通生产过程中生生不息，法律外面既没有自然法式的正义支点，也没有德里达所认为的那种在遥远处反衬法律内部暴力的绝对正义；2.法律沟通中的正义充满变数和偶在性，没有大写的正义，

① Jacques Derrida, “Force of Law: The ‘Mystical Foundation of Authority’”, in *Cardozo Law Review: Deconstruction and the Possibility of Justice*, Vol.11 No.5—6, 1990, pp.920—1045.

没有一劳永逸的正义，没有在元层次上可以收敛全部规范和裁决的终极正义，正义就在法律理由和法律裁决的不断生产过程中。[①]

四、法律系统的记忆机制：冗余/多样性

法律系统论的理论任务是从原则、理由和公理中摆脱出来，不再与法律人一样运用“合法/非法”的编码或“好理由/不太好的理由”的区分去争短长，而是站在这些编码和区分之外去看他们是“如何”在系统的沟通操作中起作用的。换句话说，就是通过社会系统论去观察，当法律人使用“合法/非法”的编码或“好理由/不太好的理由”的区分进行工作时，他们实现了什么样的社会功能。法社会学的形式分析因此也就是一种功能分析，是社会学对法学以及法律论证实践的二阶观察。

从社会系统论的观察立场看法律论证，所使用的形式是“冗余/信息”(redundancy/information)。[②]信息是指沟通过程产生了惊讶值，也就是指新的刺激与系统内部过去所积累的认知之间产生了差异，正因如此，卢曼才会经常引用贝特森(Gregory Bateson)的一句名言，信息“就是产生差异的差异”(difference that makes difference)[③]。冗余是指处理信息过程中出现的可以预见的内容、样式，其主要特征

---

① Niklas Luhmann(2004)，*Law as a Social System*，Cambridge：Oxford University Press，Chap.5：Justice，a Formula for Contingency.

② Martin M. Shapiro，“Toward a theory of stare decisis”，in *Journal of Legal Studies*，1972，1，p.126.

③ Gregory Bateson，*Mind and Nature*：*A Necessary Unity*，New York：Bantam Books，1979，p.99.

之一就是重复性。冗余/信息这个区分相互排斥但又相互设定(其间的关系就像熵/负熵):没有冗余,就没有信息,因为信息须从冗余中识别;没有信息,也就没有冗余,因为需要处理信息才会存在重复的信息,这就变成了冗余。

但是,法律系统论认为,在研究法律论证时,以冗余/信息的区分来观察系统沟通还是不充分的,必须用"冗余/多样性"(redundancy/variety)这个区分替代冗余/信息。因为,所有的法律沟通都会使用到冗余/信息这个区分,而法律论证的沟通只是法律系统全部沟通的一部分,法律论证沟通不仅像其他法律沟通那样传递(inform)信息①,而且还有特殊的功能。所以,卢曼决定用"多样性"这个概念替代信息,并与冗余组成一个区分。多样性是系统论的一个重要概念,是指系统在每个时间点可能呈现出多个状态(虽然,现实中只能产生一个状态),多样性的增加意味着系统复杂性的增加。②

对于法律系统而言,由于存在各种环境中的外部事件,这些事件作为刺激可能被法律系统翻译成系统内部的信息,而法律论证过程中提出的各种各样的理由就是指这些信息,这些相互竞争的理由等待着法律系统的处理,刺激法律系统对环境做出反应。因此,环境中的事件不断刺激系统内部事件的生产,增加了系统多样性,比如,新的立法、新的先例、新的理由、新的教义学等。法律系统的多样性涉及裁决、订立契约、立法等这些法律系统中最重要的操作,随着法律

---

① 在卢曼系统理论中,沟通包括三个要素:告知(inform),信息(information)和理解(understanding)。因此,信息只是沟通的元素之一。参见 Niklas Luhmann, *Social Systems*. Stanford: Stanford University Press, 1995, Chap.4: Communication and Action。

② W. R. Ashby, *Introduction to Cybernetics*, London: Chapman & Hall, Chap.7: Quanity of Variety.

内部多样性的增加，系统内部（瞬间）可能进入的状态数量和可能性数量也就增大，法律系统必须发展出更多的复杂性和更高的反思性来化简复杂性，以提高法律系统对环境的回应性。当然，这并不是指系统对环境的适应，即系统对环境直接进行控制，也不是指系统接受了环境的评价，即环境直接操纵了系统。①

“系统与环境的差异揭示了系统对来自环境的刺激做出反应的诱惑，并因此增加了系统的多样性，论证就是为了抑制这种多样性，即利用各种现有的冗余使系统重新恢复（restore）充分的冗余。”②——这就是理由的功能。理由有助于法律系统对经济、政治、教育等系统中的变化做出反应。论证就是尽可能重新激活已知的理由，同时，通过偶尔的区别或者推翻的实践，不断发现新的理由，并迈上一个新平台。在此平台上，系统在少量新信息的基础上，就可以相当快捷地识别出系统正处于什么状态（state），正要向哪个状态移动。③论证的功能就在于，通过筛选能够被法律系统所容纳的理由，系统可以把惊讶值（信息）降到可以容忍的范围，只允许少量的差异增加到安定性（reassurances）的河流中。④

法律文本无论体现为制定法还是先例，都是系统冗余的表现形式，而制定法中的构成要件、先例中的裁判理由以及原则的功能则在

① 因此，“系统/环境”以及“冗余/多样性”这些区分对于中国转型社会的法律变迁是很有用的观察工具，很多复杂疑难案件在这个框架下都可以获得令人信服的说明。

② Niklas Luhmann, “Legal Argumentation: An Analysis of its Form”, in *Modern Law Review* 58, 1995, p.292.

③ 关于“状态”和“多样性”，参见 Ross Ashby, *An Introduction to Cybernetics*, London: Chapman & Hall, 1956 Chap.7: Quanity of Variety。

④ Martin M. Shapiro, “Toward a theory of stare decisis”, in *Journal of Legal Studies*(1), 1972, p.132.

于对多样性进行限制。对于新事实、新信息、新理由而言，原来的构成要件、理由和原则就是系统冗余，是系统的自我记忆，是安置多样性的家；同时，这个家也随着新理由的进入而获得重新装饰的契机。由此可知，法律系统既不会因为喜新厌旧而完全抛弃冗余的确定性，也不会故步自封地驱逐多样性带来的不确定性。系统的"涌现"(emerge)是指系统在冗余与多样性之间不断跨越边界的自我再生产(self-reproduction)，而不是系统自我满足的封闭活动，这就是系统的"自创生"。所以，法律系统论在看待法律论证时，既反对基础主义的神秘"第一因"(the first mover)，又反对相对主义的"怎么都行"(anything goes)，其支撑理由就在这里。

五、法律论证与后果主义：概念/利益

为了进一步揭示冗余/多样性这个区分在法律论证理论上可能给我们带来的启发，卢曼以"后果主义"(consequentialism)为例说明了法律系统如何处理时间上的"将来"问题以及"系统/环境"的关系问题。

在法律系统论的"时间社会学"中，法律论证如何考虑裁判的实际效果的问题，涉及"现在"对"将来"的观察。将来是还没有到来的时间段，对于现在来说，将来有多个可能性，即便依赖科学进行预测，由于科学本身就携带了大量的不确定性，所以，将来的偶在性问题无法在现在消除——但是法律却必须在现在就做出决定。这就是后果主义的悖论。

在法律论证中，借助可预见的经验性后果来说理，这是英国经验

主义的传统。在衡平法上,根据某个裁判可能造成的后果会明显造成不公平,那么,作为“后果”来考虑的理由就可以突破普通法的严格和僵化。在德国,虽然支撑后果主义的功利主义哲学遭到了康德的批判,但是在法学领域,从自由法学、目的法学、利益法学、评价法学到今天的体系法学,都有以后果填充法律漏洞的理论主张。在现代英国,图尔敏、哈特、麦考密克等边沁功利主义的传人都有后果主义的倾向。在美国,从法律现实主义、批判法学到法经济学,也都是站在后果主义的潮头浪尖上。即便像罗尔斯这类主张权利政治的高尚哲学家,也被某些学者归类为规则功利主义,甚至也可以看成是后果主义的一种复杂变种。然而,在卢曼看来,法律系统对待后果“所涉及的不过是对自创生操作递归循环的检验”①,如何理解这个晦涩表述?

法律系统论不是从伦理学和道德哲学的视角,而是从时间社会学的视角看待后果主义,所以,重要的是现在与将来的关系以及系统与环境的关系。在法律系统论的时间社会学中,后果是指法律系统在当下(现在)对将来所做的观察。法律系统是一种面向将来的“期望系统”(anticipatory system),“现在的将来”(present future)给系统带来了不确定性。法官可能借助因果关系或后果评价(比如环境测评)裁决案件,但是现代科学本身可能会增加不确定性,即,在案件审理或立法中,增加了观点的多样性。所有的法律决定作为法律系统中的沟通,都必须在现在做出,但是,支持法律决定的理由却指向一个重要的时间方向:即这个法律决定对将来的影响。悖论的是,将

① Niklas Luhmann, “Legal Argumentation: An Analysis of its Form”, in *Modern Law Review* 58, 1995, p.295.

来之所以是将来，是因为将来是我们站在现在这个时刻进行决策时所无法到达的地带。换句话说，在现在决定那些将来才会显现的结果，相当于要把不可能变成可能，然而这如何可能？法律系统论认为，这种奠基于后果论证之上的正当化的“不可能性”随着时间推移也不会改变。将来永远躲在现在的后面嘲弄我们，所以，对后果的预见变成了一种盖然性，并随之增加了法律系统的多样性。

卢曼曾以儿童监护权问题为例说明这个道理。[①]正在等待离婚判决的夫妻双方都向法庭积极举证，以证明自己才是抚养孩子的最佳人选，举证内容包括各方的学历、经济状况、照顾孩子的时间、社会关系、居住位置、个性心理特征等。这些证据对于法官而言的意义，最终可以收敛到一个问题：在这些因素中，哪些才是真正对孩子将来成长有利的？这个考虑问题的视角就是后果主义的。然而，法官无法坐上时间机器穿梭到未来对裁决后果侦查一番，然后再回到现在从容不迫地做出理想判决。相反，焦虑的法官必须在裁决做出的当下就要盘算到各种因素可能导致的后果，而这些因素之间相互交织、相互映射的复杂关系让法官措手不及，更糟糕的是，经过一些时间后，这些因素的影响还会动态发展。站在现在对将来决策，这可能是法官职业生活必须正视的晦暗潮湿的一面。

随着大工业时代和福利国家的来临，后果主义在 20 世纪的法学中盛行——利益衡量论在美国、德国和日本都一度成为显学。然而，在利益平衡论最极端的观点中，利益考虑只对个案起作用，这多少和中世纪教会内部盛行的决疑论（casuistry）相似。决疑论聚焦于对个

---

① Niklas Luhmann, “Legal Argumentation: An Analysis of its Form”, in *Modern Law Review* 58, 1995, p.294.

案的正义，利益衡量也始终围绕着个案展开，尽可能摆脱规则和原则的束缚，因此，利益衡量对系统冗余不会产生什么贡献。[①]也就是说，案件借助利益衡量达成的正义并不会延伸到下一个案件，案件与案件之间的理由都是离散的。利益平衡往往在这种情况下起作用：突破法律现有规定，迫使守法的人做出赔偿，打破“守法的人不会伤害任何人”的原则。严格的“合法/非法”编码失效了，相应的替代方案是，在特定情境中，合法者违法。“利益衡量是一种克服悖论的‘纲要’（program）。”[②]在亚里士多德《工具论》的“解释篇”中，也曾这样规定：如果在当下无法确定将来是真还是假，合法还是非法时，那就适用严格责任。[③]总之，利益衡量的个案解决方法并不对未来冲突提供一般性规范指引。

利益衡量是结果取向的，这种法律论证的取向必然会增加系统的多样性。卢曼注意到，正是因为利益衡量的风气日盛，才刺激了主张权利优先的逆向理论的生产。在当代，在强调权利不可克减的理论创新中，德沃金可以拔头筹。卢曼对德沃金权利理论的评价显得与众不同：“这种理论趋势并非反对 19 世纪的实证主义，而是反对每次法律裁决都是根据利益衡量（利益或后果）做出的。”[④]卢曼问，是否提倡人权就可以避免后果主义，避开功利主义？权利是否足以提供法律系统沟通所需要的“冗余”；或者，权利不过是当具体案件的裁

---

① 在当代中国的疑难案件处理过程中，尤其是社会争议较大的案件，经常采用这类脱离法律系统控制的个案利益衡量。

② Niklas Luhmann, “Legal Argumentation: An Analysis of its Form”, in *Modern Law Review* 58, 1995, p.294.

③ ［古希腊］亚里士多德：《工具论》，李匡武译，广东人民出版社 1984 年版：解释篇。

④ Niklas Luhmann, “Legal Argumentation: An Analysis of its Form”, in *Modern Law Review* 58, 1995, p.295.

决需要违反制定法时充当正当化(justification)这一行为的面具?所以,不能从政治伦理的角度而是应当从冗余出发来看待权利;与此相对,后果则应被看成是系统多样性。

当以冗余替代正当化后,如何看待后果与原则的关系呢?冗余就是法律沟通递归循环运算后产生的特征值(Eigenvalues),原则就是法律的冗余,后果则是法律需要不断面对的多样性。在原则和后果不断相互交换位置的法律生产过程中,“从前的绝对性和无条件性(观点),因而可以纳入法律的递归过程及其历史,由此可以抵制恣意建立的联系”①。这样,法律既克服了僵死一团的保守性,又避免了丧失历史感的不可预见性。而且,保守性和不可预见性不再是此消彼长的二元对立,而是悖论性地缠绕在一起,正如托依布纳喜欢运用的一个比喻那样:法律沟通从混乱的舞步中跳出了秩序。②

法律系统论反对那种单纯强调权利“无条件性”(unconditioned)的形而上学法律观,因为无条件性本身是一种自我否定。当我们说某种权利是无条件的,比如说生命价值是对抗一切后果主义考虑的至上理由时,这种无条件性本身就是一种排除他种可能的条件,因而,无条件性是一个自我指涉的悖论。那么,如何填补无条件性离去之后的真空?答案是,寻找一个具有两边(标示和未标示的两边)的形式:自我指涉/外部指涉——当然是系统内部的自我与外部,然后借助斯宾塞-布朗(Spencer-Brown)的形式运算,不断把这个区分“再入”到自身中。

---

① Niklas Luhmann, *Law as a Social System*, Cambridge: Oxford University Press, 2004, p.342.

② Gunther Teubner(1993), *Law as an Autopoietic System*, Oxford, UK, Cambridge, USA: Blackwell, 1993, p.167.

在法律系统内，自我指涉/外部指涉的区分既对应着分配法律有效性的操作，也对应着规范期望/认知期望，封闭/开放这些区分。[①]法律系统的规范期望是指法律规范反事实地（counterfactually）保持前后统一性，认知期望则是规范在遭遇失望时转向学习的态度。卢曼随后把这些理论用于分析“概念/利益”这个区分。卢曼认为法律论证中必然使用到的概念/利益区分，分别对应着自我指涉/外部指涉、规范期望/认知期望、系统封闭/系统开放等区分的两边。概念是系统的区分的自我指涉、规范认知和系统封闭这一边（现有法律），而利益则是外部指涉、认知期望和系统开放这一边（争点）。“尽管在新的情境中可以自由论证，但是现行法律是出发点”[②]，这句话是对上述几个区分的进一步释明。

在法律系统中，“概念/利益”这个区分的结合与分离方式，不同于概念法学和利益法学的对立。概念法学和利益法学都极力与对方划清界限，这导致了两个学派的致命缺陷。在法律系统论看来，“概念”浓缩了经验和实践中发展出来的区分，所以概念指向法律自身；利益则指向环境，是系统对其他社会子系统的刺激所做出的反应。通过法庭上当事人“为权利而斗争”的努力，律师用法言法语进行过滤，法官在庭上聆听和庭后书面说理，法律系统会把发生在其他系统（政治、经济、宗教、教育等等系统）中的冲突引入系统内部，并重新组织系统的融贯性。

法律论证就是不断分离和组合“概念/利益”这个区分的系统游

① Niklas Luhmann, “Operational Closure and Structural Coupling: The Differentiation of the Legal System”, in *Cardozo Law Review* 13, 1992, p.1425.

② Niklas Luhmann, *Law as a Social System*, Cambridge: Oxford University Press, 2004, p.345.

戏。自我指涉/外部指涉这个区分和冗余/多样性这个区分一样，区分的两边不是此消彼长的关系，而是随着系统的演化和复杂化而获得内涵的同步成长，这也正是“概念/利益”的区分不同于概念法学/利益法学的学派对立的地方。概念存储（save）和浓缩（condense）了成功的冗余，法律系统通过论证沟通不断提出具有概念性质的新区分，使得法律系统既连续又断裂。法律系统论认为，在法律论证沟通中处理概念与利益的关系时，尊重概念本身就是一种巨大的利益。因为，概念给系统带来了融贯行、可预测性、统一性，而这种系统稳定性对被抛入司法过程的利害关系人而言，可能正是他们进入司法过程中时最看重的利益。

第三编

第9章　技术风险及其政治、法律决策的二阶观察

本章摘要：卢曼的社会系统论和二阶观察理论所提供的社会建构论框架，有助于我们从技术、时间、知识、决策等维度厘清技术风险形成的复杂社会机制，促进我们对于政治系统和法律系统中的技术风险管制活动的反思性观察。政治系统通过政策性决策活动规划和控制技术风险的努力，本身也会导致决策风险，政治系统因此发展出令规制失灵、被社会遗忘的应对能力；法律系统内部发展出来的风险预防原则，其功能不在于增加社会的安全水平，而是作为一种程序性反应机制吸收由于科学技术后果的不确定性所导致的环境复杂性。

一、引　言

当代中国正在经历前所未有的技术变革，不仅有转基因、互联网移动平台、云计算、人工辅助生殖等各种成熟技术排山倒海般介入日常生活，也有量子通信、人工智能等新兴科技的轮番井喷。无疑，这些高新技术已经或将会给我们带来更加便捷、舒适和智慧的生活方

式，但是，它们也可能因为携带的大量不确定性、可能的环境损害和伦理风险而给我们的未来世界埋下定时炸弹。正因如此，通过启动政治制度装置和法律制度装置以约束面向未来的不确定性，驯服环境和科技风险，已经成为时代共识。然而，社会系统论关于技术、决策与风险预防之间相互关系的独特视角，为我们提示了人类社会“控制风险的风险”。在现代政治沟通和法律沟通中，面临着处理风险的过程本身就会导致风险的难题。对于成熟的政治系统和法律系统来说，就必须把这种风险沟通的反身性（reflexivity）纳入系统自身的观察运作中，这也就是德国社会学家卢曼所说的风险沟通的“再入”（re-entry）——由此，政治系统和法律系统才能增强自身应对环境复杂性的反思能力。

关于技术和风险的社会学研究，以及针对技术风险进行社会决策的公共政策学和法教义学的研究，早已汗牛充栋。[①]本章的新颖性在于，不是探索技术风险形成的因果性机制，也不是寻找预防和减少技术风险的最优策略——这是一阶观察（first-order observation）的视角，而是运用卢曼的社会系统论方法，观察各个社会子系统处理技

① 在介绍到我国的西方风险社会学理论中，最著名的当数德国学社会学家乌尔里希·贝克（Ulrish Berk）和英国社会学家吉登斯（Anthony Giddens）的相关著述，参见［德］乌尔里希·贝克：《风险社会》，何博闻译，译林出版社2004年版；［英］安东尼·吉登斯：《现代性的后果》，田禾译，译林出版社2000年版。西方关于风险社会问题的公共政策学与法学方面的代表作则有：［美］史蒂芬·布雷耶：《打破恶性循环：政府有效规制风险》，宋华琳译，法律出版社2009年版；［美］凯斯·孙斯坦：《风险与理性》，师帅译，中国政法大学出版社2005年版。在国内风险社会的相关研究中，政治学和法学方面的代表性著作包括：杨雪冬：《风险社会与秩序重建》，社会科学文献出版社2011年版；劳东燕：《风险社会中的刑法》，北京大学出版社2015年版；王岚：《风险社会中的环境责任制度研究》，中国财政经济出版社2017年版。国内法学界关于转基因技术风险的论战，参见胡加祥：《转基因食品安全性的法律思辨——“无罪推定”还是“有罪推定”》，载《法学》2015年第12期；陈景辉：《面对转基因问题的法律态度——法律人应当如何思考科学问题》，载《法学》2015年第9期。

术风险的社会可能性条件(conditions of possibility)[①]——这是二阶观察(second-order observation)的视角。[②]

那么,什么是观察呢? 卢曼说:观察意味着产生一个区分(distinction),这个区分包括两边,而观察者只能指示出区分的一边(而不是另一边)。根据卢曼的建构主义知识论,没有差异(Differenzen),或者说没有区分,就无法进行观察。所以,观察者在进行观察操作时,必须根据“形式”和“区分”把世界划分为两边,比如存在/非存在、善/恶、真/假、合法/非法等等。但是观察者不能同时看到区分的两边。卢曼说:每个观察者为了指示一边或另一边的目的而运用区分;从一边跨越到另一边需要花费时间,因此观察者不能同时观察两边。而且,当观察者正在运用区分时,观察者不能观察到区分的统一。对此,卢曼有一个简洁的表述:观察不能观察自身。如果要观察这个区分的统一性,观察者必须给出一个与一阶区分不同的区分——即二阶观察。[③]

一阶观察的提问方式是从“什么”(what)出发,二阶观察的提问方式则是从“如何”(how)出发。[④]传统风险理论对于技术风险与社会决策的一阶观察,无论是基于因果性观察的政治科学或社科法学,还

---

① 卢曼对“可能性条件”这一分析方法的借用,来源于康德的三大批判中的先验分析,并被卢曼发展为社会系统论上的功能分析和二阶观察。关于“可能性条件”的康德渊源,参见卢曼本人对此的具体说明:Niklas Luhmann, *Introduction to Systems Theory*, Cambridge and Maiden: Polity Press, 2013, p.238。

② 卢曼对于“二阶观察”概念的详尽阐释,参见 Niklas Luhmann, “Deconstruction as Second-Order Observing”, in *New Literary History*, Vol.24, No.4, 1993, pp.763—782;以及 Niklas Luhmann, “The Paradoxy of Observing Systems”, in *Cultural Critique*, No.31, 1995, pp.37—55。

③ Niklas Luhmann, *Theories of Distinction: Redescribing the Discriptions of Modernity*, William Rasch eds., Stanford: Stanford University Press, 2002, p.85.

④ Niklas Luhmann, *Risk: A Sociological Theory*, Berlin: de Gruyter, 1993, Chapter 12: Second-order Observation.

是基于规范性观察的公共政策学或法教义学，都把风险作为“对象”来研究，属于追问“是什么”的观察。社会系统论的二阶观察，则追问导致技术风险的社会决定“如何可能”：首先把“作为对象的风险”悬搁（Epoché）起来，然后对社会系统观察风险的那些可能性条件展开观察，即观察观察（observing observation）——这是一种把胡塞尔现象学方法运用于社会学领域的反思性工作。①

社会系统论的二阶观察不同于风险预测和风险管理——因而不同于政治科学或社科法学②的因果性观察。风险预测和风险管理是指，系统在筹划将来时，在面临将来的不确定性而又必须加以预期时，系统试图借助回忆和展望，为将来的预期创造一种基于因果关系的确定性空间。也就是说，通过这种形式，系统从过去的记忆中找到历史性依据，以便预测将来发生某些事件的概率。然而，在卢曼的社会系统论看来，概率预测，或者说风险评估、风险管理，这些试图控制风险的不确定性和减少风险造成的不利后果的努力，仅仅是追求本体论意义上的客观性和必然性的一阶观察。社会系统论的二阶观察则是对于观察的观察，由此能够观察到技术风险的社会建构性及其偶在性（contingency）。③

---

① Niklas Luhmann, *Theories of Distinction: Redescribing the Discriptions of Modernity*, William Rasch eds., Stanford: Stanford University, 2002, Chapter 1: The Modern Sciences and Phenomenology.

② 近年来，国内法学界把运用社会科学研究法律现象的学术类型，统称为“社科法学”。参见刘思达、侯猛、陈柏峰：《社科法学三人谈：国际视野与本土经验》，载《交大法学》2016 年第 1 期。

③ 对于偶在性概念的历史语义变迁，以及现代社会中由偶在性所导致的社会问题以及相应解决机制，具体可参见：Niklas Luhmann, *Observations on Modernity*, Stanford: Stanford University Press, 1998, Chapter 3: Contingency as Modern Society's Defining Attribute。

社会系统论的二阶观察也不同于政治系统、法律系统、宗教系统等等现代社会子系统对于风险的沟通——因而不同于公共政策学或法教义学式的规范性观察。比如，法教义学运用“合法/非法”这个区分从法律系统内部对风险展开观察，属于一阶层次的观察；而卢曼的社会系统论对“合法/非法”这个区分形式的运作方式本身加以观察，则属于二阶层次的观察。即是说，社会系统论是对社会各个子系统在观察风险时所使用的区分形式的观察，因而是观察的观察。①

二阶观察的优势在于，能够看到一阶观察者（比如政治科学或社科法学式，公共政策学或法律教义学）所看不到的盲点，揭示一阶观察者展开观察的社会可能性条件及其偶在性。这就为我们深刻理解那些控制技术风险的行动策略背后的政治和法律运行逻辑提供了一个高度反思性的方法论透镜。

本章的研究目标在于：1.运用卢曼的社会系统论所提供的社会建构论框架，分析风险与时间、风险与决策、风险与技术的相互关系；2.在此基础上，针对政治系统关于技术风险的规划和控制活动以及法律系统中的风险预防原则展开二阶观察。

---

① 卢曼认为自己的风险社会学仍然属于现代社会的科学系统，但不是基于因果分析的自然科学和社会科学，而是基于功能分析的社会系统理论。卢曼并不否认因果性知识的重要性，但是从他所采用的社会系统论所内含的激进建构主义（radical constructivism）视角看来，从事因果性观察的社会科学只是人类知识获取的一个特例。社会科学作为自我指涉系统，一旦把社会沟通本身作为研究对象，那就只有采用功能分析进路才能获得方法论上的自洽。关于卢曼对因果分析与功能分析所作区分的权威研究，参见：Morten Knudsen, “Surprised by Method: Functional Method and Systems Theory”, in *Historical Social Research*, 36(1), 2011, pp.124—142。卢曼对激进建构主义知识论的系统表达，参见 Niklas Luhmann, “The Cognitive Program of Constructivism and a Reality that Remains Unknown”. In Krohn W., Küpper G. & Nowotny H. eds., *Selforganization. Portrait of a Scientific Revolution*, Dordrecht: Kluwer, 1991, pp.64—85。

二、风险、时间与决策

按照卢曼的风险社会理论，风险依赖于观察系统的社会建构，而不是本体论意义上外在于观察者的客观实在——“世上本无事，庸人自扰之”，可能正是社会建构论的中国式表达。没有社会的观察，就不存在风险。风险并非可以用手指头指着说“在哪儿”的外部客观对象，相反，风险是在社会系统内部从一个沟通到另一个沟通的观察运作过程中所区分出来的“意义”。①

传统社会中，并不存在运用风险概念理解世界的观察图式。在17世纪的欧洲大陆，有两种处理人类决策不确定性的方式：一种是把决策之后所产生的有利或不利结果归于“运气”(Fortuna)，另一种是在决策之前要求决策者保持“审慎”(Prudentia)的品质。“运气”是一种外部归因方式：人们以上帝、神意、命运等作为终极兜底的力量。社会把导致决策不确定性的原因指向社会之外，以此中性化面向将来的不利后果。这种把决策不确定性引向社会之外的神秘力量的归因方式，保护了人间的决策者，使其免于承担责任。“审慎”则是一种内部归因方式：人有一种区别于动物的能力，即针对他人充满偶然性的行为能够做出合理选择，这就把导致决策不确定性的原因归结给从事决策活动的人类自身。运气背后是以宗教信念为主导的社会结

---

① 卢曼把胡塞尔用于描述意识活动的“意义”(meaning)概念扩展到社会领域，并把社会意义区分为时间维度(temporal dimension)、事实维度(material dimension)和社会维度(social dimension)三个维度。如果没有时间维度上的“先/后”，事实维度上的“彼/此”，社会维度上的“你/我”这三个属于社会系统内部的区分，就不会有风险观察的出现。因此，风险是在这三个维度上被社会建构出来的。参见：Niklas Luhmann, *Risk: A Sociological Theory*, Berlin: de Gruyter, 1993, Chapter 2: The Future as Risk。

构;审慎则是商业社会肇始之初对于贵族提出的美德要求。①在欧洲的传统社会中,无论是运气还是审慎,都具有吸收时间维度和社会维度上的环境复杂性的功能,但又都不同于现代社会中的风险概念。②

风险概念是伴随着功能分化的现代社会而出现的新语义。社会结构变迁了,语义相应发生变化。③在现代社会初期,政治官僚制、市场经济、科学研究、艺术创作等等领域逐渐形成了自主的封闭领域,动摇了基于等级制的传统贵族社会。功能分化代替了层级分化,并且演化成为社会的主导分化形式。④与此相伴随的,是社会系统的时间结构发生了改变。时间的语义描述也发生了与此相适应的变化。社会分化为各个子系统以后,时间视域也发生了分化,各个功能系统拥有了各自的内在时间——社会子系统的内部复杂性增加了。比如,市场沿着周期性的节奏循环,工厂内部对时间进行精细管理。政治活动需要定期召开会议,选举周期也有自己的运行节奏。科学研究被编织在论文审稿的周期性流程中,科学发现被证伪还是被证明也有自己的时间轨迹。立法过程中的提出议案、辩论、三读通过直到

---

① Niklas Luhmann, "Modern Society Shocked by its Risks", University of Hong Kong Department of Sociology, Occasional Papers 17, 1996.

② 从卢曼社会系统论的角度看,运气、审慎和风险都是社会系统为了缩减外部环境的复杂性而发展出来的内部结构,因而是功能等价的(functional equivalence)。

③ 卢曼采用的历史语义学方法,与英国剑桥学派斯金纳(Quentin Skinner)等人的观念史以及德国科塞莱克(Reinhart Koselleck)等人的概念史研究有相似之处,但也有显著不同。关于卢曼对斯金纳和科塞莱克的批评,参见 Luhmann Niklas, *Observations on Modernity*, Stanford: Stanford University Press, 1998, pp.2—3。卢曼以"语义/社会结构"这个区分对欧洲文明史展开的观察,集中体现在四卷本的《社会结构与语义》中:Niklas Luhmann, *Gesellschaftsstruktur und Semantik: Studien zur Wissenssoziologie der modernen Gesellschaft*, Frankfurt: Suhrkamp, 1980/1981/1989/1995。

④ Niklas Luhmann, *Theory of Society*, Vol.2, CA: Stanford University Press, 2013, pp.87—107.

公布，审判活动中的文书送达、证据交换、质证辩论、宣判等，则遵循着法律系统内部的立法活动和司法活动的时间节点。就系统时间的封闭性而言，一个子系统内部发生的意义沟通过程，对于另一个子系统来说是无法预测的。科学系统中的技术创新会给法律系统带来什么样的惊讶，宗教系统中的信仰活动的冲突将给政治系统制造什么难题，这些都是不确定的——社会子系统面临的外部环境（包括其他社会子系统）的复杂性增加了。社会子系统内部和外部复杂性的增加，意味着系统内部运作的不确定性增加，因而在时代的社会语义中也就逐渐凝结出了"风险"这个概念。

风险是由社会沟通过程中的决定所导致的。在现代社会中，由于面向将来的不确定性程度的陡然升高，做出决定还是不做决定，做出这种决定还是那种决定，就成为一个需要在各个系统内部加以处理的紧迫问题。通常，决定是指在各种可能的选项中做出选择。其中，传统的决策理论关心的是决策所依据的标准、价值、偏好，以及做出理性选择所需具备的各种条件——这仍然是当今主流的公共政策学和法教义学处理"利益衡量"（interest balance）[①]这类疑难问题的方式。但是，卢曼认为如此理解决定并不充分，因为这种视角并没有把现代社会的时间结构纳入考虑。

从亚里士多德到康德，在旧欧洲的传统观念中，时间是通过对运动的测量来定义的，比如钟表，比如太阳历。基于钟表和太阳历的编年计时方式，为整个世界提供了一种普遍适用的时间框架——时间被一般化了。这就意味着，时间具有公度性，对于所有的运动而言，

① 卢曼对利益衡量理论的批评，参见 Luhmann Niklas, *Observations on Modernity*, Stanford: Stanford University Press, 1998, pp.14—15。

只有一种测量时间的方式。这种时间观以运动/静止的区分来观察事物的状态，其背后则隐藏着“有限/永恒”这个充满宗教意蕴的区分，而上帝则是唯一不动的实体。因此，“当下（现在）”不过是等待上帝救赎的时间位置，是永恒中包含了整个世界的某个刹那，过去和将来的每个刹那都已经被安排进上帝的计划总表中，因而当下不具备区分过去和将来的功能。随着法国大革命的发生，“革命”突出了“当下”的过渡性特征——当下孕育了将来以及与将来如影随形的不确定性。[①]当下把时间切分成过去和将来。因而，当下成为一个观察者的居所，观察者在这个位置上以过去/将来这个区分观察世界的时间结构。如果从二阶观察的位置来看，观察者可以在现在观察到“过去的现在”和“将来的现在”，即观察到过去的观察者和将来的观察者。由此，过去/将来这个区分再入（re-entry）到这个区分自身中，时间具有了反思性。观察者占据了当下这个位置，可以运用“之前/之后”或“过去/将来”的时间框架观察世界的意义脉络。现在不能够同时观察到现在自身，现在就是“之前/之后”这个区分的统一，现在变成了观察者的盲点。之前/之后这个区分，就是观察所运用的时间的形式。现代社会的各个功能子系统都是运用这个形式对世界进行观察的观察者，每一个子系统都是在自己独特的过去和将来的递归循环过程中展开运作——各个子系统不再共享一套普遍的时间框架。在卢曼的时间社会学中，这种情形被称为“时间约束”（time bonding）[②]。

决定与现代社会的时间观紧密相连。正是因为现代社会演化出以过去/将来作为区分的时间结构，决定和风险才成为现代社会的中

---

① Niklas Luhmann, *Risk: A Sociological Theory*, Berlin: de Gruyter, 1993, p.47.

② Ibid., Chapter 2: The Future as Risk.

心议题。如果没有个人或系统做出决定改变事件的流程，对于某个系统而言，时间中的事件是这样推进的：一方面，过去具有某种必然性，现在是过去的一系列时间导致的结果，木已成舟，无法改变，所以现在的状态只能被接受；另一方面，将来不是过去的线性延伸，将来是开放的、不确定的。但是，决定的介入，让这个时间模式发生了逆转。所谓决定，就是在现在这个时刻找出一个替代的状态，以打断自然推进的时间过程。这样，过去似乎就变成偶然的，过去所导致的结果是可以通过现在的决定来选择的。决定的介入，也改变了将来的时间结构。虽然，决定的介入并没有改变将来的不确定性，但是，决定给将来输入了一个差异，使得将来的可能性空间发生了改变。决策目标的设定，就意味着决策改变了将来的可能性视域。所谓的决策目标，可以进一步表达为这样一个差异：即有决策者介入时决策者所偏好的理想状态和没有决定者介入时的自然状态之间的差异。比如，所有的立法活动和某些关键的司法活动都具有公共决策的特征，因而都遵循着这种系统自我生长过程中不断控制差异的时间结构。

作为系统中发生的事件，决策是在系统内部的过去状态和将来状态所编织的时间之网中获得意义的。对于决定而言，系统中的过去和将来分别发挥着"记忆功能"和"摆荡功能"。①就过去的记忆功能而言，可以区分为遗忘和记忆。没有遗忘就没有记忆。遗忘是指，抑制过去发生的事件，擦掉这些事件留下的踪迹，把这些事件看作与现在的决定不相关。这样，系统在现在的运作就不会受到那些已经被遗忘的事件的限制，因而拥有创造出新的运作的机会。但是这种

① Niklas Luhmann, "Modern Society Shocked by its Risks", University of Hong Kong Department of Sociology, Occasional Papers, 17, 1996.

对过去发生的事件的抑制本身也需要被抑制，从而给记忆保留位置，以便通过决定把过去和将来连接起来。将来所发挥的摆荡功能则是指，将来会出现的结果虽然是不确定的，但将来的各种可能性可以通过各种二元区分被分叉为两种不同的走向。比如，在法律系统中，将来会发生什么虽然无法确定，但结果只能是要么合法要么非法，只能在这两种值之间摆荡，而不可能是真的或者假的。当然，对将来的观察也可以在运用合法/非法编码的法律系统和运用真/伪编码的科学系统之间来回摆荡，但这又运用了另一个二元区分（即法律/科学）。将来的开放性，使得观察者可以同时看到这些区分的两边；但是，一旦决策者运用了某个区分去观察，将来的结果就只能在这个区分的两边来回振荡。

之所以出现风险，是因为系统对未来充满无知。系统对于知识所拥有的状态，可以区分为三种情形：知道自己知道；知道自己不知道；不知道自己不知道。风险就是系统“不知道自己不知道”所导致的状态。[①]系统需要在当下依据过去的经验做出面向将来的决定。当系统不知道将来会发生什么时，系统所面临的就是风险。系统总是在当下筹划将来，即通过计算和权衡收益/损失来筹划“将来的现在”。这样，将来在系统之内，将来是系统自身的将来。但是，系统的筹划跨越了边界，把“将来的现在”嵌入到“过去的现在”之中。系统通过过去的经验，来推断未来可能发生什么状态。这种跨越导致了不确定性。筹划将来本应是一种对将来可能出现的结

---

① 卢曼把这一现象称为系统自我生成的“不透明性”（intransparency）。参见 Niklas Luhmann, “The Control of Intransparency”, in *Systems Research and Behaviour Science* 14, 1997, pp.359—371。

果的选择。然而,将来始终是不明朗的,未来不可知,系统只能返回到过去,并依据过去提供的知识和理由进行选择,以此掩盖了筹划将来的不可能。系统在处理风险时,每次都体现为在“当下”往前冲的努力,但其实却是在往后退——也就是从无知的将来撤出来,退回到已知的过去。所以,风险决策并不是进入未知领域的入口,而是从未知领域的撤退。每一个系统只能根据自己的过去筹划自己的将来。每一个系统都拥有属于其自身的独一无二的将来以及针对将来的无知。①

现代社会的功能分化,使得每个封闭的子系统只能在自己的内部时间结构中做出决策。系统之间的相互作用,只能通过系统间的“结构耦合”(structure coupling),而这也增加了另一个产生风险的维度。由于每个系统对外部刺激都只能依据其内部的机制做出回应,因而系统相互之间的沟通变得无法控制,呈现出偶在性。随着社会结构的演化,各个子系统之间的联系更加紧密,沟通更加频繁。系统间频繁的沟通并没有增加相互之间的可控性,反而加剧了不确定性的出现。生态危机、基因技术、人口问题等等,不仅在一个系统之内引发面向将来的风险,而且刺激各个系统同时运转起来。由于所有的事件都只能发生在当下,各个系统内部的事件以及系统之间的沟通都只能发生在同一个当下,即具有“同时性”。这样,不仅各个系统需要面对自己内部的将来的无知而做出具有风险性的决策,而且由于各个系统之间的相互作用的不可控,更会加剧和放大这种风险。在科学系统内部的风险,会传导给政治系统和法律系统,而政治系统

---

① Niklas Luhmann, *Risk*: *A Sociological Theory*, Berlin: de Gruyter 1993, Chapter 2: The Future as Risk.

和法律系统又会加工出新的风险传导给科学系统。①

三、风险与技术

与风险概念相关的另外一个关键词是技术。精通语义分析的卢曼对风险、技术等概念进行了“概念政治学”式的考察，即对这些概念在西方社会的语义“发明”过程给予社会系统论的考察，揭示语义与社会结构之间的循环关系。卢曼根据索绪尔的语言理论，认为词语或概念的意义是通过“差异”产生的。如果转换成斯宾塞-布朗(Spencer-Brown)的“形式分析”，概念的意义是由一个具有两个面的区分(distinction)构成，并通过标示出区分的一个面而呈现出来的。②现代社会对自我的理解，是通过运用各种区分来进行观察和描述而得以实现的。风险、技术就是这类各自具有其区分形式的概念差异。对这种差异如何运用的观察，就是针对风险和技术的二阶观察。

通常，技术被认为是人们基于某种目的通过科学知识或实践经验对因果关系加以限定。如果使用相同的技术，其所预见的原因与结果之间的关系具有可重复性。技术意味着在建立一种面向将来的操作时，不会犯错误，或者可以把误差控制在很小的范围。即使操作发生错误，我们还可以运用技术进行修正或补救。技术是简化因果关系的过程，是对原因和结果之间的关系给予一套理想化、模式化的

---

① Niklas Luhmann, *Ecological Communication*, Cambridge: Polity Press, 1989, pp.51—93.

② Spencer-Brown George, *Laws of Form*, New York: Dutton, 1979, pp.1—11.

安排。这与世界的复杂性有关。世界本身"如其所是"(It is as it is)①,充满了复杂的相互作用,一个原因可以导致多个结果,一个结果也可能由众多原因引发,而且还存在着众多原因导致众多结果的情形。人们如果要通过运用技术控制自然和社会,就需要对因果关系进行简化。所以,技术概念所运用的一个区分是:因果化约/因果复杂性。技术经过对因果关系的简化,使得原因和结果之间建立起稳定的关系,从而可以预见结果的发生,在此又用到了另一个区分:管用/不管用。②如果我们还没有把一种稳定的、可靠的因果关系筛选出来,那么我们就还没有找到一种可以重复使用以实现预期效果的技术。技术就是选择和排除:在众多的因果关系中,通过对其他可能的因果关系的排除,把稳定出现的因果关系选择出来,即找出重复引发某种结果的原因——也就是"归因"(attribution)③。卢曼所说的技术,不仅指针对自然事件的因果关系的筛选,他尤其关心社会技术,即对社会因果关系的筛选。比如,他认为,科斯的"社会成本"理论,就是一种以经济学语言包装起来的归因方式,因而是一种选择因果关系的技术。④在社会领域运用技术时,归因就与责任分配密不可分。现代社

---

① Niklas Luhmann, "Cognition as Construction", in Moeller H. G.(eds.) Luhmann Explained. From Souls to Systems. Chicago: Open Court, 2011, pp.240—260.

② Niklas Luhmann, "Technology, Environment and Social Risk: A Systems Perspective", in *Industrial Crisis Quarterly*, 4, 1990, p.224.

③ 卢曼社会系统论的"归因理论"来自德国格式塔心理学家弗里茨·海德。参见海德开创"归因理论"的两篇著名论文:Fritz Heider, "Social Perception and Phenomenal Causality", in *Psychological Review*, 51, 1944, pp.358—374;以及 Fritz Heider and Marianne Simmel, "An Experimental Study of Apparent Behavior", in *American Journal of Psychology*, 57, 1944, pp.243—259。

④ Niklas Luhmann, "Technology, Environment and Social Risk: A Systems Perspective", *Industrial Crisis Quarterly*, 4, 1990, p.225.

会中，技术的运用一旦出现了预料之外的负面结果，就属于技术对过程的控制失灵，因而被看成是发生了错误。如果技术导致了错误结果，就会激发对技术的不信任，而且这种不信任会自然延伸至技术发明者、技术使用者。这就引出了责任问题，而责任问题则与风险以及风险决策有关。

在风险的传统语义中，与其相对的概念是安全。卢曼认为，世界上并无安全这样的东西，安全概念本身没有标示意义的功能。安全概念只是因为其处在与风险相对的一极，因而具有对风险进行反向表达的功能。从事安全管理的专家，其工作方式不是对安全进行评估或管理，而是对风险进行评估和管理。这是因为安全本身是无法测量的，而风险则可以量化。所谓安全管理，其真正的工作步骤也是通过降低风险来达到增加安全性。卢曼在其社会系统论中，以“风险/危险”的区分取代了“风险/安全”的区分。“风险/危险”这一区分，是在二阶观察的层次上做出的观察，是把因果关系的归结看成随观察者不同而发生变化的。风险被定义为现在的决定对将来产生的损害，由于这种损害超过了可以承受的合理成本，所以会导致由决策所引起的后悔。从归因来看，风险把引起损害的原因归结给做出决策的一方。决策者为了追求决策可能带来的正面利益，其乐意承担可能会超过合理预见范围的损害程度。所以，风险可以看作是决策者自身主动发起的冒险。危险则与之不同，是把可能引发将来损害的原因，归结给外部事件。危险，对于可能发生的损害的承担者而言，是被动承受的，因而是无法避免的。①

① Niklas Luhmann, *Risk: A Sociological Theory*, Berlin: de Gruyter, 1993, Chapter 1: The Concept of Risk.

风险和技术的关系充满了悖论性。现代社会中，人们不再把可能引发损害结果的原因归结给“发怒的上帝”或“无法摆脱的命运”这些外部力量，而是归结给由个人或组织做出的决定。现代社会的运行离不开各种自然技术和社会技术的发明和使用，而技术的发明和使用都有赖于个人或组织的决策活动。现代社会与传统社会之间的一个重要区别在于，现代社会摆脱了传统社会那种被动的必然性，通过主动选择技术方案来规划和影响社会过程。一般来说，人们对技术在控制因果关系上的可靠性充满信任。但是风险意识的出现，让人们对技术产生了不信任。一旦技术的运用产生了不利后果，就会把引发后果的原因归结给技术的发明者和使用者。技术发明活动与技术使用活动都是决策活动，属于社会内部的事件。因此，引发不利后果的原因被归结到社会内部的决策过程，而不是归结给外部世界。对于决策者而言，即便不做决策，本身也是一种决策。无论做出决策还是避开或推迟决策，都会面临导致不利后果的风险，因而都需要能够承担相应责任的个人或组织。对需要做出决策的个人或组织，厌恶风险本身并不能成为免责的理由。在卢曼看来，“责任”这一社会制度的功能，就在于吸收风险所带来的不确定性。[1]

运用风险/危险这一区分，可以观察现代政治系统处理风险的方式。现代社会中，基于不同的归因方式，针对发明和运用某项技术的决策在将来所可能产生的不利后果，可以把人们区分为决策者和受害者。现代社会中，之所以把某种可能产生的不利后果看成危险，是因为这种不利后果来自“他者的决策”[2]。由于我们生活在一个他者

---

① Niklas Luhmann, *Risk*: *A Sociological Theory*, Berlin: de Gruyter, 1993, Chapter 6: Decision Makers and Those Affected.

② Ibid., pp.125—129.

无所不在的现代社会，我们根本无法摆脱承受由他人做出决定并导致危险的处境。针对技术的发明和使用所造成的不利后果，由于存在着归因方式上的二元对立，造成了现代社会中决策者与受害者之间的分裂。发明和使用技术的决策者，是风险决策的主动一方。他们之所以愿意冒险决策，是因为他们已经理性地计算过可能出现的收益和风险（虽然在二阶观察层次上，其中仍然充满了非理性），甚至把避开或推迟决策所可能引发的风险也考虑了进来。对于那些并没有参与到风险决策过程中但却受到风险影响的人，则是风险决策的被动一方。不同于主动追逐风险回报的决策者，对于风险决策的受害者而言，技术对他们是一种危险，他们只能逆来顺受地被动接收这种危险。现代社会在风险归因上所出现的决策者/受害者的区分，导致了现代政治系统在面临风险问题时往往会产生由受害者发起的抗议运动——风险问题让整个社会陷入了焦虑。①

四、 政治系统：风险的控制与规划

在现代社会内部，针对来自环境和技术的风险，在政治系统中产生了控制和规划未来的决策活动。政治系统的功能是做出“具有集体约束力的决策”②，但是这并不意味着政治系统能够解决现代社会

---

① Niklas Luhmann, *Ecological Communication*, Cambridge: Polity Press, 1989, Chapter 19: Anxiety, Morality and Theory.

② 对于卢曼社会系统论中政治系统功能的简洁而准确的介绍，可参见英国系统论专家米歇尔·金和克里斯·桑希尔二人合著的英文二手文献：Michael King and Chris Thornhill, *Niklas Luhmann's Theory of Politics and Law*, Basingstoke: Palgrave MacMillan, 2003, Chapter 3: The Political System。

的所有重大问题。政治系统只是现代社会的一个子系统，对于环境的回应只能根据系统内部的沟通脉络进行，而无法再如传统社会中那样扮演对整个社会进行整合的中心力量。政治系统对社会的导控能力，体现为“通过生产差异来降低差异”。政治系统在降低来自环境的差异的同时，又在社会系统内部生产出其他的差异。也就是说，政治系统基于化约因果关系的政策技术设定目标，进行过程规划和控制，降低干扰目标实现的因素。但是，政治系统在实施控制因果关系的干预时，自身却成为因果链条中的一个环节，因而会引发其他无法预见的问题。从二阶观察的位置来看，政治系统所扮演的角色，要么是转移社会问题，要么是对社会问题进行再分配。

在卢曼认为，“环境”(Umwelt)是19世纪的产物，是现代社会的发明。[①]欧洲传统社会的本体论世界观中，世界是指世上全部的事物，包括看得见和看不见的事物，包括世界自身。“系统/环境”这个区分，表达了一种与现代的社会结构演化相称的环境语义学。[②]这个区分所意指的是一种环境相对主义的世界观。每一个系统都拥有自己独一无二的环境。环境只有与系统相区分，我们才能够理解环境，没有离开系统的环境存在。不同的系统，其环境也各不相同。对于细胞、生态系统、生理系统、意识系统还是社会系统而言，并不存在一个外在于这些系统的“同一个环境”。把各种系统看成是某些对象的

---

① Niklas Luhmann, “Technology, Environment and Social Risk: A Systems Perspective”, *Industrial Crisis Quarterly*, 4, 1990, p.227.

② 关于语义与社会结构的关系问题，卢曼从现代社会知识社会学角度，有四卷本的《社会结构与语义》宏大著述，具体参见：Niklas Luhmann, *Gesellschaftsstruktur und Semantik: Studien zur Wissenssoziologie der modernen Gesellschaft*, Frankfurt: Suhrkamp, 1980/1981/1989/1995。

集合，把环境看成是诸系统之外的其他对象的集合，这是一种旧欧洲所特有的基于“整体/部分”这个区分所展开的传统观察方式。[①]卢曼宣称，这种世界观已经过时了。取而代之的是把“系统/环境”看成是斯宾塞-布朗的“形式律”(the laws of form)意义上的区分，即一种世界对自身展开观察的形式。这个区分引入了一个边界，这个边界把世界一分为二。借助这个边界，系统既可以观察自身，也可以观察其环境。系统对世界的观察，并非在世界之外，系统通过运用系统/环境这个区分嵌入对世界的建构。所谓的环境，也只是系统借助系统/环境这个区分所建构的环境。对系统而言，环境不在系统的外部，而是在系统边界的内部。系统包含了自己的环境，环境存在于系统内部——这是一个现代语义学上的悖论。[②]

借助系统/环境这个区分，我们可以考察政治系统对于风险所做出的反应。政治系统针对技术风险、环境风险进行控制和规划而形成的决策方案就是政策。政治系统正是通过政策处理来自自然环境和社会环境的复杂性。政策包含了对自然环境和社会环境的规划和控制。规划和控制意味着对因果关系的提炼和把握，是对复杂世界的化约，因而本身就是一种应用性技术。这种政策技术的目的在于，为了达到期待的结果，从复杂世界的因果网络中挑选出特定的原因，并由此管理特定原因和特定结果之间的关系。但是，世界本身足够复杂，人们运用政策技术管理自然和社会时，只不过是把本身并不简

① 针对基于“整体/部分”这个语义展开观察的旧欧洲世界观的系统批评，可参见：Niklas Luhmann, *Observations on Modernity*, Stanford: Stanford University Press, 1998, Chapter 2: European Rationality。

② Niklas Luhmann, *Social Systems*, Stanford: Stanford University Press, 1995, Chapter 5: System and Environment.

单的世界简单化了、理性化了。因而，政策对因果关系的规划和控制所达到的结果，往往会出乎决策者的意料。那些导致决策制定者的政策目标落空的所谓“错误结果”，所展示的正是技术力量对因果关系把握能力的有限性。当人们在发明和运用技术时，总是存在着无法被纳入技术视野的因果关系。因此，总是可能出现无法被预先规划和控制的风险剩余物。同时，政治系统运用政策技术来控制和规划可能出现的自然技术或社会技术所产生的风险时，政治系统本身也就成为一种引发甚至放大风险的潜在源头。这说明，现代社会的风险发生机制具有连环性和嵌套性，卢曼则称之为风险观察的反身性(reflexivity)。①

什么是控制？按照卢曼在二阶控制论意义上的定义，控制是指系统降低系统自身所偏好的状态与实际发生的状态之间所出现的差异。但是降低差异的努力总是在同时会产生新的差异。所有的系统都可能偏离自己的目标。问题通常不是被彻底解决了，而是被转移到了其他部位。在系统追逐目标的过程中，甚至还会放大对目标的偏离，不断催生出意料之外的状态。系统既不能放弃设置目标、控制未来活动的努力，但是也不能保证目标总能被理想地达成。系统内部运作的计划和控制，需要不断调整目标与现有状态之间的差异，甚至，需要调整目标自身，这是一个不断适应环境复杂性的动态演化过程。“控制是一桩系统自我维持的事务。”②

政治系统通过政治决策和政策技术调节其他社会诸领域的努

① Niklas Luhmann, *Risk: A Sociological Theory*, Berlin: de Gruyter, 1993, p.8.

② Niklas Luhmann, “The Limits of Steering”, in *Wirtschaft der Gesellschaft*, *Theory, Culture and Society* 14(1), 1997, Chapter 10, pp.41—57.

力，本身也面临着决策风险。政治决策不但常常偏离预先设定的政策目标，而且产生新的风险。在现代福利国家，随着国家能力的增长，政治系统对生态环境、科技创新、金融秩序等等方面的干预也不断深入。但是，干预力度的加大，并不能保证对结果的控制能力的相应增强。投入巨大的人力、财力和自然资源，但是结果往往答非所问，不如人愿。由于风险的反身性，一旦规制对象的风险和规制行为本身产生的风险相互叠加，就可能导致政治系统运转失灵。随之而来的是对决策失误的后悔和追责。然后，再出台新的替代性决策方案。随后，引发新的风险。由此进入一轮接一轮的决策风险循环。

政治系统如何中断这个循环？政治系统总是需要处理不断突发的新事件，因此需要不断制定新目标和新措施以应对新的政治议题。这样一种不断转换政治议题的过程，让政治系统拥有了让规制失灵的事件被迅速遗忘的能力。现代政治的另一个特征是，对于任何政治决策，社会总是分裂为决策者和受害者，分裂为决策的支持者和反对者。把决策看成是一种外来危险的受害者，总是会不断批评政治决策。政治批评成为现代政治生活的常态，政治家对此习以为常，规制失败的事后道歉成为政治系统回应社会的常规模式。政治家在批评和拒绝的噪声中辨别这些噪声的源头，是来自自己所在党派内部还是来自反对派，并通过调整政纲以重新获得多数支持。政治家们为了巩固权力，还发明出各种有助于事后弥补漏洞的政治修辞术；对于政治家而言，由于因果关系的复杂性，总是可以方便地找到转移和推脱责任的归因方式。这些政治系统加工危机的机制表明，现代政治过程具有一种高度发达的风险吸收能力，风险被政治机器捣碎为噪声和新闻事件。①

卢曼关于政治系统的功能定位及其在应对社会风险上的有限性的观点，解构了自由主义对于政治过程的想象。在自由主义的政治观中，个人自由和契约制度互为支撑。个人自由保证了通过契约制度实现基于同意之上的权益交换。只要不对第三方构成损害的双方合意，就能获得法律对契约订立和契约履行的保护。未经同意而受到损害的第三方，则可以通过司法途径获得法律的事后救济。但是，当现代社会出现了风险与危险、决策者与受害人的对立之后，自由与合同之间的连接就被切断了。决策所导致的风险，可能导致大规模的灾难，其损害后果不再能够通过契约对权利义务的事前安排而吸收，也不可能通过事后的侵权赔偿来补偿。现代福利国家发展出一套在全社会内部分配和再分配利益的制度，但是却无法分配由“风险/危险”这个区分所带来的社会焦虑。

五、 法律系统：风险预防原则的功能②

就通说而言，法律规范被看成是反事实性(counterfactual)的，因而是抗风险的。风险被看成是对规范的偏离，遵守规范的人是不应

---

① Niklas Luhmann, “Technology, Environment and Social Risk: A Systems Perspective”, in *Industrial Crisis Quarterly*, 4, 1990, p.229.

② 国内关于风险预防原则方面的法学代表性论文包括：陈景辉：《捍卫预防原则：科技风险的法律姿态》，载《华东政法大学学报》2018 年第 1 期；王子灿：《专利法的“绿化”：风险预防原则的缘起、确立和适用》，载《法学评论》2014 年第 4 期；周长玲：“风险预防原则下生物技术专利保护的再思考”，载《政法论坛》2012 年第 2 期；高秦伟：《论欧盟行政法上的风险预防原则》，载《比较法研究》2010 年第 3 期；陈维春：《国际法上的风险预防原则》，载《现代法学》2007 年第 5 期；高晓露、孙界丽：《论风险预防原则的适用要件》，载《当代法学》2007 年第 2 期。

该承受风险导致的负担的。法律作为现代社会的一个子系统，其基本功能是“稳定一致性普遍化期望”。①法律通过稳定人们之间的预期而约束社会系统的时间维度（temporal dimension）。基于时间约束的社会机制，法律锁定了他人在将来的行为方式。但是，在现代社会，出现了大量将来的状态需要在现在做出决定的现象，法律所承受的负担由此过于沉重。事实维度（factual dimension）的复杂性与社会维度（social dimension）的复杂性相互叠加，风险成为不可避免。“如果需要法律具有承受风险的能力，那么，只能通过在做出合法/非法这个评价时做到去时间化。”②但是，这就导致了法律决策悖论的出现：一方面，如果法律要具有有效性，就需要在做出法律决定的现在预见到将来所发生的状态；另一方面，法律有效性的反事实性又无需在做出法律决定时去考虑无法预见的将来状态。

但是，法律可以展开（unfold）这个悖论，即通过一个形式对将来进行筹划，以此承担来自未来的不确定性。在环境法和科技法中，在立法活动中所运用的风险预防原则（the precautionary principle）就发挥了这样的功能。风险预防原则的核心内容在于，当法律系统在面对将来的环境和技术不确定性所导致的过量复杂性时，运用科学技术方法对科学技术本身进行评价，然后根据评估结果在各种价值之间进行衡量并做出能够降低环境风险的决定（选择）。

在 20 世纪 60 年代，联邦德国从民间到政府开始意识到人类活动所造成的不确定性风险，面临着解决不确定性导致的后果与环境

---

① Niklas Luhmann, *A Sociological Theory of Law*, London: Routledge, 1985, Chapter 2: The Development of Law. 中译本为[德]尼克拉斯·卢曼：《法社会学》，宾凯、赵春燕译，上海人民出版社 2013 年版，第二章：法律的发展。

② Niklas Luhmann, *Risk: A Sociological Theory*, Berlin: de Gruyter, 1993, p.59.

保护之间的冲突，因而出现了从“环境分配法”向“环境保护法”的典范转移。①20世纪80年代，联邦德国政府向国际北海部长会议提出了确立风险预防原则的建议。第二届国际北海保护会议接受了这一建议，并在会后发表的《伦敦宣言》中第一次系统阐述了风险预防原则。1992年，联合国环境与发展大会通过了《里约环境与发展宣言》，其中第15项原则确立了风险预防原则的核心内容：“为了保护环境，各国应该根据他们的能力广泛地采取预先防范性措施。当存在严重的损害威胁或可能发生的损害的后果具有不可逆转的性质时，缺少充分的科学依据不能成为推迟采取费用合理的预防环境恶化的措施的理由。”

在2015年联合国教科文组织发布的《关于风险预防原则的报告》中，风险预防原则包含了以下基本内容：1.不能确定环境损害的因果关系、范围、大小、可能性或损害性质。2.风险预防原则的适用仅来自那些有相似性、又有科学依据的担忧，对于这些担忧不能是凭空想象的，而应当基于一定形式的科学论证与分析。3.风险预防原则与防止原则不同，防止原则只能适用于已经进行了量化的风险，而风险预防原则对可能发生的风险的因果关系和发生的可能都知之甚少，即使未经量化的可能性也可能适用风险预防原则。4.即使适用了不同的表述方式，只要都指向那些在伦理或者道德价值判断上都不能被接受的风险，风险预防原则即可适用。5.政府或国际社会需要在损害发生之前进行干预，或者是在对损害的发生有肯定认识前

① H. Hohmann, “Precautionary Legal Duties and Principles of Modern International Environmental Law”, International Environmental Law and Policy Series, London, 1994, p.11.

进行干预。6.进行预防的措施及对环境的保护应当与损害大小相适应，经济上的花费只是相适应的一个考虑因素而已。全面禁止某项活动只可能对某些案件来说是符合相适应原则的，也不能否认，在某些情况下对于特定的环境风险，只能通过禁止来应对。除了禁止措施，限制损害风险的措施、允许一定程度损害的措施亦可以在对损害范围进行限制的情况下适用。只可能对某些案件来说是符合相适应原则的，也不能否认，在某些情况下对于特定的环境风险，只能通过禁止来应对。除了禁止措施，限制损害风险的措施、允许一定程度损害的措施亦可以在对损害范围进行限制的情况下适用。①

简言之，风险预防原则包含最为关键的两个要点：1.对现有科学在因果关系上不确定性程度的评估；2.对风险决策所可能导致的损失和收益之间的权衡（比例原则）。经过这样的双重计算，人类社会虽然暴露在风险之下，但却可以预先进行主动干预。这就是当代环境法处理“无知”时所提炼出来的法律公式。当然，基于小心谨慎的风险预防原则并非法律系统应对未来不确定性的唯一工具，风险评估和风险防治也是工具箱中的备选项。比如，环境影响评估就是一项被广为接受的法律工具。②欧盟指令就包含了对于公用或私人所涉及的环境项目的影响性评估。另外，责任也是风险应对的一种工具。托依布纳讨论了环境风险背景下，法律从个人责任向共同责任的转移。③责任原则与“污染者付费原则”密切相关。风险评估对风

① The United National Educational, Scientific and Cultural Organization, *The Precautionary Principle*, 2005, p.13.

② 参见欧盟指令 Council Directive 97/11 [1997] O. J. L. 73/5。

③ Gunther Teubner, L. Farmer, and D. Murphy, eds., *Environmental Law and Ecological Responsibility: The Concept and Practice of Ecological Self-Organization*, Chichester: John Wiley & Sons, 1994.

险有一个可量化的前提要求，而且需要耗费资源和行政力量的支持，因而被认为是比较笨拙的方案。而且，风险评估往往体现的是核心参与者的利益，而并非真正的环境利益。风险预防原则不同于风险评估原则的地方在于，风险预防原则承认了“科学无法提供清晰的政策描述”，“不同于风险评估为降低不确定性而采用系统的、准科学方案”，风险预防原则“着眼于政策过程本身，试图从法律和经济结构中做出最强的响应”。①当原因和结果之间的科学确定性无法确认，而采取行动后风险又足够高时，就应当启动风险预防原则。“高风险”加“科学不确定性”，是环境保护中实施风险预防原则的两个支点。其中，涉及对科学证据和风险这两个维度的评估——也就是前文所言的“筹划”。但是，筹划本身会由于数据收集方面的困难而无法做出决定。因而，无法决策的情况下仍然必须做出决策就成为法律系统内一个必须直面的选项。②

风险预防原则可以看成是法律系统与科学系统相互作用的结构耦合(structure coupling)。环境法上面临着系统内部与系统外部的二元区分：一方面，是法律系统内在的、稳定的环境保护机制；另一方面，是其他来自外部的政治系统、经济系统、科学系统所产生的变动不居的刺激。法律的基本结构分为编码(code)和程式(programme)，这个结构的功能在于维持系统的既封闭又开放的演化运作——既具有规

① K. von Moltke, “The Relationship between Policy, Science, Technology, Economics and Law in the Implementation of the Precautionary Principle”, in D. Freestone, and E. Hey, eds., *The Precautionary Principle and International Law: The Challenge of Implementation*, The Hague: Kluwer Law International, 1996, p.101.

② 桑斯坦正是基于这个决策悖论所导致的逻辑困难，质疑了风险预防原则的在法律实践上的可行性。参见：Cass R. Sunstein, “Beyond the Precautionary Principle”, in *University of Pennsylvania Law Review* 151, 2003。

范期望的封闭结构，又具有认知期望的开放结构。法律系统运用合法/非法的二元编码进行沟通操作，保证了系统的规范性和封闭性。法律系统同时运用“如果……那么……”的程式对外部刺激保持认知性和开放性。[①]科学系统在环境保护中所扮演的重要角色，就是通过程式进入法律系统，并把法律系统外部的刺激带进法律系统内部，以维持法律系统对外部的认知性，也即从系统的环境中学习的能力。科学系统对于法律系统而言，还具有去悖论的功能。法律系统运用合法/非法编码进行自我观察时，会产生对法律系统本身是合法还是非法的悖论性障碍。为了消除这个悖论，法律系统需要借助科学系统中真/伪这个区分。通过把法律问题转换为科学问题，法律系统的悖论被掩藏起来——比如，专家证人制度就提供了这种隐藏悖论的制度性功能。然而，卢曼认为，这只不过是以一个区分临时替代了另一个区分，以科学悖论掩盖了法律悖论。当需要把法律合法/非法的编码分配给一种社会活动时，就需要分配这个编码的标准。科学上的真/假陈述，正是提供了这样一种标准。把法律的规范性问题转换为科学的描述性问题，这就是法律系统为了解决自身内部的问题而对其他系统运作的挪用，[②]这也正是程式所扮演的功能。在环境法中，科学上探明的因果关系，就成为法律系统做出合法/非法选择时所倚重的知识向导。然而，风险预防原则却对法律与科学之间这种

---

① Niklas Luhmann, *Law as a Social System*, Oxford: Oxford University Press, 2004, Chapter 4: Coding and Programming. 中译本为[德]鲁曼:《社会中的法》，李君韬译，五南图书出版公司 2009 年版，第 4 章：编码与纲要。

② Gunther Teubner, “Alienating Justice: On the Surplus Value of the Twelfth Camel”, in Priban and D. Nelken eds., *Consequences of Legal Autopoiesis*, Aldershot: Ashgate, 2001, pp.21—24.

关系提出了挑战。

在风险预防原则的内涵中，呈现出一个悖论：一方面，在环境法和科技法中，法律系统分配合法/非法这个编码的运作高度依赖于科学标准的发现；另一方面，科学对未来的因果知识的不确定性，又让科学系统无力为法律系统提供运作标准。但是，风险预防原则通过“把科学评估运用于科学自身”这种二阶层次的“再入”，掩盖了科学系统自身的悖论。风险预防原则要求对科学的不确定性进行评估，然而这个评估过程本身又是一个科学决策活动。法律系统依据这个科学评估结果，即“科学上的因果关系的不确定性”，作为分配“合法/非法”编码的标准，从而把“保护环境”这项活动置于“合法/非法”这个编码的“合法”这一边。

风险预防原则承认了法律系统对于未来的无知，并且通过对科学技术风险加以科学评估，以避开无知并同时对无知做出处理。然而，百密一疏的是，这种评估技术本身，同样隐藏着无知和不确定性。法律系统以躲避未来不确定性的方式拥抱了未来的不确定性。不过，正是以此方式，法律系统测试了自己由于对环境因果关系的无知所存在的内在局限性。法律系统在自身内部创造了一个虚拟的空间，为面对环境时的无知这个难堪的窘境加上了括号。环境依然不可知，未来的风险并没有因此而消失，然而法律系统却可以在这个虚拟的空间内持续运行下去。

风险预防原则的出现，证实了卢曼关于法律系统本身也是风险生产者的论断。法律中的一个规范指明了人们“应当”的行为方式，风险预防原则作为一个法律规范，指明了决策者在知识缺乏的前提下如何做出什么决策（选择）。通过风险预防原则，法律把指向将来的风险转向系统内部，通过在诸价值之间进行权衡（运用比例原则），做出能够减轻风险的决策。但是，风险预防原则并没有防止风险，而只是把来自外部的和将来的风险转换为系统内部的和当下的法律结构。由此，外部环境的风险变成了法律风险：这种在法律系统内部试图减轻其他社会子系统风险的决策，本身是否会引发新的风险？这个问题的答案仍然是不确定的。法律系统对风险预防原则的运用，并不是让风险消失了，或者说实现了对风险的安全管理，而是把风险转移了，让风险暂时看不见。只有将来那个时刻到来以后，或者说将来变成现在之后，结果才会浮出水面，真相才会大白天下。

风险预防原则通过颠倒法律系统的内部时间关系而形成了防范风险的法律拟制。风险预防原则内部的时间逻辑是这样的：在法律系统的当下显现法律系统的将来，在现在这个时间屏幕上窥看将来的结局（即便仅仅是在概率上的预测）。风险预防原则所内含的时间结构，也体现在环境伦理上所追求的代际公平。代际公平的概念认为未来人类的利益能够包含在当代人的利益结构中。这其中包含了一个假设，即未来人类和当代人之间的利益换算有一个固定不变的公式。无论是风险预防原则还是代际公平概念，都希望在现在这个时刻把将来冻结起来。这是一种掩耳盗铃式的自欺：将来肯定不同于现在，没有固定不变的换算公式，风险注定无法避免。然而，就像代际公平这样的自欺结构具有在时间结构上化约面对未来的社会复杂性的正功能一样，风险预防原则通过向社会投射吸收环境风险不确定性的假象，也能够产生维护社会持续沟通的正功能。

风险预防原则的功能不在于增加社会的安全水平，而是通过事前立法活动让人类在面对科学后果的不确定性时有一种制度化的反应程序。其基本策略是以知识限制知识，以科学限制科学。[①]虽然社会并没有因此而变得更加安全，但是却让社会不至于陷入要么过度焦虑而无所适，要么丧失信心而放任选择的极端境地。法律系统内部嵌入风险预防原则，把不确定性变成系统自身的外部指涉对象，这样就建立了一个拟制的处理风险的制度。基于科学上的不确定性，决策者关于风险是否存在的判断并不具有确定的知识，因此做出这个判断的决定本身就意味着风险。法律决策者经过对诸价值的重量(weight)进行权衡，把合法/非法这一区分中的合法这一边分配给某个最有重量的价值时，必须借助系统外的标准。这就需要法律系统指向对科学的陈述，即求助于“科学方法”确认“现有科学技术”到底有多大的不确定性。正是通过这个复杂的系统观察视角的转换过程，这种法律内部演化出来一套“自欺”的结构。这套“自欺”结构虽然无法避免风险，甚至会导致新的风险，但却可以让法律系统对于科学、政治、经济等外部系统的变化保持高度敏感，并形成紧密的结构耦合。因而，基于风险预防原则的“自欺”结构既为整个社会提供了稳定化社会期望的功能，又保持了法律系统内部从沟通到沟通之间的持续联结。[②]

---

① 参见 Andreas Philippopoulos-Mihalopoulos, *Absent Environments: Theorising Environmental Law and the City*, London: Routledge, 2007, Chapter 4: Risk: Future, Science and the Precautionary Principle。

② 卢曼认为，社会系统的沟通运作是没有目的的(盲目的)，社会系统的沟通运作及其结构总是随着外部环境刺激的变化而变化。如果一定要说社会系统有什么确定的演化方向，那就像生物细胞、有机体、生命需要不断努力“活下去”一样，社会系统为了避免崩溃，就必须维持系统/环境这个区分，也就是说，必须不断从一个沟通联结到下一个沟通。参见 Niklas Luhmann, “The Autopoiesis of Social Systems”, in Geyer F. & van der Zouwen J. eds., *Sociocybernetic Paradoxes*, London: Sage, pp.172—192。

六、结　语

本章运用卢曼的社会系统论和二阶观察理论所提供的知识平台与社会建构论框架，从技术、时间、知识、决策等维度厘清技术风险形成的复杂社会机制。在此基础上，本章针对政治系统对于技术风险的规划及控制活动以及法律系统中的风险预防原则展开了二阶观察。

就政治系统和法律系统控制风险的可能性而言，本章有两个基本结论：1.政治系统通过政策性决策活动规划和控制技术风险的努力，本身也会导致决策风险，但是政治系统拥有令规制失灵、被社会遗忘的能力；2.法律系统内部发展出来的风险预防原则，其功能不在于增加社会的安全水平，而是作为一种程序性反应机制吸收由科学后果的不确定性所导致的环境复杂性。

第10章　系统论观察下的紧急权力：例行化与决断

本章摘要：以社会系统论作为观察框架，把紧急权力的运作置于法律系统和政治系统的“结构耦合”关系之中，有助于超克纯法教义学中紧急权力理论的封闭性和狭隘性。透过系统论的视角，追求“治理”与“法治”双重目标的紧急权力，必然面临“决策悖论”问题。在“功能去分化”的紧急状态下，紧急权力的运行条件可以区分为“例行化空间”与“决断空间”。在“决断空间”中，紧急权力需要遵循政治系统的“目的理性”，以回应自然和社会的环境复杂性。落入决断空间的紧急权力，难以用法教义学通说中的“比例原则”“基本权利不可克减原则”和“程序正义”对紧急决策加以绝对约束。紧急权力在“决断空间”中面临的“决策悖论”，可以以“目的纲要”嵌入“条件纲要”的“再条件化”方式加以展开。在决断空间中，相比“合法律性”的要求，紧急权力执行主体的处置经验、政治责任感以及社会信任等，作为政治正当性的要素，是更为重要的决策限制性因素。

一、引　言

针对紧急状态，在法律系统与政治系统的“结构耦合”①中，如何整合政治系统的“正当性”(legitimacy)与法律系统的“合法性”(legality)之间的张力，是否能把政治的“目的”重新导入法律系统的“规范”之中，这是紧急权力运行实务的操作难点，也是极具学术意义的理论切口。

20 世纪以来，在世界范围内，政治哲学和法哲学上对于紧急权力的著名研究，包括施米特(Carl Schmitt)的“主权决断”论②、阿甘本(Giorgio Agamben)的“例外状态”论③、哈耶克(Friedrich Hayek)的“强行组织社会”论④等，皆承认紧急权力介入社会所导致的例外性和超法律性。相反，在法教义学内部，无论西方还是我国，反对紧急权力制造例外的观点占据了主流，其中，德国学者延斯·克斯滕(Jens Kersten)在《基本法无须例外状态》⑤一文的主张具有代表性。他认为，在德国基本法内不应有例外状态的藏身之处，因为既有规范足以应对危急情势。然而，该主张完全无视法律功能的局限性，对社会外部环境在紧急状态下给法律系统带来的极端冲击视而不见。这

---

① Niklas Luhmann: Law as a Social System, Oxford: Oxford University Press, 2004, Chapter 10: Structural Couplings, pp.381—422. 另可参见泮伟江：《宪法的社会学启蒙——论作为政治系统与法律系统结构耦合的宪法》，载《华东政法大学学报》2019 年第 3 期，第 6—20 页。

② [德]卡尔·施米特：《政治的概念》，刘宗坤等译，上海人民出版社 2015 年版，第 5 页。

③ [意]阿冈本：《例外状态》，薛熙平译，林淑芬校阅，麦田出版社 2010 年版。

④ [奥]哈耶克：《紧急状态的权力》，载《法律、立法与自由(第二、三卷)》，邓正来译，中国大百科全书出版社 2000 年版，第 450 页。

⑤ [德]延斯·克斯滕：《基本法无须例外状态》，载《苏州大学学报(法学版)》2021 年第 1 期，第 146—160 页。

种主张不过是法律自足性教条在紧急权力理论上的翻版，是法教义学推高人类理性所导致的“致命的自负”。本章将反驳这种主张。

在解读紧急法治议题上，我国学者也有超越法教义学封闭体系的可喜尝试。郑玉双在《紧急状态下的法治与社会正义》①一文中，注意到了紧急状态中法律与社会环境互动的临界特征。但是，这种基于法哲学的分析进路，尚缺乏社会理论的厚度，因而对于紧急状态下的社会系统之间的具体互动结构只能语焉不详，而且容易滑入对“社会正义”过于理想化的空洞诉求。李学尧在《应急法治的理想类型及其超越》②一文中，同时反思了紧急理论的“施米特主义”和“凯尔森主义”，肯定了紧急政策突破法律边界的合理性。但是，其试图通过“权力再平衡机制”让“中国的治理模式不断趋近于法治”的观点，只能是针对常态社会治理的答案，而无法应对非常状态的“决策悖论”，同时，紧急治理也无法托付于作为文章落脚点的“脑科学”“行为科学”等轻飘飘的承诺。

为此，本章将另辟蹊径，采用跨学科的研究视角，借助德国社会学家卢曼的社会系统论的观察优势，尤其是结合系统论政治学、系统论法学和组织社会学的方法，探索紧急权力行使的“可能性条件”(the conditions of possibility)③。首先，提出一套基于社会理论的

---

① 郑玉双：《紧急状态下的法治与社会正义》，载《中国法学》2021年第2期，第107—126页。

② 李学尧：《应急法治的理想类型及其超越》，载《中国法律评论》2021年第2期，第88—101页。

③ 卢曼对“可能性条件”这一分析方法的借用，来源于康德的三大批判中的先验分析，并被卢曼发展为社会系统论上的功能分析和二阶观察。关于“可能性条件”的康德渊源，参见卢曼本人对此的具体说明：Niklas Luhmann, *Introduction to Systems Theory*, Cambridge and Maiden: Polity Press, 2013, p.238。

解释框架，集中考察紧急状态下国家权力运行时追求“治理”与“法治”双重目标上必然存在的逻辑冲突以及“社会功能去分化”特征；然后，运用系统论的组织社会学关于“决策悖论”和“决策前提”的理论，提出紧急状态可划分为例行化空间和决断空间的双层空间理论，为紧急状态下治理与法治之间的冲突提供一条可能不算完美但遵循紧急权力运行的实际约束条件的解决思路——紧急之下焉有完美！

二、一个分析框架：紧急权力与“功能去分化”

卢曼的社会系统论认为现代社会分化为政治、经济、法律、科技、宗教等功能性的子系统。从社会治理的角度看，政治与法律的相互分离，以及政治与法律运作之间形成的“结构耦合”，是理解现代社会秩序的钥匙，也是探索紧急权力行使的“可能性条件”的社会前提。

社会功能分化预设了一种和平的背景秩序，因而是以正常状态为前提的，那么，社会系统论可以为紧急理论做出贡献吗？的确，卢曼的功能分化理论，对于理解和平时期的宪政秩序提供了坚实的社会理论基础，[①]但是，对于处于紧急状态的政法关系或者重大突发应急事件中国家权力的行使条件似乎无缘置喙。“必要之时无法律”(Necessitas non habet legem)，紧急状态创造了正常状态的例外，此时，国家权力的行使，既非法律性的，又非政治性的，而是徘徊于政治

① 李忠夏：《法治国的宪法内涵——迈向功能分化社会的宪法观》，载《法学研究》2017 年第 2 期，第 3—23 页。

和法律之间的拓扑空间之中，[①]甚至呈现为基于“主权决断”的社会总体性。有批评认为，卢曼基于功能分化的社会系统论，存在着观察盲点：“系统论宪法学的最后一个盲点，则在于严重忽视了权力、战争与军事的维度。”[②]应该说，这种批评不是对卢曼理论的苛求，而是敏锐地戳到了卢曼系统理论的阿喀琉斯之踵。

然而，卢曼的社会理论是否对于紧急权力理论的发展就真的束手无策了？本章认为，在卢曼的社会系统论中，尤其是系统论政治学、系统论法学、系统论组织社会学等分论中，潜藏着等待挖掘的理论富矿，一旦加以合理开发，可以对“紧急权力”理论做出超越当代法哲学和政治哲学的贡献。不仅如此，正因为“紧急权力”的行使把政治实践和法律实践推向了极端，卢曼社会系统论中特有的理论工具，尤其是其中精心构造的“决策悖论”“决策前提”“形式分析”“结构耦合”“二阶观察”等关键概念，对于这种由紧急状态的极端化社会场景所必然牵扯进来的社会悖论而言，在描述和解释力上具有超越其他理论的特殊优势。

紧急权力的行使，意味着国家权力机关需要在“功能去分化”状态下做出一系列决策。为此，我们首先需要重构卢曼社会系统论中的“偶在性”与“例外论”视角，[③]尤其是相关的系统论政治学、系统论法学、组织决策理论，使其可以为紧急权力行使的“可能性条件”提供

---

① [意]阿冈本：《例外状态》，薛熙平译，林淑芬校阅，麦田出版社2010年版，第118页。

② 余盛峰：《系统论宪法学的理论洞见与观察盲点》，载《政法论坛》2020年第2期，第134—142页。

③ 需要注意的是，早在20世纪70年代，卢曼就从“偶在性”与“复杂性”的视角出发研究了法教义学中的“原则、规则与例外”。参见 Niklas Luhmann, *Kontingenz und Recht*, Berlin: Suhrkamp, 2013, XVI. Prinzipien, Regeln und Ausnahmen, S.267—282。

一个分析框架。

在现代功能分化社会中，政治系统是一个自我指涉的封闭运作系统。[①]政治系统的功能是“做出有集体约束力的决定”[②]，即是说，当社会其他子系统不能处理自身内部的冲突，或者其他社会子系统之间产生了无法被各个子系统吸收的冲突时，那么，政治系统就会介入。政治系统充当了吸收社会其他子系统无法处理的“剩余不确定性”的兜底功能。

在社会系统论看来，“国家”无非是政治系统进行自我描述时对系统自我统一性的指涉。[③]作为政治系统的“国家”，其本身又可以再分化为三个二级子系统：政治部门（politics）、运行部门（administration）和公众部门（publics）。[④]政治部门的沟通是在政党组织内部生产的，主要是制定政治纲领（政策）；运行部门又分为立法机关和行政机关两个分支，立法机关把政党制定的政治纲领转化为有约束力的法律规范，而行政机关则是执行法律规范的组织；公众部门主要是生产与政治有关的舆论，通过影响政党而把环境的刺激输入到政治系统内部。按照卢曼的说法，公众部门既在政治系统内部，又在系统外部，属于政治系统的内环境。政治系统的运作网络就是由“政治部门（政党）—运行部门（包括立法和行政）—公众部门（公共舆论和政治参与）”这三个部门之间循环往复地形成了一个沟通闭环。[⑤]

---

① Niklas Luhmann, *Die Politik der Gesellschaft*, Frankfurt: Suhrkamp, 2002, Kapitel 3: Ausdifferenzierung und operative Schließung des politischen Systems, S. 69—139.

② Niklas Luhmann, “Staat und Politik. Zur Semantik der Selbstbeschreibung politischer Systeme”, in *Politische Vierteljahresschrift*, Sonderheft 15, 1984, S.102.

③ Ibid.

④ Niklas Luhmann, *Political Theory in the Welfare State*, trans. John Bednarz, Berlin: Walter de Gruyter, 1990, p.47.

⑤ Ibid., p.49.

卢曼特别注重在政治系统内部政治部门与运行部门之间的分离,他认为这是现代民主政治的成就。政治部门(以政党竞争或政党内部派系竞争的形式)生产出针对全社会的宏观决策,政治部门与运行部门的分离,可以保证政治部门高度的决策自由。对于现代政党来说,没有什么终极原则的限制,环境变了,政纲就必须做出相应调整。政治系统的偶在性(contingency),首先表现为政纲的任意性(与宗教教义或道德原则相分离),这也是政治系统与其他社会子系统分离的标志。卢曼认为,对政治系统而言:"正当性(legitimacy)是政治系统接受其自身偶在性的形式。"①政治系统的正当性,就是以系统内部的约束条件为导引,递归性地生产政治沟通,以保持系统与环境之间的分界线。在政治系统的运行部门中,立法部门把政治纲领法律化,行政部门则严格依法行政。这对于政治系统的正当性具有至关重要的作用。因为,政治系统只有把"实证法"导入系统内部,才能激发公民认可和遵守法律。总之,"纯粹的具有合法性(legality)的正当性,才能获得认可"②。

上文以简化的形式勾勒了卢曼关于政治系统的运行模型,但这还只是常态政治(功能分化)的模型,无法直接适用于紧急状态下国家运行机制的描述。为了给紧急权力的行使提供一套解释框架,需要对政治系统的常态模型加以修正。虽然卢曼本人并没有系统表述过紧急状态下的政治运行模式,但是,他对于福利国家中政治权力扩张并入侵其他社会领域的论述,为我们观察紧急状态下的政治运行

---

① Niklas Luhmann, "Die Unbeliebtheit der Parteien", in *Die politische Meinung*, Vol.37, 1992, S.11.

② Niklas Luhmann, "Soziologie des politischen Systems", in *Soziologische Aufklärung*, Opladen: Westdeutscher Verlag GmbH, 1970, S.167.

模式做好了必要的铺垫。

在阿甘本看来，紧急状态类似于罗马执政者在非常状态下的"悬法"（iustitium）[①]——法律被悬隔起来，暂时停止效力。如果转换为系统论法学的表述方式，现代社会紧急状态中的"悬法"，就是指政治系统以法律宣告的形式终止了法律系统的运作，并全面性地取而代之。政治运作从常态模式向紧急状态模式的转换及其社会效应，我们可以从卢曼对福利国家的政治运作以及相应社会后果的描述中间接推导出来。

福利国家最为极端的特征，曾被卢曼概括为这样一句话："国家负载了过度的政治。"[②]在福利国家中，作为承担了为全社会制作"具有集体约束力的决定"之功能的政治系统，把本应由其他社会系统解决的问题（比如应由经济系统通过市场机制解决的稀缺问题）纳入政治过程中，让政治系统介入自己并不擅长的任务中，导致国家负担了过多的复杂性。在功能分化的社会中，一旦政治系统把自己打扮成社会唯一的中心，国家的形象就被扭曲了。福利国家的一个重要目标是以政治系统的运作纠正其他社会领域的运转失灵。但是，政治系统在对各种社会任务大包大揽时，把其他本来应由经济、科学、医疗等系统按照各自的系统逻辑解决的问题，全部都变成政治问题，这就会把其他社会子系统的运作架空，导致其他社会子系统的功能萎缩，最终造成社会的"去分化"——卢曼认为这是功能分化的反向运动。

---

① ［意］阿冈本：《例外状态》，薛熙平译，林淑芬校阅，麦田出版社 2010 年版，第 133 页。

② Niklas Luhmann, "Staat und Politik. Zur Semantik der Selbstbeschreibung politischer Systeme", in *Politische Vierteljahresschrift*, Sonderheft 15, 1984, S.115.

福利国家还有一个隐患，就是让政治部门和运行部门短路连接。社会系统论认为，每个社会子系统都拥有自己的编码（code）和纲要（programme）。比如政治系统的编码是“统治/被统治”①，政治纲要的形式是目的导向的，即目的纲要；法律系统的编码是“合法/非法”，法律纲要是条件触发的，即条件纲要。在功能分化社会的政治系统中，虽然主导性编码是“统治/被统治”，主导性编码是目的纲要，但是这主要是体现在政党环节的政治沟通中，也就是在政治系统的政治部门中。在政治系统的运行部门，即立法和行政部门，政治系统导入了法律系统的“合法/非法”编码和条件纲要，也就成为政治系统的“第二编码”和“第二纲要”。②把“第二编码”和“第二纲要”导入政治系统，限制了政治决策的恣意，使人民对于政治过程持有稳定的预期，这对于政治系统的“正当化”而言是非常重要的制度保证。但是，在福利国家的政治系统中，政治部门与运行部门之间的分工界线被抹掉了：“统治/被统治”的政治编码左右了全部政治运作，贯穿立法和行政过程的“合法/非法”这个编码，本应作为政治系统的第二声部，却无法再唱出自己的歌声；同时，政治性的目的纲要也完全替代了作为条件纲要的“第二纲要”，政治系统运作的可预见性遭到了严重的败坏。福利国家的社会运行逻辑，是以权力媒介压倒了其他沟通媒介，权力沟通取代了其他沟通模式，趋于重返政治至上的“中心

① 卢曼认为，政治系统运用了双层编码。“统治/被统治”是第一层，主要是指“做出决定的/服从决定的”，也指“与政治决定相关的/受政治决定影响的”。“有权/无权”中的“有权”一面，又分裂为第二层的编码：“执政/在野”，通俗地说，就是“执政党/反对党”，也可说成“左/右”，或者“保守/激进”。

② Niklas Luhmann, “Widerstandsrecht und politische Gewalt”, in *Zeitschrift für Rechtssoziologie*, Vol.5(1), 1984, S.40.

化”控制秩序。

紧急权力的行使明显不同于福利国家的公权力扩张模式，但是，福利国家的政治系统对其他社会子系统运作空间的压缩，权力媒介、政治编码和政治纲要对其他社会子系统的媒介、编码和纲要的“殖民化”（借用哈贝马斯的术语）所导致的社会沟通空间的狭窄化，都与紧急权力行使所遵循的运行机制和社会后果有可以比拟之处。因此，借助于福利国家运行逻辑这条辅助线，我们可以建立一个可应用于现代国家紧急权力行使的系统论法学分析框架，以填补卢曼的社会系统论对于紧急权力论述的空白。对福利国家的社会模型加以修正后，我们可以获得紧急权力行使的几个特征：1.社会面临突发性的现实危机或者预期可能发生的危机，威胁公民生命、健康、财产安全或国家安全，国家必须采取特殊的应急措施，克减对法律的遵循，限制公民在正常状态下所享有的权利和自由，全面切换到系统论所谓的“去功能分化”的社会状态，这种必要的“扭曲”，目的是使社会尽快恢复到正常秩序状态，也就是重返功能分化的社会。2.在国家权力配置中，立法、行政、司法相互制衡的能力大打折扣，国家权力关系重新洗牌，司法权对行政权的监督暂时悬置，立法权与行政权的区分模糊化，甚至，在某些情况下，政党领导力量可以直接介入紧急状态的判断和指挥。3.日常的社会生活节奏被打乱，全社会以政治系统为中心，建立了一套适应危机生存的新生活秩序，导致公民参与经济、科技、宗教、教育、艺术等活动领域的沟通能力的缩减，形成了政治沟通的“中心化”支配，所有人的行为都受到国家权力眼睛的监视。4.行政权力增加了介入社会领域的强度、深度和广度，全面管控社会，行政运作在常态生活下所运用的“合法/非法”编码被紧急状态下的“统治/被统治”编码所替代,“条件纲要”被“目的纲要”所取代,合法性媒介被权力媒介所取代。

三、紧急权力行使的决策悖论与决策前提

从社会系统论的“二阶观察”[①]看来,国家机关是一种组织系统,紧急权力的行使最终可以看成是国家机关内部的一系列组织决策过程。[②]本章的研究目标之一就是探索紧急状态下国家机关(组织)做出紧急决策的“可能性条件”:即,在上文所提炼的紧急权力运行框架内,从紧急决策的角度,阐释国家机关在紧急权力行使时所面临的决策悖论,并尝试寻找出能够吸收决策悖论所造成的不确定性的决策前提。

在社会系统论中,组织被看成是一个自创生系统,构成组织系统的单位要素(运作)就是决策沟通。卢曼把组织定义为“由决策构成的系统,这些系统通过构成其自身的那些决策,生产着构成其自身的决策”[③]。因此,组织就是一个递归循环的决策网络。卢曼引用了神经神物学家和系统论专家冯·福斯特的名言:“正是那些从原则上说无法决定的问题,才需要决定。”[④]决策不同于“计算”:计算是借助演绎逻辑,根据明确的标准,经过或简单或复杂的步骤,求取最终结果的过程;而决策则是在缺乏明确的优先顺位的前提下,或者说在信息

---

① 卢曼对于“二阶观察”概念的详尽阐释,参见 Niklas Luhmann, “Deconstruction as Second-Order Observing”, in *New Literary History*, Vol.24, No.4, 1993, pp.763—678。

② Niklas Luhmann and Rhodes Barrett, *Organization and Decision*, UK: Cambridge University Press, 2018, p.13.

③ Ibid., pp.41—42.

④ Heinz von Foerster, “Ethics and Second-Order Cybernetics”, in *Cybernetics and Human Knowing*, Vol.1, 1992, p.14.

不充分的条件下，在诸多待选项中做出挑选。因此，决策面临着一个悖论：决定就是对不可决定的事项进行决定；如果已经可以决定，那就无需决定。正如卢曼所言："决定必须指向其自身，同时也指向决定的所选项，因此，决定涉及这样一个悖论：所选项是一个待选项（否则决定就不是一个决定），同时，选择项不是一个待选项（否则决定就不是一个决定）。"①

组织要不断运转下去，就需要不断克服决策悖论的困境。组织系统就是通过一个又一个决策的衔接而持续存在，不断产生悖论又不断克服悖论，这个过程被称为"吸收不确定性"。对于"吸收不确定性"，组织管理学大师马奇（March）和西蒙（Simon）曾这样表述："当从一系列证据展开推论时，吸收不确定性就发生了。此时，是推论，而不是证据，进入了沟通。"②"吸收不确定性"这个概念，在马奇和西蒙的组织管理学中尚处于理论边缘，卢曼则把其发展为理解自创生组织运行逻辑的核心概念。卢曼认为，当组织从一个决策进行到下一个决策，前一个决策的不确定性就消失了。对于第二个决策而言，前一个决策已经被决定了，无需再决定一次，因此，每一个决定都为后续决定化约了复杂性——也就是为后续决定生产了一个稳定的指涉点，这使得极端复杂的决策过程可以继续下去。

与"吸收不确定性"相关的概念，是决策前提（decision premise）。为了保证决策的可靠性，常常需要参照之前那些已经做出的、不再受到质疑的决定。因而，决策前提是展开决策悖论（去悖论）的重要手

① Niklas Luhmann and Rhodes Barrett, *Organization and Decision*, UK: Cambridge University Press, 2018, p.110.

② J. G. March and H. A. Simon: *Organizations*, New York: John Wiley, 1958, p.165.

段。决策前提定义了每个决策情境的结构性条件，每一个已经做出的决定，对于后续决定而言，都可以看成是决策前提。后续决定无需对已经做出的决定加以验证，之前的决定为后续决定所创造的结构性条件，被看成是事前“被给予的”①。当一个决定被后续决定当成决策前提时，在某种程度上，决策过程中的不确定性就被这个组织系统的结构性条件吸收了。决策前提作为组织系统的结构，不仅限制了后续的决定，也参与了后续决定的创造。决策前提既是决定的媒介，又是决定的结果，这非常类似于吉登斯（Anthony Giddens）所谓的“结构二重性”②。为了避免把所有事前的决定都认定为决策前提的随意性，卢曼抽取出三类根本性的决定前提：**纲要（program）、人事安排（personnel）、沟通渠道（communication channel）**。③纲要是正确做出决定的判准，包括两种类型：条件纲要和目的纲要。条件纲要具有“如果……那么……”的格式，比如把“构成要件”和“法律后果”连接而成一个法律规则，以此确定某个决策导致的行为是合法还是非法；目的纲要是指以某种目标是否达成，作为判定决策是正确还是错误的判准。④人事安排是指根据组织成员在决策过程中将发挥的预期作用而加以招录和任命，可以看成是一套筛选决策者的制度。沟

① Niklas Luhmann and Rhodes Barrett, *Organization and Decision*, UK: Cambridge University Press, 2018, p.181.

② ［英］安东尼·吉登斯：《社会的构成——结构化理论纲要》，李康、李猛译，中国人民大学出版社2016年版，第23—25页。

③ 卢曼在后来还增加了两类“不可由决定产生的决策前提”，即“组织文化”（organizational culture）和“认知定式”（cognitive routines）。参见 Niklas Luhmann and Rhodes Barrett, *Organization and Decision*, UK: Cambridge University Press, 2018, pp.193, 199。

④ Niklas Luhmann and Rhodes Barrett, *Organization and Decision*, UK: Cambridge University Press, 2018, p.213.

通渠道(或“组织的组织”)定义了哪些决策必须被视为其他决策所依据的决策前提,典型的例子是科层结构或扁平组织。

社会系统论中关于组织系统内部的决策悖论和决策前提的理论,为我们针对紧急权力行使的“可能性条件”的二阶观察准备了非常重要的分析工具。在面对未知风险和信息匮乏的约束条件下,紧急权力的行使需要做出一系列决策,必然会遭遇决策悖论:即无法决定也必须决定。因而,对于紧急状态下公权力机关的决策前提的研究,可以帮助我们更为深入地理解应急机关在紧急决策时所享有的自由裁量空间以及所受到的相应制约。

在功能分化社会中,法律系统和政治系统的运作,既相互分离,在结构上又相互耦合。应急决策“同时”落在了法律沟通和政治沟通之中,也就是说,同时在法律系统和政治系统这两个沟通网络中递归循环。两个系统分别根据自身内部的运作机制对于应急决策展开观察,产生出两种相互独立的社会“意义”。因此,我们不仅可以从紧急法治的角度,把紧急决策看成是法律系统内部的运作,分析司法机关运用“合法/非法”的法律编码和“如果……那么……”的法律纲要如何对于应急决策的自由裁量权形成限制;而且,也可以从应急机关作为一个政治组织的角度,把应急决策看成是政治系统内的运作,因而分析政治系统的政治纲要(政治系统的“第一纲要”)和法律纲要(政治系统的“第二纲要”)如何对于政治部门和行政部门在做出应急决策时的可能恣意所形成的制约。总之,只有同时对紧急权力行使在法律和政治这两个系统中各自的处理方式展开观察,我们才能获得紧急决策的社会“可能性条件”的完整图像。

为此研究目的,我们还需要进一步解析组织决策所必然涉及的两种纲要：条件纲要和目的纲要。

如前所述，条件纲要具有“如果……那么……”的双层结构：“如果特定的条件被满足（如果之前确定的构成要件与事实要件相符合），那么就必须做出一个确定的决定。”①运用这个双层结构意味着，只要具备了某种条件，某种结果要么是被允许的，要么是被禁止的。卢曼认为，条件纲要的出现是社会演化的一项伟大成就。②在极端情况下，条件纲要可被看成一个算法系统（类似计算机程序），具有自动处理的能力。③条件纲要减轻了决策过程中的信息负担，面对需要决策的事实环境，决策者只需要预先知晓这一个纲要的内容，然后检查条件纲要的构成要件与事实要件之间的匹配程度，就可以做出是否适用条件纲要的决定。条件纲要通常是由专家（如法官）掌握的，专家擅长根据条件纲要判断一个已经发生的事实是否触发了某个预先设定的条件，以此做出行动决策。因而，条件纲要在时间上是指向过去的，对之前已经发生的事实加以逻辑演绎性地适用。

目的纲要是以“目的/手段”的双重结构所形成的决策前提。与条件纲要在时间上指向过去不同，目的纲要在时间上指向将来。卢曼特别强调，目的纲要中的“目的”，并非是指行动者的“主观目的”。④目的这个概念，用社会系统论的专门表述来说，意味着“一个能够以时间的双重模态化来表达的双重差异”⑤，“目的”概念不过是对这个差异

---

① ［德］尼克拉斯·卢曼：《法社会学》，宾凯、赵春燕译，上海人民出版社2013年版，第279页。

② Niklas Luhmann: *Law as a Social System*, USA: Oxford University Press, 2004, p.197.

③ ［德］尼克拉斯·卢曼：《法社会学》，宾凯、赵春燕译，上海人民出版社2013年版，第281页。

④ Niklas Luhmann: *Law as a Social System*, USA: Oxford University Press, 2004, p.198.

⑤ Ibid., p.199.

的统一性的界定（在组织社会学中，这通常也被称为“任务”）。为此，卢曼区分了“现在的将来”和“将来的现在”。“现在的将来”是指处于当下的时间点预见将来会发生的事情，而“将来的现在”则是指当下这个时间点所采取的措施在将来所导致的结果。“将来的现在”正是目的纲要中所谓的目的：以将来的结果如何，来评价现在所选手段是正确还是错误的，比如，投资活动、地震预报等。与条件纲要已经固定下来的触发结构不同，目的纲要的验证所要冒的一个风险则是，一旦选定了当下适用的手段，“将来的现在”可能并非“现在的将来”，也就是说，将来的实际结果与现在设定的目的可能会不一致。为了对付这种风险，人类发明了持续调控风险的工具，比如投资领域的“对冲”技术，这也被称为风险管理。

条件纲要和目的纲要之间的区分，对于我们研究紧急权力行使的运作框架而言，增加了两条新的观察辅助线。正如上文所言，只有把紧急权力的行使同时纳入法律和政治这两个系统内加以观察，我们才能获得紧急决策的“可能性条件”的完整图像。不同类型的组织，各有其主导性的决策前提，法律组织（比如法院）的主导性决策前提是条件纲要，政治组织（比如行政机关）的主导性决策前提是目的纲要。

在法律系统中，法律规范作为法律运作的结构，采取了条件纲要的形式。条件纲要为法律系统分配“合法/非法”编码提供了判准，因而是法律系统从全社会中分化出来的一个必要条件。条件纲要设置了什么应该被认定为合法，什么被认定为违法的判准。条件纲要把过去发生的事实纳入当下有效的法律规范，一旦案件的事实构成被确定，就可以通过适用规范做出法律决定。法律的条件纲要确保了法律系统为全社会提供“规范预期稳定化”的社会功能。只有条件纲要，而非目的纲要，才能作为法律系统的纲要形式。因为，“如果预期的目的没有实现，就认为已经采取的措施是非法的，那么，这对法律而言就是灾难”①。

在政治系统中，政治纲领（政策）作为政治运作的结构，采取了目的纲要的形式。比如在我国的政治运作中，对住房市场采取限价措施的目的是稳定房价，稳定房价作为一种民生措施，其目的是维护公共利益和社会公平，最终目的则是维持政治系统的正当性（这是仅就政治系统的自我观察而言）。政策目的是在当下被设定，实现目的的相应手段也必须在当下被选择，但是，决策的结果却要等到将来才会揭晓。对于政策的正确还是错误的判断，要看现在所采取的手段是否能在将来能达成预期目的——目的纲领以结果论英雄。

有了以上准备工作，我们下面尝试回答这样两个相互关联的问题：在紧急状态下，法院、立法机构和行政机构分别是如何处理决策悖论问题的？各自又是利用哪类决策前提缩减决策复杂性？

紧急状态之下，日常状态被中断，国家权力机关之间的决策权配置也会做出相应调整。当全社会处于正常状态时，卢曼认为现代法律的沟通中心不是立法机关，也不是私人之间缔约的活动，而是法院。②面对“不可决定才需要决定”的决策悖论，立法机关可以回避或拖延立法，当事人之间可以拒签合同，但是司法机关必须处理已经受

① Niklas Luhmann：*Law as a Social System*，USA：Oxford University Press，2004，p.200.

② Ibid.，Chapter 7：The Position of Courts in the Legal System，pp.274—304.

理的案件，给当事双方一个说法。在功能分化社会中，只有法院才是唯一负有“不得拒绝裁判”责任的组织。[①]法院为整个社会的纠纷解决起到兜底功能，这也是司法被俗称为正义的最后一道防线的原因。但是在紧急状态下，面对突如其来的威胁国家安全或社会秩序的危机事件，立法机关不能回避决策悖论，需要及时做出是否进入紧急状态的判断。行政机关也必须面对决策悖论，根据危机事件的严重程度，为了维护公共秩序和公共利益，甚至不惜违反宪法和法律，选择和确定一切必需的应急措施。比如，我国宪法规定：由全国人民代表大会常务委员会“决定全国或者个别省、自治区、直辖市进入紧急状态”，由中华人民共和国主席“宣布进入紧急状态”，由国务院决定“省、自治区、直辖市的范围内部分地区进入紧急状态”。[②]

一般说来，在紧急状态期间，法院对行政机关的司法审查暂时停止，即便事后的司法审查，法院也会倾向于尊重行政机关的自由裁量权。也就是说，在紧急状态下，直面决策悖论的不再是法院，反而是立法机关和行政机关，可以说，这是对日常状态下国家机关之间的权力关系的倒置。在危机事态缓和或结束后，立法机关必须宣布结束紧急状态；行政机关应中止违法行为，并向立法机关说明实施违法措施的理由。因采取紧急措施侵害了行政相对人权利所产生的纠纷，法院依据既定的宪法和法律的规定审查行政机关的行为，做出相应的判决。

在紧急状态下，直面决策悖论的立法机关和行政机关，可能都会

---

① 宾凯：《从决策的观点看司法裁判活动》，载《清华法学》2011 年第 6 期，第 94—97 页。

② 《中华人民共和国宪法》第六十七条、第八十条、第八十九条。

进入某种程度的“悬法”或“违法”状态，以政治系统的“目的理性化”压倒法律系统的“形式理性化”。此时，常态时期在立法机关和行政机关之间划出的立法与执法的功能界限，可能会变得模糊。为应对危机，立法机关和行政机关从决策模式上都将以目的纲要为前提，选择最有效的手段以保卫公共秩序、维护公共利益。行政机关不再受到来自法律系统的“第二编码”和“第二纲要”的约束，而是直接以政治系统的“第一编码”和“第一纲要”为约束条件，极大增加了紧急决策的自由度。行政机关基于应急目的迅速做出决策，突破法律设置的条件纲要的限制，以政治系统本身的目的纲要为决策前提：寻找最佳手段的行动伦理取代了“依法行政”的法治精神。同时，在紧急状态下，法院基于条件纲要的司法决策暂时悬置，只有等到从紧急状态中退出以后，法院才能对行政机关所采取的应急措施加以事后监督。即便是事后监督，法院也会考虑到行政机关采取应急措施时“违法”的合理性，因而在司法审查时，不会按照法律的条件纲要对紧急决策加以严格审查，而是以目的纲要为主要的决策前提，“礼让性”地评价紧急措施的合理性。

卢曼断言，法院的司法决策活动必须以条件纲要为决策前提，而不能以目的纲要为决策前提。①因为，目的纲要所提供的面向将来的判准，将会给法律系统造成过多的复杂性，无法实现法律系统“稳定社会期望”的功能。无疑，这也呼应了韦伯晚年所担心的西方法治国所面临的实质理性对于形式理性的瓦解。但是，卢曼又提醒我们，在复杂的法律结构中，不是目的纲要取代条件纲要，而是目的纲要“被

① Niklas Luhmann: *Law as a Social System*, USA: Oxford University Press, 2004, p.196.

嵌入”(nested)到条件纲要之中。[①]紧急权力行使所带来的司法审查问题，就会涉及这个“嵌入”问题，也就是目的纲要的“再条件化”问题。为此，下文将先讨论司法机关事后审查紧急决策时，如何把目的纲要嵌入条件纲要之中，以解决由于紧急权力行使所造成的法律系统对政治系统展开观察的难题；同时，我们也将讨论目的纲要的入侵如何造成了法律系统的条件纲要的空心化，以及这种空心化对于法学理论所提出的极限挑战。

四、 紧急权力行使的例行化空间与决断空间

关于紧急状态下政治与法律关系的理论有两种典型类型：一是主张紧急权力居于法律规范之外，是赤裸裸的政治决断；二是主张紧急权力融入法律体系，令政治决策受到法律的规训。第一类紧急权力理论可称之为“例外型”，第二类理论可称之为“规训型”。[②]从古罗马的“悬法”，到英国的“戒严法”和法国的“围城之法”，再到现代国家的紧急状态法，[③]从施米特的 “决断非常状态”的主权到阿甘本的“例外状态”，都肯定了一件事情：法律与政治之间的冲突关系在紧急状态下获得了最猛烈的释放，最终是以政治的“目的”压倒法律的“条件”，或者，以“治理”压倒“法治”。然而，在现代民主思潮和法治理念席卷天下的大势下，规训型紧急权力不仅在理论上成为通说，在紧急

① Niklas Luhmann：*Law as a Social System*，USA：Oxford University Press，2004，p.196.

② 孟涛：《紧急权力法及其理论的演变》，载《法学研究》2012 年第 1 期，第 112—114 页。

③ 同上文，第 109—111 页。

权力制度设计和运行实施中，也成为现代国家的标准配置。

我国在不断总结应急经验的过程中，也逐渐从主权决断模式过渡到规训模式。在新中国成立以来的前三十年社会主义革命和建设中，对于重大突发事件的处理，基本都是采取社会动员的模式，甚至准战时动员的模式。在改革开放后，我国逐渐迈向了政治系统、经济系统和法律系统的功能分化，这一点在我国宪法历次修正案中可以看得很清楚。1999 年宪法修正案第十三条，首次把“依法治国，建设社会主义法治国家”写入宪法。这不仅意味着政治系统和法律系统的运行逻辑相互分离的决定获得了最高政治形式的确认，而且，政治系统的运行，包括政治系统的政党部门、立法部门和行政部门，都必须在法律之下展开活动。即是说，政治的第一纲要(目的纲要)被纳入第二纲要(条件纲要)的控制下。这就为把紧急政制以及重大突发事件应对体制纳入法治轨道做好了铺垫。我国是一个幅员辽阔、人口数量巨大、民族众多、科技日新月异的大国。最近数十年，出现过特大水灾、雪灾、地震、公共卫生事件、环境污染等各种重大危机事件。通过总结多年应对重大突发事件的历史经验，我国立法机关对于紧急权力的行使已经越来越得心应手，紧急状态处置模式也逐渐完成了从例外模式向规训模式的转型。尤其是在 2003 年 SARS 公共卫生突发事件冲击下，刺激了重大突发事件中紧急权力行使有关的立法，除了紧急状态被写入 2004 年《宪法》修正案中的三个条文，还包括《突发事件应对法》《国家突发公共事件总体应急预案》《传染病防治法》《防震减灾法》《突发公共卫生事件应急条例》等，使我国围绕紧急权力行使的相关立法形成了立体交叉、全面覆盖的规范体系。

但是，在应对紧急状态的处置过程中，尤其是在风险社会的时代背景下,紧急权力行使不可能被"规训模式"所彻底驯服,紧急决策的不确定性无法完全被预先制定的法律性条件纲要所完全吸收。在现代复杂社会遭遇重大危机时,由于面向将来的不确定性程度的陡然升高,做出决定还是不做决定(不做决定也是一种决定),做出这种决定还是那种决定,成为一个需要在各个系统内部加以处理的紧迫问题。"决定"与现代社会的时间观紧密相连,正因为现代社会演化出"过去/将来"的时间区分结构,决定和风险才成为现代社会的中心议题。[①]社会系统对于知识所拥有的状态,可以区分为三种情形:知道自己知道;知道自己不知道;不知道自己不知道。风险是因为社会系统对未来充满无知,是因为社会系统"不知道自己不知道"所导致的状态。[②]紧急事态充满了风险,危机决策充满了不确定性。法律系统中积累起来的条件纲要,是对于过去的决策经验的记忆,无法为国家机关行使紧急权力提供面向将来的决策前提。相反,政治系统中的目的纲要会优先成为紧急处置的决策前提。

在正常状态下,即便没有现成的规范,学者们通常也会引入一系列法律原则对国家权力施加限制,这些原则可分为实体性原则和程序性原则。实体性原则包括:依法行政原则,尊重和保障人权原则,越权无效原则,信赖保护原则,比例原则等;程序性原则包括:正当法律程序原则,行政公开原则,行政公正原则等。在紧急状态下,受到危机事件中"必要之下无法律"所带来的紧迫性和不确定性的压力,

---

① 宾凯:《政治系统与法律系统对于技术风险的决策观察》,载《交大法学》2020年第1期,第141—142页。

② 卢曼把这一现象称为系统自我生成的"不透明性"(intransparency)。参见 Niklas Luhmann, "The Control of Intransparency", in *Systems Research and Behaviour Science* 14, 1997, pp.359—371。

常态法治对行政权的要求必然做出让步，正常状态下被行政机关理所当然地遵循的法律原则，比如依法行政原则、正当程序原则、越权无效原则等大打折扣，以便为紧急权力行使的随机应变留下足够空间。但是，对于现代紧急权力的“规训型”理论而言，决不甘心放弃对紧急权力的法律约束，让紧急权力行使进入以目的纲要完全取代条件纲要的“无法”之境。在一些学者看来，一旦公权力被“目的”牵着鼻子随机决策，整个社会就会陷入无法可依的状态，这被看成是比重大突发事件可能还要危险的次生灾难。于是，针对紧急状态，学者们提出了一系列专门约束紧急权力的原则，包括基本权利不可克减原则、比例原则、应急法治原则、程序正义原则等。

然而，本章认为，在真实的紧急状态下，大量的紧急决策是无法遵循这些原则的。借助这些原则对紧急权力加以限定的理念背后，其实有一种哲学上的基础主义或者本质主义的取向：无论以基本权利不可克减原则还是比例原则限制紧急权力行使，都假设了一种“符合论”的真理观——紧急决策的最优解就是要与某种客观的社会实在相符合。在考察紧急权力行使的“可能性条件”时，这种哲学取向成为一种观念障碍。我们的努力方向不是寻找几个可以一锤定音的原则，让紧急权力行使的最终社会效果能够与这些原则所预设的标准答案（即某种客观的社会实在）相符合。我们寻找的应该是这样一个努力方向：一方面采取一种直面“决策悖论”的态度，另一方面以目的纲要嵌入条件纲要的“再条件化”方式为紧急权力设定行使边界。这样，我们就能够在政治系统内部，为紧急权力的行使创建一个既能遵循政治系统自身的“目的理性”又能回应自然和社会的环境复杂性的运行空间。

我们先讨论基本权利不可克减原则对紧急权力行使的限制可能性。公法学者们在建议以不可克减的基本权利限制紧急权力行使时,[①]必然引用权威的《公民权利和政治权利国际公约》第 4 条规定:不得根据紧急状态可以克减基本权利的规定而克减生命权、不受酷刑的权利、不受奴役的权利、非因不履行法定义务不受监禁、罪刑法定、人格尊严、思想良心宗教信仰自由。另外,常常还会引用《禁止酷刑和其他残忍、不人道或有辱人格的待遇或处罚公约》中第 2 条第 2 款规定:任何意外情况,如战争状态、战争威胁、国内政局不稳定或任何其他社会紧急状态,均不得作为施行酷刑之理由。

关于“克减”(derogation)的具体含义,凯尔森(Hans Kelsen)有过详尽的专章讨论。[②]凯尔森认为,所谓法律的克减,就是“以一条规范撤销另一条规范的有效性”[③]。凯尔森认为,克减不仅在实证法中起到重要作用,而且在道德生活中也有自己的角色。凯尔森以基督教道德为例对此加以说明。耶稣对门徒布道:“你们听见有话说:‘当爱你的邻居,恨你的仇敌。’只是我告诉你们:要爱你们的仇敌,为那逼迫你们的祷告。”[④]凯尔森认为,这段话意味着,耶稣撤销了“恨你的敌人”这一规范的有效性,并且设定了“爱你的敌人”这一规范。撤销和设定是两个不同的行为,只有撤销才是“克减”。因此,所谓紧急状态下的基本权利不可克减原则,就是指有些权利具有绝对性,不可

---

① 韩大元:《论紧急状态下公民基本权利的限制与保障》,载《学习与探索》2005 年第 4 期,第 81 页。

② Hans Kelsen, *General Theory of Norms*, USA: Oxford University Press, 1991, Chapter 27: Derogation: The Repeal of the Validity of a Norm by Another, pp.106—114.

③ Ibid., p.106.

④ 《圣经 · 马太福音》,5:44。

以一个现行有效的原则或者创设一个新规则来撤销某些极为重要的基本权利的有效性。然而,卢曼批评了这种所谓“不可或缺的绝对规范”的理论幻想。①

卢曼对于不可克减的基本权利这一学说的质疑,来源于他对决策悖论的深刻理解。在一次演讲中,卢曼开场就向听众们以思想实验的方式抛出“定时炸弹”案例,以说明人们在决策悖论的极端情形下,必然面临“悲剧性抉择”。②如果一栋大楼里,恐怖分子埋下了一颗威力巨大的定时炸弹,在炸弹爆炸之前,警察已经抓获了恐怖分子,那么警察是否可以违背“禁止酷刑”的不可克减人权原则,以刑讯的方式取得恐怖分子的口供? 卢曼把警察在这种紧急情形下的决策与法官在正常状态下的决策做了一个对比:正常状态下的法官决策,是在合法的选项和非法的选项之间进行选择,法官总是会认为自己能够做出合法的选择(无论论证理由如何);定时炸弹情形下的警察决策,也是在合法的选项与不合法的选项之间做出选择,但是,无论如何,他却只能做出不合法的选择。“正常状态下对于‘合法/非法’这个编码的自我指涉悖论的解决方式(把正值这一面双重化,并且把这个编码的区分自身看成是合法的),此刻失灵了。”③换句话说,警察并不是在正确的选项和错误的选项中做出选择,而是在两个同样错误的选项之间选择,而且每种选择的严重后果都难以为社会所承受——这就叫“悲剧性抉择”。

在一篇评论卢曼“悲剧性抉择”的文章中,作者尼尔斯·韦伯

① Niklas Luhmann, “Are There Still Indispensable Norms in Our Society?”, in *Soziale Systeme*, Vol.14, 2008.

② Ibid., p.19.

③ Ibid.

(Niels Werber)认为，卢曼对“不可或缺的绝对规范”的质疑，是“在规范性问题的心脏地带撕开了一条裂缝”①。尼尔斯·韦伯以德国《航空安全法》出台后对政治系统和法律系统之间的关系所造成的结构性破坏为例，力挺卢曼的主张。2003 年，作为对类似 9·11 事件的恐怖袭击的一个预防措施，德国内阁通过了一项新的《航空安全法》，授权德国国防部长在特殊情况下可以下令战机飞行员击落被歹徒劫持的民航飞机。2006 年，德国联邦宪法法院对这个备受争议的《航空安全法》做出了违宪的判决，认定该法律不仅形式违宪，实质上也与基本法的“人性尊严”及“生命权”相冲突。②在我国，几乎所有受过“权利训练”的法律人都认为：德国联邦宪法法院否决了把人当手段的功利主义算计，做出了保护“人的尊严”的正确判决。然而，尼尔斯·韦伯却提醒我们，德国国防部长对宪法法院的判决所做出的反应可能更值得重视。2007 年，德国国防部长荣格(Franz Josef Jung)针对联邦宪法法院的判决发表了一个演讲，他承认了这份对于立法机关制定法所做出的合宪性审查的裁判效力，但是，他认为这份判决文书并没有解决政治问题：“这一判决凌驾于政治之上，过度强调法律制度与国家授权力量之间的结构性耦合。”③荣格部长发问道：当恐怖分子劫持一架满载旅客的飞机作为攻击武器时，我们怎么办？德国政府官员既曾宣誓尊重宪法和法律以保障“人的尊严”，但是也

① Niels Werber, “A Test of Conscience Without Indispensable Norms: Niklas Luhmann's War on Terror”, in *Soziale Systeme*, Vol.14, 2008, p.83.

② 李忠夏：《国家安全与人性尊严：伦理问题的法教义学解决路径——评联邦宪法法院“航空安全法”判决》，载《宪政与行政法治评论(第 5 卷)》，第 83—106 页。

③ Niels Werber, “A Test of Conscience Without Indispensable Norms: Niklas Luhmann's War on Terror”, in *Soziale Systeme*, Vol.14, 2008, p.89.

曾宣誓要阻止对德国人民的伤害。荣格部长用类似卢曼的语言说，作为掌握了指挥力量的秩序捍卫者，站在“悲剧性抉择”之前，不应该只用法律术语来描述和处理，相反，他保留对此事进行政治评估并做出相应决定的权力。他明确表示，在考虑了所有观点之后，他将在极端情况下下令开火，也就是说，他将违宪行事，随后承担相应的政治责任。在一次联邦德国政府举办的新闻发布会上，新闻发言官表示，在这种“悲惨情况”下，国防部长将根据“一种例外的法律紧急状态”采取行动。政府高级法律顾问还补充道：“很难详细描述这一法外行动的先决条件。基于‘法外紧急状态’的逻辑，这一例外不允许自己受到法律监管。政治保留自己做出与法律规定不符的决定的权利。”①

法律人基于绝对“不可克减的人权”而对紧急权力所精心构筑的防线，在真实的紧急状态案例的压力测试下，像是不堪一击的“花架子”。当然，本章并非否认以权利和法律制约权力的天下公理，而是认为，在紧急状态下，必须区分紧急权力运行的两种不同状态空间：一种是可以例行化的空间；一种是只能采取决断的空间。在紧急状态的“例行化空间”中，相对于正常状态下的约束条件，国家权力的行使可以适当扩张，但是，那些被重大突发事件的应急经验反复证明为紧急状态下的常态性管制内容，则可以加以例行化，也就是把政治性的“目的纲要”置于法律系统的“条件纲要”之下加以管理。比如，公共卫生突发事件期间，把那些对于公民的通行自由、人身权、财产权等可以事前预见的限制，以法律规范的形式固定下来，从而划定紧急

① Niels Werber, “A Test of Conscience Without Indispensable Norms: Niklas Luhmann's War on Terror”, in *Soziale Systeme*, Vol.14, 2008, p.89.

权力行使的边界——可以说,我国近十几年来的大量应急立法都属于这种类型。在紧急状态的"决断空间"中,无论是立法机关还是行政机关,所面对的是与正常状态下受到法律约束的决策情境完全不同的"悲剧性抉择"情境。最为极端的情形,是要在两个同样重要的价值之间选择一个价值,或者在两个同样糟糕的结果之间选择一个结果。此时,决策悖论以最具破坏力的形式暴露出来,预先制定的面向过去的"条件纲要"已经无能为力,基于"目的纲要"的政治决断无可避免。比如,当洪峰突然来临时,是否开闸放水,是淹没两座城市中的哪一座,这类紧急决策是无法用"基本权利不可克减原则"加以限制的。

那么,如何区分紧急状态的例行化空间与决断空间呢?就像在司法过程中区分简单案件与疑难案件时,找出区分标准这件事情本身并不简单一样,例行化空间与决断空间之间的区分标准也无法加以例行化。

在例行化空间与决断空间之间,并非截然二分,而是有一个过渡地带。在此过渡地带,是否可以借助比例原则这一公法学极为器重的"帝王条款"对紧急权力加以限制呢?本章认为,比例原则难以扛起这副重任。即便在常态执法中,比例原则也并没有公法学的通说中所推崇的那种包治百病的威力,[①]因而更难以在紧急状态这种更为局促的决策条件下发挥什么定海神针的作用。比如,紧急决策需要科学系统的专家知识,但在风险社会中,科学系统自身也面临"无

---

① 对于比例原则的法经济学批评,参见戴昕、张永健:《比例原则还是成本收益分析》,载《中外法学》2018 年第 6 期,第 1519—1545 页。本章并不完全赞同戴昕、张永健基于"成本/收益"分析的"可计算性"进路,这一进路忽视了法律决策中的决断成分。

知”的窘迫状态，作为比例原则核心思想的利益衡量，几乎难以通过科学论证迅速获得充足的判断依据。对于紧急状态下是否采取“预防性羁押”“以残忍手段逼供”“运用电子手段监视”等措施的问题，波斯纳(Richard Posner)曾寄希望于法经济学的成本/收益分析方法这架可靠的天平，来称量国家安全与个人权利的价值孰高孰低。①但是，最终波斯纳还是以实用主义哲学软化了法经济学的计算刚性。他认为，对于紧急权力的行使，法官不要把手伸得太长，而是应当尊重具有专业知识和丰富处置经验的立法机关和行政机关的决定，给予其足够的实验空间，让其充分发挥功能，即便其使用的手段可能是邪恶的。“当对一项措施的实际或可能的后果产生怀疑时，务实的经验主义法官将倾向于让其他政府部门自行其是。因此，这样的法官更可能是司法克制的实践者，而不是司法能动主义者。”②无疑，波斯纳的这一思想与我们上文提出的观点是一致的，在紧急状态的决断空间，政治性的目的纲领一定会压倒法律性的条件纲领。除此之外，我们还可以看出，如果法官事后以违反比例原则或不符合“成本/收益”理性的名义把紧急权力的行使主体“一准以法”，这无疑是以事后的上帝视角对身临其境的立法机关和行政机关提出了苛刻要求。我国刑法学界已经认识到，不能对正在遭受人身安全威胁的正当防卫(更不用说特别防卫)一方提出过高的谨慎义务，那么，我国宪法学和行政法学也应该在学理上为紧急权力的行使预留足够的决断空间。

---

① Richard A. Posner, *Not a Suicide Pact—The Constitution in a Time of National Emergency*, USA: Oxford University Press, 2006, p.148. 国内相关评述参见戚建刚:《实用主义的紧急状态宪法》,载《中外法学》2008 年第 4 期,第 596—612 页。

② Richard A. Posner, *Not a Suicide Pact—The Constitution in a Time of National Emergency*, USA: Oxford University Press, 2006, p.27.

当然,也有人会抬杠,认为预留足够的决断空间本身就意味着需要运用比例原则,然而,借用卢曼的“形式分析”①,这不过是“比例原则”理论设下的套套逻辑诡计:运用比例原则本身需要符合比例原则。

上文已经论证,对紧急权力难以通过基本权利不可克减原则、比例原则、应急法治原则等加以实质性限制。不过,我们同意,现代民主的政制架构,并不会放任国家紧急权力的恣意行使。即便在紧急权力状态下,也需要掌握国家权力的主体是负责任的。在“治理”与“法治”的问题上,面对苏联解体数十年后世界发展的新格局,福山(Francis Fukuyama)在《政治秩序与政治衰败》②一书中,修正了之前在《历史的终结与最后的人》③一书中倡导的自由主义政治观,提出良治社会的三大基石:强大的政府、法治和民主问责。福山还认为,在优先顺位上,民主和法治不是排在第一,强政府才是最重要的。如果把福山的这一理论与卢曼的社会系统论的观察相结合,那么我们可以得出一个结论:在紧急状态下的“社会功能去分化”的特殊时期,法治的功能必然有所压缩,强大的政府通过辅之以民主问责机制,仍然可以解决限制紧急权力行使的恣意问题。

紧急权力的民主问责机制意味着,不是通过以法院为中心的事后司法审查来追诉行政机关紧急决策的法律责任,而是启动政治系统的内部程序,以立法机关对行政机关的授权和事中监督加以控制。

---

① 卢曼的“形式分析”来源于斯宾塞-布朗,后者对卢曼后期社会系统论的影响极大。具体参见 George Spencer-Brown, *Laws of Form*, New York: Dutton, 1979。

② [美]弗朗西斯・福山:《政治秩序与政治衰败》,毛俊杰译,广西师范大学出版社 2014 年版。

③ [美]弗朗西斯・福山:《历史的终结与最后的人》,陈高华译,广西师范大学出版社 2014 年版。

这方面的研究，可以参考阿克曼为紧急宪法提出的“绝对多数的自动扶梯”(Super Majoritarian Escalator)这一装置。①阿克曼否定了以法院为中心的危机管理模式，提出了以立法机关控制行政紧急权力的紧急宪法设计，其中包括“绝对多数原则”。②阿克曼这一“绝对多数的自动扶梯”的紧急宪法制度的设计，其实就是一种“目的纲要”的“再条件化”类型。这种制度设计，不是通过“基本权利不可克减原则”或“比例原则”对行政紧急权力的形式加以实质性限制，而是利用政治系统内部的分权制衡机制，以民主同意为杠杆，对紧急权力行使的可能恣意加以程序性限制。基于立法权对行政权的限制，可以促使行政部门谨慎行使紧急权力，尽可能缩短紧急状态的持续时间，某种程度上也就间接实现了对人民权利的保障。该紧急宪法设计的精巧之处在于，不是直接对行政权的治理“目的”加以实质性约束，而是为这一目的的施行附加了程序性条件，也就是把政治系统的目的纲要导入法律系统的条件纲要，让政治系统内的第二编码(即“合法/非法”)和第二纲要(即“条件纲要”)唱出自己的程序性声部，以达成控制紧急权力行使的功能。

上文我们在讨论卢曼的组织决策悖论时，阐述了人事安排、沟通渠道和纲要三种决策前提所具有的吸收不确定性的功能，而且人事安排和沟通渠道最终需要以纲要的形式保存在组织的记忆中。在阿

---

① Bruce Ackerman, “The Emergency Constitution”, in *The Yale Law Journal*, Vol.113, No.5, 2004, p.1047. 国内相关评述参见王东明:《布鲁斯·阿克曼紧急状态宪法及其批评者》,载《国外社会科学》2015 年第 4 期,第 66—77 页。

② Bruce Ackerman, “The Emergency Constitution”, in *The Yale Law Journal*, Vol.113, No.5, 2004, p.1076. 阿克曼提出了三大原则:绝对多数原则、赔偿原则和尊严原则。但是,本章认为,阿克曼基于法院审查的尊严原则存在实施上的困难,阿克曼提出法院适用尊严原则的两个例外原则,本身就说明尊严原则适用的司法局限。

克曼“绝对多数的自动扶梯”的设计中，立法机关和行政机关的双层决策架构就是一种“沟通渠道”的决策前提。在“议会的比例多数”与“紧急状态持续时间”之间，以“如果……那么……”的条件触发式纲要加以固定，从而把灵活的“目的”与刚性的“条件”组合成为一种拓扑结构，为紧急状态下的行政治理提供了法治约束——这就是目的纲要的“再条件化”。除此之外，通过目的纲要的“再条件化”对紧急权力施加限制还有另外一种形式，即把人事安排嵌入条件纲要中。通过人事安排的“再条件化”，把紧急治理的“决策者”与“责任”关联起来，决策者即便不承担法律责任，也需要承担政治责任。在我国《宪法》紧急状态条款以及《突发事件应对法》《突发公共卫生事件应急条例》中，很多立法内容都属于对沟通渠道和人事安排的条件纲要化。比如，在《突发事件应对法》规定的突发事件处理四阶段中，无论是预防与应急准备、监测与预警、应急处置与救援还是事后恢复与重建，都清楚界定了执行主体的权限和责任。在应急处置和救援阶段，规定了处置与救援对象和任务，以及任务执行主体，但几乎没有规定具体的措施、程序、标准等限制性条件，这就赋予了紧急机关针对具体情境主动选择应急措施的高度灵活性。同时，通过对执行主体及其任务的界定，也为追究“决策者”的责任设置了“条件纲要”，从而实现了紧急治理目的的“再条件化”，限制了紧急权力作为或不作为的可能恣意。

五、余　　论

法律的功能是有限的，基本权利的功能也是有限的，紧急权力的运行引发了这个问题的内爆。以法律驯化政治，在基本权利的框架内限制紧急权力，这是宪法教义学和行政法学的通常视角。然而，从功能分化和结构耦合的社会系统论来看，法律解决不了的问题，就会借助政治的力量——紧急权力理论把这个逻辑推到了极端。紧急权力揭开了法律运作的一个基础性悖论：在法律内部承认法律的有限性，即，法律以无限的形式限制了自身。紧急权力以激进的方式撕裂了法律的平滑表面，敞开了"'合法/非法'这个编码是合法的吗"这一悖论性提问，从而为非常状态的治理留出了"决断空间"。卢曼认为，在法律系统中，论证是一回事，决断的有效性是另一回事①——论证理性无法担保决断的理性。常态法治下论证与决断之间温情脉脉的关系，被紧急事件重新极化，论证的稀薄，必然让决断得以敞开。然而，这个决断空间并非施米特式的无限决断，而是卢曼式的决策前提限制下的决断。紧急决断不等于恣意。恣意任权，即便不承担法律责任，也要承担政治责任。

相对于紧急权力行使的例行化空间，本章更为侧重考察容易被学界所忽视的决断空间中的紧急权力行使条件。紧急治理是常态治理的例外，但紧急状态并非从时间之箭中逃逸出来的无根片段。因而，紧急权力在决断空间中也并非可以擅自脱离"正当性"控制而胡作非为。紧急治理与常态治理之间始终保持着必要的社会连续性，紧急治理的成功深度依赖于常态时期功能分化社会所奠定的物质、精神和制度基础。紧急治理中的"决断空间"，并不是无法无天的无人之境，而是受到常态治理下功能分化社会培育起来的国家能力和社会信任的制约。紧急权力如果在非常状态下趁机作恶，不但有法

---

① Niklas Luhmann：*Law as a Social System*，USA：Oxford University Press，2004，p.305.

律系统秋后算账的鹰隼之眼，而且还有政治系统内部的“决策前提”即刻加以约束。紧急时期，全社会的确转入了“功能去分化”的状态，但是，考虑到现代通信技术的发达，除了政治系统的沟通运作的一枝独大外，其他社会子系统的沟通仍然维持了必要的畅通条件。比如，在移动互联网时代，媒介系统的沟通在紧急时期可能比平时还要活跃，任何一个紧急决策的实施，都可能接收到来自媒体系统的迅捷反馈，这也是制约紧急权力恣意行使的重要社会维度。

在紧急状态的决断空间，紧急权力的分寸拿捏，几乎不可能以比例原则和基本权利不可克减原则加以限定，反而是常态时期的法治和民主制度基础，以及紧急时期权力主体的处置经验、政治责任感和执行主动性，才是更为重要的决策影响因素。我国 2020 年疫情处置全过程的经验告诉我们，常态时期基于法治和民主制度所培育起来的国家治理体系和治理能力，人民对于我国国家制度和国家实力的系统性“信赖”，以及人民对执政党、国家机关做出的应急决策的具体性“信任”，才是我国这次抗疫之战取得重大胜利的最终保证。所以，我们不应该寄希望于在紧急状态的决断空间中，以法律规范和法律原则制约紧急权力，而是应该依靠常态时期对“党的领导”的法治化，夯实依法治国和人民民主制度这些国家重大基础设施，培养强大的国家综合能力和值得信赖的国家权力，这才是行使紧急权力真正不辜负人民的“胜利之本”。①

最后需要强调的是，行使紧急权力是为了让社会重返正常状态。在紧急状态消除后，必须终止紧急权力，为此，需要架设一座从非常状态向法治状态回归的制度性桥梁。

---

① 关于国家能力、系统信任与紧急权力决断空间之间的关系，可参见宾凯：《重大突发事件的系统治理与法治》，载《国家检察官学院学报》2020 年第 6 期，第 34—49 页。

第 11 章　托依布纳的后果主义研究路线：从“批评卢曼”到“走向卢曼”

本章摘要：在托依布纳社会理论法学的研究生涯中，贯穿了一根“后果主义”的红线。后果取向论题的解决走向，一方面驱动托依布纳不断更新问题域，另一方面，也促使他不断切换社会理论研究方法。托依布纳关于后果取向的研究进程，存在两个特征分明的阶段：“回应法阶段”和“反思法阶段”。在两个阶段中，托依布纳的后果主义理论经历了从“批评卢曼”到“走向卢曼”的演进线路。在“回应法阶段”，托依布纳批评了卢曼系统论中强调法的封闭性的立场，他以塞尔兹尼克的回应型法为方法论支撑，强调法律相对于社会的开放性，赞成司法裁判在后果取向上的实质化和政治化立场；在“反思法阶段”，托依布纳吸收了卢曼系统论与哈贝马斯新唯物主义的合理成分，提出了法律对社会进行间接规制的程序主义进路。最终，托依布纳彻底向卢曼的立场靠拢，并提出“三读模型”以限制后果主义的适用方式。

一、研究任务的提出

托伊布纳(Gunther Teubner)是一位高产的欧洲社会理论法学大师。他的高产，不仅是数量上的，也是质量上的。在 20 世纪 60 年代后期，托依布纳开启了在法教义学与社会理论之间往返穿梭的学术生涯，随后，他一直保持着高质量的学术产出状态，并且不断实现自我突破。托依布纳对于法学的贡献是双重的：既来自他的研究选题，也来自他的研究方法。

就研究选题而言，托依布纳在 20 世纪 70 年代崛起于学术界，揭示了私法和商法的社会内涵；到了 80 年代，他阐释了现代法的反思性特征，并对“法化”现象展开社会理论的解释；进入 90 年代，他以社会规范多元语境碰撞的视角研究民法一般条款，并以社会规范的超循环理论重构了法律对社会的间接调控，对私法的公法化现象给予了系统论和程序主义的解读；2000 年以后，在欧洲一体化进程和法律全球化进程的社会条件下，他的研究重心向社会宪治理论倾斜，给出了一套独具一格、高度融贯的全球法原理，既推进了全球法教义学的研究复杂度，又极大拓展了社会系统论解决法学难题的可能性空间。

就研究方法而言，即便在诞生社会理论法学源头的欧洲，托依布纳也是为数不多能始终如一地以社会理论穿透法教义学的法学大家。他早期服膺于塞尔兹尼克的回应型法，随后，响应哈贝马斯的新程序主义号召，再以后，他以卢曼为师，实现了社会系统论法学的转向——标志性成果则是结合了塞尔兹尼克、哈贝马斯和卢曼的理论所构造的以程序进路为主线的反思法模型。到了后期，这位德国自由法学和利益法学的传人，进一步把卢曼的功能分化理论嫁接到埃利希的法律多元主义中，跨越了私法/公法的传统二分，基于社会结构演化铸造法的正义理论，达到从心所欲不逾矩的自由思考境界。最终，他以宪法整合了公法和私法，他说："宪法太重要了，不能只留给宪法学者和政治学学者处理。"[①]近年来，年过80高龄的托依布纳，依然对社会变迁保持着社会理论法学家特有的敏锐性，从社会宪治理论转向了数字法学的思考，续写佳作。

本章揭示了贯穿托依布纳社会理论法学研究生涯的一根红线：后果主义。[②]托依布纳专论后果取向的著述并不多，但是，在其研究选题和研究方法的双重维度上，可以窥见这根红线繁复而清晰的交织。甚至可以说，后果取向论题，是支撑托依布纳整个学术生涯的核心问题意识之一。这个论题的解决走向，一方面驱动他在法学问题域上的不断更新，另一方面，也促使他在社会理论研究方法上不断切换。本章尤其集中在后果取向论题对于托依布纳在选择何种社会理论研究方法上的影响。为此，如果要从时间线上为托依布纳关于后果取向的研究进程做一个分期，那么，两个特征分明的阶段似乎可以浮现出来："回应法阶段"和"反思法阶段"。

本章认为，这两个阶段呈现出托依布纳研究法律后果主义所经历的从"批评卢曼"到"走进卢曼"的演进线路。在"回应法阶段"，托依布纳批评了卢曼系统论中强调法的封闭性的立场，他以塞尔兹尼克的回应型法为方法论支撑，强调法律相对于社会的开放性，赞成司

---

① ［德］托依布纳：《宪法的碎片——全球社会宪治》，陆宇峰译、纪海龙校，中央编译出版社2016年版，第3页。

② 本章没有严格区分后果主义、后果取向、后果考量等概念，而是联系具体语境加以应用。

法裁判在后果取向上的实质化和政治化立场；在“反思法阶段”，托依布纳吸收了卢曼社会系统论与哈贝马斯新唯物主义的合理成分，提出了法律对社会采取间接规制的程序主义进路，认为应以程序合理性对后果取向加以限制。最终，托依布纳彻底向卢曼立场靠拢，并提出“三读模型”以限制后果主义的适用方式。

需要注意的是，本章按照时间线做出的两阶段划分，虽然有文献梳理上的依据，但是，考虑到托依布纳的后果取向理论在实际研究进程中的复杂性，两阶段之间可能并不存在截然分明的界限。因此，本章的两阶段划分，可以看成是托依布纳后果取向研究进程中出现过的两种“理想型”。在托依布纳的实际研究进程中，两种理想型之间存在着复杂的呼应和交织。

二、 回应法阶段：迈向政治化的后果取向

出生于 1944 年的托依布纳，经历过德国乃至西方世界的战后繁荣，也见证了 1968 年“五月风暴”中席卷整个西方世界的学生运动和社会抗议。在 70 年代，作为初登学术舞台的青年才俊，托依布纳开始关注法律后果取向。其中，既有社会时代条件的外部限定，也有学术再生产机制内部的刺激。托依布纳 60 年代曾在作为美国法社会学重镇的加州伯克利大学学习，这段经历对托依布纳迈上法社会学道路影响甚大。其中，加州伯克利大学的法社会学巨擘塞尔兹尼克的回应型法理论，在形塑托依布纳早期法律后果取向上的立场尤其显著。1971 年，卢曼在与哈贝马斯的论战中声誉鹊起，其社会系统论开始在德国学术界渐成声势。卢曼发表于 1974 年的《法律系统与

法教义学》[①]一书，虽然篇幅短小，但是其中对于法律后果取向的处理方案孤标高致，也吸引了托依布纳的注意力，挑起了他以塞尔兹尼克的回应型法批判卢曼的社会系统论法学的学术兴趣。其间，呱呱落地的研究成果就是《后果控制与回应性教义学》[②]一文。

1. 社会环境和学术刺激

法律后果取向在西方世界的兴起，离不开其特定的时代背景。"二战"之后，福利国家在西方世界逐渐演化为一种成熟的政治运作模式。在政治与社会的关系上，福利国家的特征表现为政治权力向社会各个部门渗透扩张，除了最为突出的对市场加以宏观调控的看得见的手外，在科技、教育、家庭、文化艺术等领域，国家干预齐头并进，以纠正和补偿社会各领域内部"自生自发秩序"的失灵。按照哈贝马斯的系统与生活世界的理论，政治决定需要借助法律决定才能提高对社会领域的精确管理。这既是管理效率的要求，也是干预正当性的要求。政治以法律为媒介展开对生活世界的殖民，具体表现为：以"法化"(Juridification)的形式介入到生活世界的各个领域。但是，仅仅"政治—法律—社会"的单向传导还不够，若要在社会各个生活领域中实现成功的法律规制，还需要"社会—法律—政治"的反向循环。仅从法与社会的二重关系来说，法律决定需要接收其对社会造成影响的信息反馈，以不断校准法律决定调控社会的准星。从知识形态上说，就需要方法论和知识边界的更新。基于解释方法的传统封闭教义学，必须向社会科学开放。无论是立法决定还是司法决

① Niklas Luhmann, *Rechtssystem und Rechtsdogmatik*, Stuttgart: W. Kohlhammer, 1974, S.15—23.

② Gunther Teubner, "Folgenkontrolle und Responsive Dogmatik", in *Rechtstheorie* 6(1—2), 1975, S.179—204.

定的实践，社会科学在法律场景中的应用都越来越频繁。就这一点而言，美国比欧洲尤甚。无论法学家还是社会学家，都需要穿梭于法教义学与社会科学之间，对法律决定与社会后果之间的作用机制加以理论上的说明。

20 世纪 60 年代后期，作为一位触觉敏锐、观察犀利的社会学家，卢曼是最早系统回答这个问题的学者之一。卢曼拥有回答这个问题的优质资源：受过系统的法律训练，在涉法机关工作多年，拥有磨砺多年的“功能分析”方法。卢曼尝试运用功能分析方法回答现代社会中法律与社会相互作用所呈现出来的突出问题：法律系统需要考虑法律决定的社会后果吗？如果需要考虑的话，法律决定吸收社会后果的机制是怎样的？

在其学术生涯早期，卢曼就运用社会系统论方法考察了“后果取向”问题。卢曼在其 1972 年出版的法社会学名著《法社会学》[①]中，系统阐述了他关于现代实证法的封闭性的基本观点。20 世纪 70 年代初，为了回应一次讲座中某个学生的提问，卢曼开启了其关于后果取向的系列演讲，最终在 1974 年集结成《法律教义学与法律系统》[②]这本小册子。随后几年，卢曼在法学理论和法社会学的相关著述中，不断回到这一主题。在对后果取向问题的处理上，卢曼坚持了他关于现代法实证化的系统封闭性立场。这些在今天看来颇显保守的观点，遭到了学者们的激烈批评。其中，托依布纳做出的反应最具系统性和深刻性。

---

① ［德］尼克拉斯・卢曼：《法社会学》，宾凯、赵春燕译，上海人民出版社 2013 年版。

② Niklas Luhmann, *Rechtssystem und Rechtsdogmatik*, Stuttgart: W. Kohlhammer, 1974.

2. 卢曼的核心思想:教义学和司法裁判对后果取向的屏蔽

在20世纪60年代后期至70年代初,卢曼在传承和改造帕森斯结构功能主义社会学的基础上,形成了功能—结构主义方法论的社会系统论,并用于重构法社会学的经典命题。卢曼对法律结果取向的批评性态度,正是来自社会系统论法学的洞见。卢曼对现代法的描述,分别继承了从韦伯以来的功能分化的社会学传统,以及凯尔森、哈特等人的实证主义的法学传统。卢曼锁定了现代法的功能特定化、实证化的特征,强调法律相对于社会的自主性和社会子系统内部行动链的封闭性。正是现代法的实证化所引发的法律系统内部行动链的封闭性,对于卢曼在后果取向研究上的理论走向产生了根本性的限定。

卢曼从现代社会的功能分化趋势出发,强调了现代法的实证性和自主性。卢曼认为,欧洲社会能够迈入法律实证化的进程,就是因为满足了一些关键性的初始条件。这些初始条件包括但不限于:规范生成的反身性、条件程式化、立法决定程序与司法决定程序的分化。

(1) 规范生成的反身性。所谓反身性,是指"一个过程被运用于自身"①。法律的反身性机制在人类社会中成功演化出来之后,法律的结构变化能够容纳更大的自由度。反身性机制引导法律的再生产指向自身,而不是指向外部。于是,自然法与实证法之间,实证法与道德之间发生了分离。

(2) 条件程式化。所谓条件程式,就是法律科学中所言及的规

① [德]尼克拉斯·卢曼:《法社会学》,宾凯、赵春燕译,上海人民出版社2013年版,第267页。

范或规则，其基本公式可展开为"如果……那么……"的语句。卢曼认为：对于法官的法律适用活动而言，"他的方案采取'如果……那么……'的形式，他的任务是找出触发'那么'的'如果'条件是否得到满足"①。法官必须受到条件程式的控制，因而司法裁判就与道德互动、宗教活动等划出一道界限。"条件程式在极端情况下是算法系统，并具有自动处理的能力。"②从信息控制的角度说，条件程式保证了法律执行效果"有点像机器"③。法官在制定司法决定时可以从后果和责任的顾虑中解脱出来。法官无须检查裁判所导致的所有后果，只需要忠实执行条件程式，就可以免除责任。只有这样，才能极大简化社会关系上过多的复杂性，司法自主性和法律面前人人平等也才是可欲的。

(3) 立法决定程序与司法决定程序的分化。法律实证化所要处理的核心问题之一，就是在功能分化社会的更高复杂性水平上综合学习与不学习的矛盾关系。体现在法律决定程序的演化上，就是立法决定程序与司法决定程序的分化。立法决定则是制作条件程式，必须考虑条件程式所涉及的目的与后果，因而立法者持有一种认知期望的学习态度。法官与立法者的一个重大差异在于"法官必须要做出判决并受到与此相关的决定生成条件的约束，而立法者却并不受这样的约束"④。司法决定是对条件程式的适用和解释，无须考虑

① Niklas Luhmann, *Ausdifferenzierung des Rechts*, Frankfurt am Main: Suhrkamp, 1999, S.275.

② [德]尼克拉斯·卢曼：《法社会学》，宾凯、赵春燕译，上海人民出版社 2013 年版，第 281 页。

③ 同上书，第 282 页。

④ 同上书，第 286 页。

目的与后果，因而法官持有一种规范期望的不学习态度。“对适用法律的表述，对规范性期望的坚持和认可，对不向违法者学习的决心的表达，都是在程序化决策领域，特别是在司法部门培养出来的。”[①]法官必须遵循同案同判的平等原则，立法者却不受此原则约束。

但是，卢曼作为社会系统论大师，在强调社会功能分化的同时，自然也不会忽视社会子系统之间的相互作用，这也正是卢曼着手处理法律后果取向问题的起因。随着福利国家制度演化迈向深水区，法律后果取向作为一种论证技术，在司法裁判实践中被法官频频采用，作为法律续造时对漏洞加以填补的重要法律方法。但是，法律后果取向在司法裁判场景中的运用可能性以及相应的条件限制，并没有在法教义学内部得到充分的反思。恰恰是对法教义学内部争论的关注，尤其是与推崇后果取向的民法大师埃塞尔[②]的对话，成为卢曼社会系统论介入法律理论的一个绝佳窗口。

在法与社会的关系问题上，卢曼采取了系统论的“输入/输出”模型。[③]卢曼认为，法律系统是一个信息处理系统，通过两种方式与其社会环境相连：输入和输出。环境信息向决策（包括法律决定和政治决策等）的转化，根据两种规则进行：条件程式和目的程式。这些规则，要么通过条件程式处理面向过去的输入数据，要么，通过目的程

① Niklas Luhmann, *Ausdifferenzierung des Rechts*, Frankfurt am Main: Suhrkamp, 1999, S.136.

② Josef Esser, *Grundsatz und Norm*, Tübingen: J. C. B. Mohr(Paul Siebeck), 1967.该书最早出版于1956年，是埃塞尔对法律原则、法官造法及后果考量（Folgenorientierung）的奠基性研究，对德国法学方法论的发展影响深远。该书中，埃塞尔提出法官需通过“后果评价”（Folgenbewertung）填补法律漏洞，强调裁判对社会现实的影响。

③ Niklas Luhmann, *Rechtssystem und Rechtsdogmatik*, Stuttgart: W. Kohlhammer, 1974, S.25—30.

式处理面向未来的输出数据。注重输入的法律系统则可以通过“具有社会适应性的法律概念”与社会科学建立联系；注重输出的政治系统可以通过政治决定的“后果取向”与社会科学建立联系。虽然，卢曼认为法律系统也应该对社会环境的刺激做出响应，但是，在法律教义学和司法裁判层次上，法律系统主要是注重输入的数据，并以条件程式做出内部处理——维持内部决定的一致性和融贯性才是法律系统的运作模式。注重输出的数据，以目的程式做出决定，主要是政治系统的运转模式。因而，卢曼区分了立法和司法对于后果取向的不同响应。立法是政治与法律的结构耦合，把政治上的目的程式转换为法律的目的程式，因而会纳入法律对社会后果的考虑；在司法裁判中，法官则会屏蔽对社会后果的考虑，采取条件程式的规则模式对环境刺激保持冷漠。在教义学和司法裁判层次，法律是封闭的，应拒绝后果取向的论证。

当然，卢曼也观察到，传统的概念—教义学与判例法导向，正遭遇两大根本趋势的冲击：“加速适应”和“未来转向”。①“加速适应”是指社会变革的自我加速，要求法律以更快节奏调适。相较于社会变迁的加速，法律系统内部的教义学与判例法发展仍呈现结构惰性。“未来转向”是指，现代社会的时间导向从“过去”转向“未来”。决策不再依赖规范或事实层面的既有经验，而只能通过后果获得证成。现代法的后果取向，正是加速适应和未来转向的合力所形成的法律实践态度，二者均与现代社会系统的高复杂性及其功能分化的结构性相关，属于不可逆的导向模式。后果取向让司法背负了巨大的决

---

① Niklas Luhmann, *Rechtssystem und Rechtsdogmatik*, Stuttgart: W. Kohlhammer, 1974, S.13—14.

策压力，导致法律的不确定性，也令司法承担了制作政治决定的沉重责任，同时，还会导致现代法违反同案同判的平等原则。

在法教义学和司法裁判的具体技术上，卢曼给出的解决方案，不是后果进路，而是采取“规则/例外”的模式，以避开充满巨大不确定性的危险旋涡。后果取向与利益衡量息息相关。“从规则/例外方案跳跃到无孔不入的衡量规则，只能是盲目地进行——充其量是为了在个案中取得人们希望达到的具体‘结果’。”①在规则/例外方案的帮助下，法律系统可以维持其实现“稳定社会期望”的功能：例外则被隔离，不会感染规则本身。规则被普遍适用并得到遵守，而无需迁就个案的具体性，从而保证了法律的确定性和可预见性。例外迫使人们对这种确定性进行反思，正视法律环境中的社会现实。正是通过例外，教义学随着时间的推移而发展。“如果按照当今最佳的法律风格，询问不同法律解释的不同后果，规则/例外方案就失去了作用。”②规则/例外模式仍然依赖条件程式，保证了法律的基本运行；结果导向的利益衡量，则会导致裁判活动从个案到个案的“卡迪司法”，严重破坏了法律维持社会期望稳定性的基本功能。

3. 托依布纳的批评：教义学的回应性

在卢曼《法律系统与法律教义学》一书出版后的第二年，即 1975 年，托依布纳对卢曼的法律后果取向理论给予了迅猛且深刻的回应。对于卢曼法与社会关系问题上的处理手法，托依布纳是敬重的。在看待卢曼以系统论视角把社会适当性问题纳入法律系统的贡献时，

---

① Niklas Luhmann, *Ausdifferenzierung des Rechts*, Frankfurt am Main: Suhrkamp, 1999, S.34.

② Niklas Luhmann, *Rechtssystem und Rechtsdogmatik*, Stuttgart: W. Kohlhammer, 1974, S.32.

托依布纳认为卢曼“为在法律中运用社会科学的讨论注入了新动力”①。但是，托依布纳对于卢曼在教义学和司法裁判中排除后果考量的态度持批评立场：“卢曼将标准定得如此之高，以至于结论似乎并不令人惊讶：他警告不要在法学中以后果为导向”②，但是，后果取向“并不像卢曼似乎假定的那样是任意的，而是或多或少由当前的条件所预先决定的”③。因此，托依布纳鲜明地站在了卢曼的对立面：“根据社会需要和决策实践提出论据，证明了后果考量是法教义学工作的构成要素。”④

在抨击卢曼对待后果取向的保守性上，托依布纳所凭借的理论弹药来自塞尔兹尼克。这个时期的托依布纳，是塞尔兹尼克回应型法的忠实信徒，他也顺理成章地把这种理论视角运用到解决后果取向的争论。虽然，塞尔兹尼克的回应型法包含了实质与程序两个维度，但是，托依布纳在其早期阶段，基本上选择性接受并强化了其中的实质性维度，而忽视了其程序性维度。

塞尔兹尼克的回应型法强调法律应适应社会需求并促进实质正义，同时也强调了开放程序的情景适用。其核心观点包括：(1)法律的目的性与道德性：法律不应仅关注形式规则（如“压制性法”或“自治型法”），也应追求实质价值（如公平、尊严、参与），法律需回应社会中的非正式规范和道德期待，例如劳工权益保护需结合行业惯例；(2)灵活性与情境化：主张法律通过开放程序（如协商、调解）适应具

---

① Gunther Teubner, “Folgenkontrolle und Responsive Dogmatik”, in *Rechtstheorie* 6(1—2), 1975, S.179.

② Ibid., S.189.

③ Ibid.

④ Ibid.

体情境，而非机械适用规则，例如，工业纠纷中，法律应鼓励劳资谈判而非强制判决；(3)制度能力建设：法律机构(如法院、行政机构)需提升问题解决能力，而非仅充当规则执行者，典型例子是美国行政法中的“协商制定规则”(Negotiated Rulemaking)。①

托依布纳摘取了塞尔兹尼克回应型法中的实质维度以批评卢曼。他认为卢曼没有正视后果取向已经在法院裁判实践中大行其道的现实。托依布纳尤其批评了卢曼将立法与司法断然二分的做法。卢曼认为，教义学的社会科学化和后果取向，会损害立法与司法之间的分工优势。这是因为，相对于立法活动，教义学受到“禁止否定”(Negationsverbot)②原则的限制，即教义学只能在现行有效的法律价值框架下工作，因而必须阻止法教义学的政治化。从系统论的输入/输出模型来看，在输出方面政治化的教义学无法长期保持其在输入方面的政治中立性。托依布纳承认，卢曼这一观点是正确的：法教义学和司法裁判迈向政治化会带来法律边界变成多孔的筛子的风险。但是，托依布纳认为不能因噎废食。面对福利国家不断产生依赖于具体情境的疑难案件，法律的正当性地基不应该建筑在刻板地排除后果取向的同案同判之上，而是“对后果的讨论和后果控制不仅是令规范制定接地气的工具，而且，在缺乏其他正当性选项时，法官造法必然成为核心的正当性因素”③。

---

① Philippe Nonet, Philip Selznick, *Law and Society in Transition: Toward Responsive Law*, Harper Torchbooks, 1978, pp.73—114.

② Niklas Luhmann, *Rechtssystem und Rechtsdogmatik*, Stuttgart: W. Kohlhammer, 1974, S.23.

③ Gunther Teubner, “Folgenkontrolle und Responsive Dogmatik”, in *Rechtstheorie* 6(1—2), 1975, S.195.

面对福利国家时代国家对社会的渗透，法律系统必须寻找新的正当性基础。为此，托依布纳认为：“一个适当的解决方案似乎是，这些过程并不是法律与政治的全面分化，而是政治系统内部各子系统之间的边界转移以及法律系统内部的分化。”①所谓的政治系统的边界转移和法律系统的内部分化，就是要在法律系统内部建立双重机制：既有处理常规案件的非政治性机制，又有处理疑难案件的政治性机制。因此，司法机构的结构性“政治化”，可以被解释为法律体系本身的内部分化——在法律体系内发展出一个具有政治功能的控制中心。“联邦宪法法院和高等法院，必须满足两套相互矛盾但也可以相互促进的要求。”②当然，托依布纳也意识到司法完全倒向政治的风险。为此，他提出，必须为司法机构不适当的“政治化”设置限制。例如，在审查机构中持续引入专家和利益集团的听证会，对利益进行适当的分析和评估。由此可知，在处理教义学和司法裁判的后果取向问题上，托依布纳接受了塞尔兹尼克回应法的两个维度：实质性和程序性。司法的政治化体现的是回应法的实质性维度，对司法的听证会控制则体现了回应型法的程序性维度。通过程序维度对实质维度加以限制，以免由于过度追求实质后果而导致法律失控。但是，明显可以察觉，托依布纳更加注重的是回应法的政治性和实质性。

托依布纳认为，回应型法理论为司法机关的政治化提供了理论背书，也成为法官造法的正当性理由。从输入方面的基本功能来说，法院识别依赖于社会形势变化的新案件，并证明其不同性质的合理

---

① Gunther Teubner, “Folgenkontrolle und Responsive Dogmatik”, in *Rechtstheorie* 6(1—2), 1975, S.190.

② Ibid., S.192.

性；在输出方面，则是分析和控制法律决定的后果。从解决社会冲突的角度说，政治过程与司法过程相互衔接。相对于政治利益冲突的上游调节，作为下游冲突调节机关的法院，可以为议会程序中的某些缺陷承担补偿功能，这也正是法官造法的正当性基础所在。法官造法的正当性，是以“法律紧急状态”“立法机构的失败”和“无可辩驳的社会需求”等公式来证明的。由此，托依布纳认为，司法造法可以吸收来自政治活动方式的启发，政治过程的研究可以为司法裁判有选择地考虑此类“社会需求”提供可验证的标准。

至于法官司法造法的具体技术，就要回到卢曼关于条件纲要和目的纲要的分化上。如前所述，为了保证法律稳定规范期望的社会功能，以及为了实现同案同判的法律平等，卢曼认为法律的运行规则只能是条件纲要。鉴于托依布纳对于司法政治功能的揭示，他反对卢曼仅仅把司法裁判活动限制在适用条件纲要的看法。他认为：“卢曼确实承认司法实践并不是根据‘纯粹的’条件程式作出决定的。然而，他并没有像埃塞尔那样，将当今法律判决中条件程式与目的程式的多样化组合解释为‘目的控制的条件程式’，而是将其解释为一种典型的条件程式，只是偶尔（在对解释有疑问的情况下）通过目的考虑加以纠正”。①托依布纳的结论是，为了回应福利国家时代社会环境的新形势，司法裁判必须对条件程式和目的程式加以组合运用，而不是拘泥于卢曼所描述的那种立法/司法严格二分图像之下的条件程式的涵摄。托依布纳似乎认为，卢曼对现代法的描述，倒退到了韦伯的“形式理性法”阶段。

① Gunther Teubner, “Folgenkontrolle und Responsive Dogmatik”, in *Rechtstheorie* 6(1—2), 1975, S.184.

最后,伴随后果取向的争论,受塞尔兹尼克“社会科学”进路的影响,托依布纳必然要解决的一个问题是:社会科学进入法律系统的管道。为此,托依布纳借鉴了卢曼的分层解决方案。卢曼区分了法律响应社会环境信息的三个层次:(1)底层,即法律适用层次,这一层次确立了规范与司法决定之间的关系;(2)中层,即教义学层次,与法律适用层次相互关联,并决定了法律建构的可能性;(3)高层,即正义层次,法律系统形成适应社会复杂性的法律概念。托依布纳运用卢曼发明的这个分层模型,对于社会科学进入法律的方案给出自己的建议,区分出三个层次的管道。

在居于高层的正义层次,法律系统对于社会科学的吸收具有抽象性,社会科学以功能主义的社会理论形式影响法律。在这一层次上,法律的基本概念需要适应社会的结构条件,因此,分析手段必须具有相当的抽象性。为了对社会刺激做出响应,法律内部将社会刺激问题化,并转换为法律概念。托依布纳承认,卢曼在这一层次做出了重要贡献:卢曼对基本权利、主观法、宪法和财产等具有社会适当性概念的分析,就是从功能主义的社会整体演变理论出发,对法律功能子系统分化后果的“社会适当性”给予了杰出的分析。①

在居于法律教条主义的中层,需要协调法律的规范性与认知性的冲突,社会科学所需要的形式是“中层理论”。②卢曼认为,法律系

---

① 比如,卢曼曾以财产权和主观权利为例,说明法律概念对于社会功能分化的社会适应性,分别参见 Niklas Luhmann, *Rechtssystem und Rechtsdogmatik*, Stuttgart: W. Kohlhammer, 1974, Kap. VI: Zum Beispiel Eigentum; Niklas Luhmann, “Zur Funktion der ‘subjektiven Rechte’”, in *Jahrbuch für Rechtssoziologie und Rechtstheorie*, 1970(1), 321—322。

② Gunther Teubner, “Folgenkontrolle und Responsive Dogmatik”, in *Rechtstheorie* 6(1—2), 1975, S.201.

统既有稳定规范期望的规范性，又具有对社会环境刺激做出反应的认知性。托依布纳接受了卢曼的这个观点。他认为，法教义学包含了规范性和描述性两种元素，所要处理的是法律系统面对环境刺激时学习和不学习的二分模式。法教义学面临的任务，既要以法律“外部世界的内部模式”适应社会变革或社会观念的变化，同时，也要把社会环境的刺激反事实地稳定下来。也就是说，教义学的规范结构中需要纳入认知要素——即适应要素，同时，教义学的规范期望需要被制度化以获得稳定，也就是拒绝学习。托依布纳接受了卢曼的主张，他认为，法教义学要协调法律的认知性和规范性。根据监管领域的不同，法律教义学必须借鉴社会科学对社会子系统的分析，并将其纳入具体的教义学模式。与司法的法律适用层面相比，教条学层面需要一种特定类型的社会科学理论，即“中层理论”。比如，美国社会学家默顿的组织社会学能够分析影响相关法律规范的社会子系统。这正是具有实践理解力的法社会学的核心任务。

在居于底层的法律适应层次，社会科学也可以在较低的层次上以更具体的形式对司法决定做出贡献。在法律适用的底层，社会学实证研究能在多大程度上使司法决策合理化的讨论在德国被长期关注。埃塞尔关注的问题是“对法律外价值的干预”，他强调了实证研究有助于法官实现控制和程式化功能（die Kontroll- und Programmierungsfunktion）：“这些最低标准反过来又由法律提出要求，并且由法官自己设定——回归和指向形成于法律之外的社会期望、责任或归责标准。”[①]针对埃塞尔为法律后果主义张目的观点，卢曼旗帜

① Josef Esser, *Grundsatz und Norm*, Tübingen: J. C. B. Mohr (Paul Siebeck), 1967, S.64.

鲜明地提出了反对意见。卢曼认为,这种法律外的判断对评估法律概念的社会适当性没有什么帮助,因为它们本身只是社会系统分化的结构性问题。卢曼提醒人们注意耶林的这个观点:法教义学上考虑的利益,只能是“受法律保护的利益”(rechtlich geschütztes Interesse),而不是法律之外的社会后果。①在社会实证研究如何影响司法裁判的问题上,托依布纳似乎徘徊在埃塞尔与卢曼之间。托依布纳更倾向于埃塞尔关于法律对社会科学开放的观点,同时,他又对卢曼在处理法学方法封闭与开放的关系上所持有的谨慎态度表示同情。

三、反思法阶段:从间接调控到“三读”

1. 超越法律工具主义

如上文所言,在 20 世纪 70 年代,托依布纳对于卢曼关于后果取向理论的批评,倚重的理论资源主要来自塞尔兹尼克的回应型法。这个时期,他更加注重法律系统对于社会刺激做出响应的开放性,认为教义学和司法裁判中的后果取向有助于福利国家的法律实现回应社会变化的核心功能,因而体现出强烈的法律实质化倾向。进入 80 年代后,托依布纳积极吸收哈贝马斯的新程序主义理论和卢曼的社会系统论思想,对自己早期的回应法进路做出重大调整,迈上了强调法律自主性的反思法道路。托依布纳对研究框架的调整效果,直接影响了他关于后果取向的研究。

---

① Niklas Luhmann, *Rechtssystem und Rechtsdogmatik*, Stuttgart: W. Kohlhammer, 1974, S.56.

托依布纳1982年发表的《现代法中的实质要素和反思要素》[①]一文，是其由回应型法转向反思性法的标志。该文中，托依布纳借助哈贝马斯和卢曼的社会分析的结构性力量，对其早期信奉的回应型法理论展开了批判性修正，也对其采纳的实质化维度纠偏。他发现，塞尔兹尼克的回应型包含两个独立而又潜在矛盾的维度："目的"和"参与"。他认为，塞尔兹尼克混淆了后现代法中两个既相关又互异的倾向：一方面是趋向于更具有实质理性，另一方面是涌现出反思理性。其中，"目的"即是实质理性维度，而"参与"则体现了程序理性维度。托依布纳识别出了实质化与反思性之间的不兼容性，他认为，塞尔兹尼克的回应型法，在很多方面类似于以韦伯为典型的欧洲式"形式法的再实质化"理念。

因而，托依布纳所作的工作是把回应型法中的反思维度从实质维度中剥离出来——这一工作意义深远。托依布纳认为，虽然诺内特和塞尔兹尼克的回应型法概念包含了反思理性要素和实质理性要素，但是回应型法的概念"并没有在这两个要素之间做出适当的区分"[②]。托依布纳质疑了回应型法的实质性要素，肯定了其中的反思性要素。"正是反思理性而非实质理性代表着回应型法的'概念准备状态'。"[③]与实质维度和反思维度的二分相对标，回应型法描述了法律应对社会变迁的两种具体技术："法律政治化"和"制度设计"。法律的目的取向，也即实质维度，所对应的具体法律手段是积极追求法律面向社会环境开放的"法律政治化"。"目的性的兴起，把一

① ［德］托依布纳：《现代法中的实质要素和反思要素》，矫波译，载《北大法律评论》1999年第2期，第194—247页。

② 同上文，第598页。

③ 同上。

直严格刻板的规范性结构转变为‘结构开放的’标准和‘结果导向的’规则。”[①]然而，借助于卢曼关于“社会充分复杂性”的社会系统论和哈贝马斯关于“社会的组织原则”的新历史唯物主义，托依布纳跳出了法律政治化的实质理性逻辑，迈向了具有反思理性立场的“制度设计”。“法律并不对具体的社会后果负责，而是限于为自我规制，诸如交涉、分权、计划和有组织的冲突，提供结构性的机制。”[②]如果说实质理性的“法理政治化”要求全面的规制，“制度设计”所瞄准则是具有反思理性的“授权和促进”。

可以看出，托依布纳所提出的反思理性，其实就是哈贝马斯和卢曼共同推进的法律自主性——虽然这两位社会理论大师对自主概念的理解上存在着根本性的分歧。“哈贝马斯和卢曼均承认法律系统内部规范发展的自主性质”[③]，这种自主性进路，从强调法律的实质导向的开放性转向了遵循法律系统的封闭性。但是，不同于完全切断与社会相联系的形式理性法的封闭性，这种自主性也强调了法律与社会的共同演化——即“共变”的回应性与开放性。这种兼顾自主与回应、封闭与开放的自主性，也就是法的反思性。在塞尔兹尼克的回应型法中，无论是目的还是参与，相对于托依布纳剥离出来的反思法，都有把法律导向过度政治化的危险。如果说，目的要素是一种法律工具主义进路，政治为社会规制设定目标，并以法律为工具，对社会输入国家意志，实施直接调控，以达成规制社会失灵的目的；那么，参与要素也仍然强调把政治性程序嫁接到法律内部，在法律系统中

---

① ［德］托依布纳：《现代法中的实质要素和反思要素》，矫波译，载《北大法律评论》1999 年第 2 期，第 591 页。

② 同上文，第 592 页。

③ 同上文，第 601—602 页。

输入民主要素，以促成社会各个规范群体、利益组织之间的协商。当然，参与要素已经包含了某些迈向程序性调控的反思要素。托依布纳借卢曼之口说，真正需要的不是诺内特和塞尔兹尼克所建议的增加法律的目的性和参与功能——二者都在法律中嵌入了政治性，而是增加法律系统的高度抽象性、功能进路和“自我反思性”。因而，似乎可以这样总结托依布纳的新发现：如果说回应型法中目的和参与这两个维度意味着法与社会、法与政治之间直接的短路链接，那么，法的反思性则以法对社会的间接调控方式克服回应型法中的法律工具主义弊端。

2. 间接调控

在转向卢曼的社会系统论之后，托依布纳运用社会功能分化和系统间结构耦合的分析框架，质疑国家中心主义法律观的缺陷。回应型法的实质化取向，存在着以国家为决策中心的隐含前提。社会迈入功能分化时代，尤其是迈入福利国家以后，个人之间的互动系统、组织系统和社会功能子系统等社会子系统，各自都形成了沟通封闭的自我指涉结构，系统之间不再是中心化和等级化的关系。在全社会系统之内，每个社会系统都成为其他社会系统的内环境，并相互影响——这就是托依布纳所谓的“超循环”。因而，法律系统不可能对其他社会子系统实施直接规制，政治系统也不可能借助法律基于“目的”对社会实现直接调控。法律对于社会系统的调控，只能是间接的。后果取向的模型应该随之加以修正。

在 1987 年发表的重要论文《法化——概念、特征、限度及解决方案》[①]

① Gunther Teubner, "Juridification—Concepts, Aspects, Limits, Solutions", In Gunther Teubner(Ed.), *Juridification of Social Spheres*, Berlin: Walter de Gruyter & Co., 1987.

中，托依布纳试图以社会系统论方法回答西方社会何以出现“法律爆炸”的问题。不同于让法律从社会生活中退出的“去规制”建议，托依布纳认为，法律介入社会生活的“法化”所导致的法律数量增长是不可逆的。关键在于，这不仅是法律数量的问题，更是法律对社会结构变迁做出反应的“质”的问题。托依布纳以塞尔兹尼克的回应型法理论解释了与法化现象如影随形的一般条款、弹性标准、目的程式等福利国特有的法律现象。法律工具主义成为时尚，结果取向的法律方法走红。托依布纳考察了劳动法、公司法、反托拉斯法和社会保障法等四个领域，在这些法律领域的相关司法实践中，他发现，法院大量借助社会科学的外力裁判案件。

托依布纳对法化现象的解释，逐渐从韦伯的形式理性法的再实质化以及塞尔兹尼克的回应型法转向了卢曼的社会系统论。他认为，法化的真正动力来自社会诸领域之间“不断增加的自主性与同时不断增加的相互依赖之间的紧张关系”①。当经济、法律、政治、文化和科学等社会领域迈向功能自主之后，比如，政治产生有约束力的决定、法律再生产规范性、经济围绕货币实现支付循环，各个功能自主领域之间不再能够产生直接的相互作用——这就是系统运作的封闭性，此时，系统外部的需求不可能再遵循“刺激—反应”图式向内部直接输入影响。

这种超越直接因果关系的系统论解释路径，必然影响到后果取向问题的解决上。各个社会系统之间的相互作用像海浪冲击岛屿一

① Gunther Teubner, “Juridification—Concepts, Aspects, Limits, Solutions”, In Gunther Teubner(Ed.), *Juridification of Social Spheres*, Berlin: Walter de Gruyter & Co., 1987, p.20.

样不断发生，但是，为了适应各个系统的自主性逻辑，来自海浪冲击所产生的效果，必须被各个岛屿系统以其内部的特定标准加以选择和甄别。“就环境对法律的影响而言，这意味着即使是最强大的社会和政治压力，也只有在法律现实构建的内部‘屏幕’上显现时，才能被法律系统所感知和处理。”①反之，法律对社会环境的影响，又何尝不是如此？“法律规制被环境系统接受时，仅作为引发（环境系统）内部发展的外部诱因，而这些内部发展进程已超出法律可控范围。”②正是因为这种间接调控的机制，现代福利国家基于后果取向的法律规制才面临着三重困境：任何超越这些系统间转译能力的法律干预，要么导致法律形同虚设，要么诱发社会生活领域的解体，再或者，造成规制法律自身的崩溃。法律形同虚设的例子是象征性立法，社会生活领域对于法律的规制活动无动于衷；社会生活领域解体的例子是法律的介入让社会生活关系变得僵化，也就是哈贝马斯所谓的“法律对生活世界的殖民”；法律自身崩溃的例子则是经济、政治、宗教等社会领域的系统逻辑掏空了法律逻辑，法律稳定社会期望的功能彻底丧失。托依布纳使用卢曼发明的结构耦合（structural coupling）概念来解释规制失灵现象。他认为，正是由于政治、法律和社会诸领域之间的结构耦合不充分，才出现了规制失灵。

那么，在社会系统功能分化理论的框架下，当系统的自主性与系统间相互作用这两种矛盾的机制并存时，后果取向的法律方法如何可能？

---

① Gunther Teubner, “Juridification—Concepts, Aspects, Limits, Solutions”, In Gunther Teubner(Ed.), *Juridification of Social Spheres*, Berlin: Walter de Gruyter & Co., 1987, p.20.

② Ibid., p.21.

相对于法律形式主义以封闭性拒绝后果取向的方案以及法律工具主义以开放性让社会刺激直接穿透法律的后果取向方案，托依布纳选择了第三条道路：系统间基于“结构耦合”的间接调控。

托依布纳认为，卢曼低估了各个社会领域之间的冲突可能性。他针锋相对地批评卢曼：“社会空间断然分离的情形根本不存在。”① 此处，我们不讨论托依布纳此时对卢曼的可能误解。不过，托依布纳还是借助了卢曼关于规范期望与认知期望的区分去反对卢曼。他以环境法为例，当人们针对自然环境的保护发生冲突时，法院会引入法律外部的社会知识，即专家证人出庭作证，这是法律对外部社会领域开放的认知性活动。但是，法律之外的科学、技术等专家知识，必须在法律程序的限制下进入裁判过程，并且受到特定的法律价值的评判。也就是说，各种社会领域的专家知识，作为触发法律认知性活动的外部输入，最终还是要受到法律内部的规范性控制——开放以封闭为前提条件。托依布纳甚至认为，无论是耶林、惹尼的自由法运动，还是庞德的利益法学，甚或美国的“法与社会”运动，无论是法律心理学、法社会学、法律政策分析还是法律经济分析等，都不是以外部的社会知识取代了法律概念。利益法学不过是铸造了新的概念法学。所谓的“利益衡量”，正是法律的灵活性、开放性和学习能力等等新兴法律概念的表达。所谓的“利益分析”，正是新兴的法律理性的体现。②由此，托依布纳对法律后果主义采取了一种乐观的解释。“法律人不过是从规则转向了政策、目的、目标和原则，以社会科学取

---

① Gunther Teubner, “How the Law Thinks: Toward a Constructivist Epistemology of Law”, in *Law & Society Review*, Vol.23(5), 1989, p.746.

② Ibid., p.748.

代了(传统的)目的解释","在实践中,基于可能性后果的理性计算,也不过是法官们擅长的惯用伎俩"①。

当然,法官的理性计算,并非法官掌握了社会领域的全部信息。恰恰相反,托依布纳所主张的,并非"行为功利主义"意义上的后果主义,而是"规则功利主义"意义上的后果主义。法官并不掌握足够的信息以预测司法裁判对未来的全部影响,而只能考量司法裁判对于法律自身的影响。就这一点而言,托依布纳吸收了麦考密克(Neil MacComick)的规则后果主义理论。麦考密克认为,法官手里没有预测未来的水晶球。因而,法官所考虑的后果,不是个案裁判引发的实际后果。法官对后果的考虑必须限缩,只能限制在司法裁判对未来人们是否遵守规则这一影响的考虑——即麦考密克所称的"逻辑蕴含后果"(consequences as implications)。②托依布纳同意麦考密克的洞见:法官不做面向将来的预测。不过,托依布纳与麦考密克在解决后果取向的具体技术上,却有非常不同的进路:麦考密克依赖于类推和实质价值的评价,而托依布纳则迈向了程序。

在坚持后果主义的程序化进路上,托依布纳受到鲁道夫·维特赫尔特(Rudolf Wiethölter)的深刻影响。"对于具体情境中的可能后果,法庭拒绝采取实质立场,而是诉诸'程序方案'。"③在裁判案件时,法官并不是对社会领域的后果进行全盘的考量。因为,全盘考量

---

① Gunther Teubner, "How the Law Thinks: Toward a Constructivist Epistemology of Law", in *Law & Society Review*, Vol.23(5), 1989, p.748.

② Neil MacCormick, "Legal Decisions and their Consequences: From Dewey to Dworkin", *New York University Law Review* 58, 1983, p.251.

③ Gunther Teubner, "How the Law Thinks: Toward a Constructivist Epistemology of Law", *Law & Society Review*, Vol.23(5), 1989, p.751.

需要法官具备建构社会领域的完整事实的能力。然而，法官即便借助社会科学的帮助，也无法完全预测司法裁判给未来带来的所有后果，更不消说，这些后果之间本身也会发生非线性的复杂关系。况且，根据社会系统论的系统封闭性原理，法律只能遵循自己内部的运作逻辑，即便将来的后果证明法官的裁判错误，也不能修改法官已经做出的判决，退一万步说，即便允许修改，也要遵循法律内部的条件。法律对于外部社会领域认知性的后果取向，只能走一条程序化进路。所谓程序化，是指法律系统并不直接对社会系统下达规制命令，而是为社会诸领域的自主运作和相互作用提供程序性条件。法官为与冲突有关的个人、专家、社会组织等设定程序义务或者赋予程序权利，比如，分配举证责任，把“提供信息”和“预测未来”的风险分配给社会领域中的这些相关法律主体等，以达到间接调控的目的。[①]托依布纳的这种间接调控的法律观，既不是完全照抄哈耶克以自生自发秩序的抽象规则为唯一法源的激进自由主义，也不是对凯尔森以国家法为唯一法源的法律实证主义的认可，而是找到了一条超越激进自由主义与国家主义之间的二元对立的逃逸线：基于间接调控的程序性规制。

3. 后果取向的“三读”

1995 年，托依布纳在理论和实践的双向运动之间，揭示出一个“后果主义悖论”：“法律后果取向被证明是必要的，尽管它是不可能的。”[②]所谓“必要的”，是指在法庭的真实审判过程中，法官频频运用

---

① Gunther Teubner, “How the Law Thinks: Toward a Constructivist Epistemology of Law”, *Law & Society Review*, Vol.23(5), 1989, p.751.

② Gunther Teubner, *Entscheidungsfolgen als Rechtsgründe*, Baden-Baden: Nomos Verl.-Ges., 1995, S.9.

后果论证的方式从事说理活动；所谓“不可能的”，是指处于理论观察位置的学者们，无论从逻辑、社会理论还是实证研究出发，其主流观点都认为，法官从原则上说不具备预测裁判后果的能力。这种实践活动和理论解释之间的悖谬，催促着托依布纳发展出能够弥合这一间隙的、更有解释力的新理论。20 世纪 90 年代，托依布纳一边继续完善间接规制理论，一边接受了卢曼后果主义批评中的合理成分，更加谨慎地审视作为一种法律方法的后果主义的有效性。

托依布纳研究了法律人对于实证社会学、经济学在解决后果主义问题上的接受程度，并指出了实证社会学和经济学对于法律人的不同影响。社会实证研究对于法律人的魅力就在于“用一种理论上和经验上成熟的结果论取代功利主义者对决策后果的自创的、以常识为导向的预测和评估”①。认同后果主义的法学家们，希望通过对司法裁判的后果进行有针对性的实证研究，以发展出更普遍的模式，并可以利用这些模式对立法或司法行动做出预测。同时，这些预测反过来又可以转化为支持或反对具体法律决定的法律论据。与实证研究的法律运用不同的是，法经济学家认为，如果将法律规范从经济活动的数据中剥离出来，并亲自对其进行经济分析，法律后果导向就可以从经济学中获得很多东西。在这里，指导法律决策后果预测的不是实证研究工具，而是理性经济行为的理论模型。经济分析不仅仅局限于提供预测的理性模型，它还发展了评估决策后果的标准。托依布纳认为，由于法官不太可能迈向田野从事实证研究，所以更偏爱书斋摇椅上的经济学推理，这也正是经济学相对于社会实证研究

---

① Gunther Teubner, *Entscheidungsfolgen als Rechtsgründe*, Baden-Baden: Nomos Verl. -Ges., 1995, S.10.

在司法实务中大获成功的缘由。

然而，托依布纳逐渐认识到，当代科学哲学和社会科学本身的发展，都对社会科学探知“真相”的能力提出了质疑。托依布纳以特沃斯基和卡尼曼等著名社会科学家的研究成果为例，说明了预测是不大可能的。在这些社会科学家的理论模型中，以后果导向为方法论而实施的决策，其理论基础并不可靠：“必要的反馈往往缺乏……因为：(1)结果通常是延迟的，不容易归因于某一特定行为；(2)环境的多变性降低了反馈的可靠性，尤其是在涉及低概率结果的情况下；(3)通常没有信息表明，如果采取另一种决策，结果会如何；(4)大多数重要决策都是唯一的，因此提供的学习信息很少。”[①]

因此，托依布纳对于后果主义在司法决策中的应用潜力的判断转向谨慎。他认为，对社会科学的预测能力的疑虑，正在啃噬法律后果主义的理论基础。无论社会实证研究抑或经济学如何精耕细作，如何与司法裁判巧妙对接，都不再能挽回结果导向的法律观曾经在法律现实主义的鼎盛时代所达到的信誉高度。当然，托依布纳并非要为法律后果主义唱一首挽歌，而是希望找到让后果取向的法律方法存活下去的新出口。在结合了卢曼系统论关于法律系统的运作封闭与社会科学预测能力不足这两种理论观察后，托依布纳为后果主义提供了一种替代性解决方案，发展出无须依赖预测的“三读”模型[②]。就司法决策中如何重估后果主义的方法论价值而言，“三读”

---

① 转引自 Gunther Teubner, *Entscheidungsfolgen als Rechtsgründe*, Baden-Baden: Nomos Verl. -Ges., 1995, S.11。

② Gunther Teubner, “Altera pars audiatur: Law in the Collision of Discourses”, In Richard Rawlings(ed.), *Law, Society and Economy*, Oxford: Oxford University Press, 1997, pp.170—172.

模型的精髓在于，采取一种摸着石头过河的思路，大大压缩了后果取向在法律实践中的可能应用场景，但似乎也更为接近后果主义在法律方法中的真实位置。

三读模型是破解“后果主义悖论”的新区分：“如果社会科学分析的预测能力确实比最初希望的要有限得多，那么将法律后果主义从预测未来后果转向控制实际发生的后果可能是没有办法的。主要目标将不再是利用社会科学模型预测未来行为对法律变化的反应这一宏伟目标，而是收集有关法律决定后发生了哪些实际变化的事实信息。”①三读模型中，法律系统并没有抛弃法律决定对自身产生的社会后果的反馈观察，其所放弃的仅仅是对未来的预测。“这不是对未来的预测，而是仅限于实际发生的后果，以便在未来的决策中吸取教训。”②

托依布纳运用卢曼社会系统间的“再入”机制以及利奥塔的话语间的“转译”理论，把三读模型的具体过程分解为如下步骤：

一读，法律用自己的耳朵倾听来自社会的声音，尤其是倾听社会子系统之间由于话语冲突所造成的社会损害。通过立法、教义学或司法的运作，法律把社会系统之间的话语冲突转译为法律内部的规则、原则之间的冲突，并以法律的内部理性构造具有“社会适应性”的法概念。此时，法律并非对于社会环境刺激作出的点对点的回应，而是把针对环境的认知性“再入”到法律系统的规范性中。二读，法律向各个社会子系统发出规制信息。但是，社会并不是单向透明地对

① Gunther Teubner, *Entscheidungsfolgen als Rechtsgründe*, Baden-Baden: Nomos Verl. -Ges., 1995, S.15.

② Ibid.

法律刺激做出反应。经济系统、政治系统、教育系统等等社会子系统以各自的系统逻辑转译来自法律的指令。经济系统把法律规范转译为成本，政治系统把规范转译为权力地位，教育把法律转译为教改工具，等等。三读，法律对法律决定在社会子系统中产生的各种后果展开观察，并把对这些后果的观察限制在一个狭小的范围，即法律自身对于社会子系统所产生的实际负面影响。

三读模型是一个循环过程。从一读、二读到三读，法律与社会之间的相互转译，构成了一个学习的闭环。其中，法律规制的自我修正，不是基于对法律决定在将来产生的后果的预测，因而并不依赖对于因果链条的实证分析。“起作用的是‘转译’，而不是因果链。”①法律倾听社会的声音，但是有赖于法律内部的转译机制。而且，法律只有在产生了实际后果后才开始学习，尤其从系统间的话语冲突的负面后果中展开反馈学习，从而调整自己的规制方式。这种后果主义模式中，完全无须依赖“不可能的预测”。法律系统收集实际发生的社会后果的信息，并在法律内部重构社会冲突的解决方案。在实现稳定社会期望的功能的同时，降低对社会其他领域的负面作用。三读模型为法律提供的学习机制，是回顾性地反馈学习，而不是前瞻性地预测未来。

托依布纳设计的三读模型的后果主义，既是对回应型法的实质性后果取向的反叛，也是对于间接调控的程序主义进路的进一步限制，还是托依布纳向卢曼的严格系统论继续靠拢的标志。可以说，托

---

① Gunther Teubner, “Altera pars audiatur: Law in the Collision of Discourses”, In Richard Rawlings(ed.), *Law, Society and Economy*, Oxford: Oxford University Press, 1997, p.172.

依布纳的三读模型，几乎全盘接受了卢曼的社会系统间结构耦合的思想，以及卢曼关于法律与社会之间渐进演化的共变理论。卢曼认为，法律规制是一种处理高度结构化复杂性的具体技术，是通过结构耦合回应环境刺激的“后果—监管—等待—新后果—新问题—新监管”的循环过程。“这种技术需要对法律进行无休止的循环修订：假设会发生某些事情，但如何发生，有哪些后果，必须等待。当这些后果开始显现时，它们可以被看作问题，并为法律本身以及政治领域的新法规的产生提供机会。不可预见的后果也会发生，并且不可能确定这些后果是否适用于该法规以及适用到何种程度。这再次意味着新的监管、等待、新的后果、新的问题、新的监管等等的机会。因此，推定预见是维持这一过程进行的重要辅助动机。这导致了一个极端复杂的系统，只有从历史角度才能理解。”①无疑，托依布纳的三读模型与卢曼的“循环修订”模型十分吻合。曾经作为卢曼后果主义理论的严厉批判者的托依布纳，最终走向了卢曼。

四、结　语

“后果取向”是当代最为重要的法学理论命题之一。随着社会复杂性程度的增加，尤其是福利社会的来临，无论西方还是东方，都面临后果取向给法律实践带来的困惑以及随之而来的理论反思上的彷徨。比如，利益衡量、比例原则、一般条款、影响性评估、风险法治、应急治理、紧急状态、计算法学、悲剧决策、行政规制、基本权利冲突等

① Niklas Luhmann, *Ecological Communication*, Cambridge: Polity Press, 1989, p.66.

等，无不隐含着后果取向的难题。围绕后果取向论题的著述，可谓汗牛充栋、争论激烈，至今仍然留下了许多悬而未决的空白。中国当代关于后果取向的研究成果，主要是法教义学与社科法学之间松散争论的产物，这些争论推进了我国法律人对后果取向的理解，但思考的力度和理论原创性都不宜评价过高——双方的观点似曾相识，更多是西方争论的中国翻版。当然，也不应该苛责中国当代学者的集体努力。在当今风云变幻的时代大背景下，继续抱持谦逊的态度，向那些深思熟虑的西方大家借鉴，仍然是作为法治后来者的必修功课。

西方学界的后果取向研究，大致形成了法哲学与法社会学之间水火不容的对峙，虽然这个二元对立图像有过于简化理论发展轨迹的复杂性之嫌，但是基本可以作为观察后果取向理论争辩史的框架。社会系统论吸收了这种二元争论的成果，但以更为深刻和别样的视角推进了这个理论议题，形成了独到的洞见。本章切入后果取向的研究方式，就是回顾托依布纳在后果取向论题上从“批判卢曼”到“走向卢曼”的理论迭代过程。对于托依布纳思想发展轨迹的回溯，一方面希望呈现后果取向论题在其嵌入社会系统论视角后所达到的复杂度，另一方面，也希望从中获取如何借助系统论法学的力量进一步钻研法律具体问题的破冰启示。

后　记

这本论文集，是我从事卢曼社会系统论研究二十来年的一个阶段性节点，也是我的一个人生节点。

卢曼说过，人生是一串偶然的事件。因此，他拒绝书写自己的传记。这种人生态度，既有叔本华意志哲学中以佛教涅槃超克康德理性的否定性，也有尼采那体现在强力意志和永恒轮回之中的超人哲学的肯定性。人生就是结合了“肯定与否定”“同一和差异”“必然和偶然”的悖论。从三十多岁以后开始学术写作，直到1998年离世，卢曼不断深描他独创的社会系统论。写作就是卢曼展开人生悖论、克服虚无主义、“在世界中存在”的基本方式。

法律系统论，仅仅是卢曼撰写的诸多的社会子系统专论之一。1984年，卢曼在《社会(诸)系统》一书中完成了一般系统论描述。之后，他就踏上了从抽象到具体的下降通道，以测试他的一般系统理论在描述各个社会功能子系统上的有效性——这些社会子系统包括亲密关系、经济、科学、法律、艺术、政治、宗教等等。在诸子系统的研究投入中，卢曼显然对法律有所偏爱。这种偏爱，既是涂尔干“法律作为社会的道德指针”意义上的，更因为法律是卢曼检验他的一般系统论最具经验性的社会场景。还有一个原因:法律科班出生的卢曼,洞悉法律运作机制的深层奥秘,以社会系统论解读法律现象,他可以运斤成风。

大概在2003—2004年,我遇到了已经去世5年多的卢曼。那是一个偶然事件,是一份运气,更是社会制度性条件再生产的结果。

纳斯鲍姆(Martha C. Nussbaum)以人生充满偶然和运气为由,批评了苏格拉底“好人不会受到伤害”的酸腐。卢曼不愿以传记形式谈论自我奋斗的成功学,除了纳斯鲍姆这种对运气的美德伦理学的考虑,更为深层的原因则是他作为社会学家看待“人”和“个人”的角度。在卢曼的系统论看来,“人”不是一个独立的实体,而是生理系统、意识系统、社会系统等等系统之间结构耦合起来的简称。我们每个人,既是有血有肉的,也是独立感知和思考的,同时也是被社会制度性条件不断刺激而再生产着的,缺一不可。至于“个人”,卢曼花了很多篇幅阐释了作为语义学的“个人”与现代社会结构的关系,这远远超出了梅茵“从身份到契约”式的对现代人处境的理解。

与卢曼看待个人的视角相似,当代社会学分支中有一个“生命历程社会学”(Life Course Sociology),关注个体从出生到死亡的生命轨迹,以及社会结构(如教育体系、劳动力市场)、历史变迁如何影响个人生命阶段(如教育、就业、婚姻、退休等)的选择和经历,强调“历史时间”和“社会位置”对人生轨迹的塑造。当然,卢曼系统论与生命历程社会学仍有所不同。自从卢曼把人放到社会系统的环境中后,人就不只是社会的傀儡,人还有自足的意识和身体。不能单维度强调社会对个人意识的塑造,个人意识的参与和刺激也在改变社会。

作为现代人的一份子,我遇到卢曼,遇到卢曼的系统论,有运气的成分,有个人力争上游的成分,但我更想理解发生在其中的社会制度性条件的助力与制约。

2002 年,我一个差点进法院的转业军人,最后进了北大的法学院。此前不久,北大法学院的贺卫方教授刚刚写过一篇批评转业军人进法院的著名时评。大概在 2003 年下半年,恩师巩献田教授带我参加北大哲学系举办的"复杂性科学与现代哲学"研讨班。这个研讨班是由当时已退休的北大哲学系前副系主任赵光武教授发起的。研讨班的主题演讲者,有钱学森的高足,也有赵老师指导过并已经毕业的学生,有些已经取得了学术成就,有些刚刚起步。赵老师一副中国传统士人风骨,也是马克思主义的坚定信仰者,虽年届七十六,但一谈起哲学问题,依然思路清晰,精神百倍。他尤其提携年轻人,让我也准备一个题目参与交流。我犯难,哲学了解一些,至于复杂性科学,只囫囵读过八九十年代流行一时的系统论、信息论、控制论三论。突然想起,沈宗灵教授写过一本现代西方法理学的书,其中有一段介绍卢曼法学思想的短文,提到了复杂性和系统论。沈老似乎对卢曼没有好感,主要持批评态度。今天想来,沈老应该没有读过卢曼,只是转述。正好,我手边有一本北大二手书店买来的卢曼《法社会学》英文本,捧起猛读,如坠云雾,一阵痛苦的阅读体验。研讨班上的交流,也只能是草草收场,但却激起了我博士选题的斗志。于是,告知巩老师,我要做卢曼法律系统研究,老师首肯。与《法社会学》英文本苦斗一两个月,进展微薄,我想打退堂鼓。老师轻责说,遇到困难要迎难而上。之后,只能硬刚。第二年,我去美国探望正在做博士后的妻子时,在加州大学图书馆系统检索到刚刚出炉的《社会中的法》英文版,大喜,线上购买一本,彻夜狂读。博士室友刘忠见证过以上种种情形的片段。

如果没进入北大法学院读博，如果没有赵光武老师搭建的“复杂性科学与现代哲学”研讨班，如果没有沈宗灵老师著述指引，如果没有卢曼著作的英译本，等等，那么，我不可能进入卢曼的法律系统论。按照卢曼对社会系统的分类，社会系统一共分为三类：互动、组织和社会功能子系统。研讨班是互动系统、北大是组织系统，学术沟通属于社会的科学子系统，等等，这些系统的耦合，就是万千宠爱集一身的社会制度性条件，促成了我与卢曼的相遇。

这还不够，接近卢曼还需要另一类制度性条件：沟通媒介。卢曼把沟通媒介区分为语言媒介、传播媒介和成功媒介。那时，我只能看英文著作，德文不识一词，而且，由于工作多年才读博，英文阅读也并不流畅，只能频频翻字典。语言成为制约我深入卢曼堂奥的瓶颈。为了更加靠近卢曼，我接连几个学期参加了北大的德语班，直到就职于上海交大，我还跟本科生一起同堂学习德语。语言是痛点，我甚至咬牙幻想过，如果能熟练掌握德语，自己愿意付出一百万人民币的代价，虽然我那时每月不过几千元收入。至于传播媒介，卢曼把其分为口语、书写、印刷三类，在他去世前不久，已经敏锐预见到电子媒介的来临，但他也只瞭望到巨轮的桅杆。我初次接触卢曼的理论，借助的传播媒介主要还是印刷文本。每弄到一份卢曼的原著或二手文献都很费劲。当时大陆的图书馆馆藏有限，只能趁去美国、中国台湾地区之机在大学图书馆复印，也请在境外的朋友、同学帮忙复印或拍摄资料。师弟欧树军就曾从香港中文大学拍过一整本书的图片发给我，以解燃眉之急。那时已经有了互联网，但是卢曼的电子资源甚少。直到十多年后，境外出来了一些超级免费图书网站，卢曼的著作和研究资料几乎一网打尽，我才真正具备了充足的研究条件。前些年，这些令学者们心情十分愉快的网站已经由于合规问题被纷纷关闭了。不过，今天的年轻学者，即便在国内研究卢曼，条件也已经太好了。我亲眼见到一位青年才俊使用人工智能阅读卢曼的德文著作，极大提升了研究效率。回想十多年前和师弟赵春燕一起翻译卢曼的《法社会学》，那是一份多么笨重的语言搬运工作。再说成功媒介。卢曼认为，在功能分化的现代社会，权力、货币、真理、法律等等，都是让人们在复杂社会中尽快接受而不是拒绝对方主张以达成沟通的成功媒介。我很幸运，在二十一世纪初读博时，中国已经改革开放二十多年，中国社会迈向了与全球接轨的功能分化阶段，权力、货币、真理、法律等媒介逐渐分离，不然，我估计也不具备在以真理为媒介的学术系统中研究作为社会子系统之一的法律的社会条件，更不消说遇见卢曼了。

2006年，我的博士论文《二阶观察、悖论与法律的系统建构——卢曼法律社会理论研究》生鲜出笼，这是国内第一部研究卢曼法律系统论的博士论文，很快引起了清华大学法学院高鸿钧教授的注意。高老师在清华校门旁边的“醉爱”餐馆邀请我面叙，他的殷切勉励一直支持着我后续的研究。从此，我也与高老师的弟子们结下缘分，他们中的泮伟江、陆宇峰、鲁楠、张文龙等，陆续成为国内法律系统论研究的主角。博士论文中的第一章《法律如何可能：通过二阶观察的系统建构》，被当时在《北大法学评论》任职的胡凌师弟相中发表，这是我在学术舞台上的第一次登台亮相。

以后二十来年，我发表的卢曼研究成果不多，一方面怪我自己的拖延症，另一方面，国内学术刊物，尤其是法学类C刊，对过于抽象的卢曼理论兴趣不大，再加之政策口径上强调自主知识体系，这些无疑成为制约卢曼社会系统论扩展社会沟通的制度性条件。断断续续发表了三十来篇，十分感谢那些以悲悯之心接受了稿子的编辑和刊物。

本书收入了已经发表过的 7 篇文章，包括：《从“社会如何可能”到“法律如何可能”》（发表时原题目为《法律如何可能：通过二阶观察的系统建构》）《复杂性化约与现代法的实证化》《法律系统的运作封闭：从“功能”到“编码”》《从决策的观点看司法裁判活动》《社会系统论对“法律论证”的二阶观察》《技术风险及其政治、法律决策的二阶观察》《系统论观察下的紧急权力：例行化与决断》。

本书还收入了尚未发表过的 4 篇文章：《从胡塞尔到卢曼：时间分析的“再描述”》《从梅西会议、二阶控制论到卢曼系统论》《社会系统论对于法学和法社会学的二阶观察》（改写自卢曼《法社会学》中译本译者前言）《托依布纳的后果主义研究路线：从“批评卢曼”到“走向卢曼”》（该文即将在集刊《法治论衡》发表）。

《从胡塞尔到卢曼：时间分析的“再描述”》是我敝帚自珍的一篇文章，也特别推荐给各位读者。这篇文章的缘起，是 2021 年上海交通大学中国法与社会研究院发起的第六届中国法社会学年会。该年会的主题是“法与社会理论：聚焦胡塞尔现象学和卢曼法律系统论学术研讨会”，是我在征求研究院院长季卫东教授意见后确定的。季老师作为国内卢曼系统论研究最早的引领人，一如既往地向后辈学人提供无私的帮助。这次会议邀请到了国内研究系统论法学和胡塞尔现象学的重要学者，尝试在法社会学和现象学哲学之间搭建沟通的桥梁。尤其感谢现象学专家蔡文菁教授的穿针引线，她甚至邀请到了国内最早出版卢曼研究专著的高宣扬老师出席。我在会上宣读了

《从胡塞尔到卢曼：时间分析的“再描述”》一文，现象学专家高松老师提出了犀利的评议，让我受益匪浅。可以说，这篇文章是一枚奖章，也是一份确认我具有充足能量在卢曼社会系统论领地内畅行无阻的证书。卢曼早期理论打上了很深的现象学烙印，引导他从帕森斯的结构功能主义升级到功能结构主义，他后期也以斯宾塞—布朗的形式分析改写胡塞尔现象学。卢曼理论运动的内部轨迹，体现在他对时间社会学的反复操作中。从胡塞尔的内时间意识到卢曼的时间分析，这是一条深入把握卢曼社会系统论底层代码的线索。一旦吃透了这一点，卢曼看似晦涩的理论立即就明朗起来。

《从梅西会议、二阶控制论到卢曼系统论》一文，其实和上文相呼应，是从另一条线索挖掘卢曼理论所凭借的学术势力。这条线索就是从一阶控制论到二阶控制论的发展史。可以用一个关键词概括控制论：循环因果。科学领域对因果循环机制的窥视，与胡塞尔、海德格尔、德里达等突破主客二分的哲学发现几乎同步，这绝不是巧合。二阶控制论，在更高程度上实现了因果循环系统的双重封闭，是高级人工智能、生命、意识和社会得以生成的信息处理机制。迄今为止，卢曼是唯一运用二阶控制论原理融贯解释社会现象的社会学家。就像卢曼在其盖棺之作《社会的社会》中所言，只有二阶控制论（二阶观察）才能打破“认识论障碍”，对“社会”加以最为严格的定义。即便思维深邃如哈贝马斯，也还困在二阶控制论的城门之外，以至于他错误设想自己可以站在社会之外批评社会。

除了时间分析和二阶控制论，其实还有一条追寻卢曼理论的底层代码的线索：斯宾塞—布朗（Spencer-Brown）的形式分析。打通斯宾塞—布朗《形式律》（*Laws of Form*）一书中的形式分析，对于无障碍阅读后期卢曼太重要了。卢曼承认，对于《形式律》这样的逻辑学和基础数学著作，他并没有专门研究的兴趣，他仅仅选择性抽取了《形式律》中“无中生有”的自指逻辑——这一自指逻辑是他构造沟通社会学的基础算法。《形式律》只有寥寥两万字，但我却花了十多年反复琢磨。这本精妙绝伦的小册子，是斯宾塞—布朗使用特殊的运算符号“¬”与布尔的《思维规律研究》(*An Investigation of the Laws of Thought*)(注意该书书名与《形式律》书名的相关性)、罗素和怀特海的《数学原理》以及维特根斯坦的《逻辑哲学论》展开的深刻对话。《形式律》是关于自我指涉的数学，也是宇宙万物得以生成的数学，乃至该书英文原著扉页上颇为神秘地印有中文书写的老子《道德经》语录“无名天地之始”。该书第 12 章指出，当运算函数“再入”(re-entry)时，就会在经由区分所形成的空间内摆荡，涌现出“时间”，这正是卢曼彻底打通社会系统论经脉所需要的密咒。我期待自己接下来，可以写几篇介绍《形式律》的文章，并阐述《形式律》与现代哲学以及卢曼社会系统论之间的关联。

这篇简短的后记并没有提到法律。本书的主要目的之一，是想辅助读者理解卢曼理论的基础架构和底层逻辑，因为，这些正是我自己在研习卢曼的漫长过程中曾被“卡脖子”的地方。有了这些攀援的脚手架，理解卢曼的一般社会系统论以及更为具体的法律系统论，那就是迎刃而解的事情了。

要感谢的人太多，老师、朋友、同事、学生、家人，就不一一罗列，在此，谨向所有支持和帮助过我的人致以最诚挚的感谢！

另外，还要感谢成就了本书的社会制度性条件之一的纵向课题资助：1.2014 年上海市哲学社会科学中青班规划课题：“尼古拉斯·卢曼法律系统论研究”(项目编号:2014FFX001);2.2023年国家社科基金一般项目:“系统论法学基本命题群研究”(项目编号:23BFX007)。

本书的最终完成,离不开上海人民出版社赵伟主任的认可以及责任编辑王笑潇老师细致专业的编辑工作,特别致谢!

图书在版编目(CIP)数据

卢曼法律系统论研究 ： 二阶观察的视角 / 宾凯著.
上海 ： 上海人民出版社, 2025. -- ISBN 978-7-208
-19550-9

Ⅰ. D912.5

中国国家版本馆 CIP 数据核字第 2025M3Z430 号

责任编辑 王笑潇
封面设计 胡 斌 刘健敏

卢曼法律系统论研究
——二阶观察的视角
宾 凯 著

出 版 上海人民出版社
(201101 上海市闵行区号景路 159 弄 C 座)
发 行 上海人民出版社发行中心
印 刷 上海商务联西印刷有限公司
开 本 635×965 1/16
印 张 23.5
插 页 2
字 数 258,000
版 次 2025 年 6 月第 1 版
印 次 2025 年 6 月第 1 次印刷
ISBN 978 - 7 - 208 - 19550 - 9/D • 4511
定 价 88.00 元